# Nouvelle Internationale

UNE REVUE DE POLITIQUE ET DE THÉORIE MARXISTES

NUMÉRO 3 1988



*Sommaire*

RESPONSABLES DE LA PUBLICATION : Michel Prairie et Mary-Alice Waters

*Nouvelle Internationale* est publiée en collaboration avec les revues *New International, Nueva Internacional* et *Ny International.*

Plusieurs des articles publiés en français sont aussi disponibles en anglais, en espagnol et en suédois. Les quatre revues sont distribuées par les éditions Pathfinder à pathfinderpress.com.

*Page couverture* : Maurice Bishop, premier ministre de Grenade de 1979 à 1983.

*Conception graphique de la couverture* : Toni Gorton.


ISSN 0827-0929
ISBN 978-0-87348-646-0
Imprimé au Canada/Printed in Canada
Neuvième tirage : 2025

# PRÉSENTATION

Le 19 octobre 1987, le plus important krach boursier de ce siècle balayait le monde. En l'espace de 24 heures, de New York à Tokyo, de Londres à Sydney, des centaines de milliards de dollars ont été perdus. Les pays dominés par l'impérialisme ont été particulièrement ébranlés par le coup. Les actions inscrites à la bourse de Mexico ont perdu 75 pour cent de leur valeur en un mois. Et dans les deux mois qui ont suivi le krach, deux milliards de dollars de capitaux ont fui le pays.

Le krach d'octobre 1987 était une manifestation inquiétante de ce que la crise profonde qui ronge le système capitaliste international depuis deux décennies prépare pour les travailleurs et les petits agriculteurs du monde entier. Déjà, cette crise rampante a dévasté les pays dominés par l'impérialisme, étranglés par une dette extérieure moralement et pratiquement impayable. Dans les pays impérialistes, elle a lourdement frappé les sections de la classe ouvrière les moins payées et les moins organisées — les travailleurs et les travailleuses qui sont victimes de discrimination raciale, nationale ou linguistique — et les petits agriculteurs.

Le krach a en même temps annoncé l'arrivée inévitable en ces années de fin de siècle d'une dépression et d'une crise sociale internationales. Pendant la majorité des quatre décennies qui ont suivi la deuxième guerre mondiale, l'expansion de l'économie capitaliste internationale a amorti les crises partielles du système. Ce n'est plus le cas aujourd'hui. Une récession, une explosion inflationniste, un autre krach boursier, une récolte désastreuse, une grande faillite bancaire : voilà autant de facteurs qui menacent de déclencher l'effondrement du système de crédit international et une crise généralisée de la production industrielle et de l'emploi.

Produit du capitalisme lui-même, la crise sociale qui se prépare va brutalement frapper des centaines de millions de travailleurs et d'agriculteurs à travers le monde. Dans les pays impérialistes, le chômage va atteindre des proportions inconnues depuis un demi-siècle. Partout, des millions d'autres agriculteurs et paysans vont être chassés de leurs terres. Des centaines de milliers de petits commerces vont faire faillite. Des millions d'autres parmi nous vont joindre les rangs de ceux et celles qui souffrent déjà de la malnutrition, de la faim, de la maladie et de l'absence de logement. Les services sociaux comme l'éducation, la santé et le transport vont se détériorer à un rythme accéléré. Et la discrimination sur la base de la race, du sexe, de la langue et de la nationalité va s'intensifier.

Devant la résistance que les travailleurs et les agriculteurs vont opposer à tous ces coups, les classes exploiteuses du monde entier vont essayer de sauver leurs profits, leurs privilèges et avant toute autre chose, leur pouvoir. Pour ce faire, elles vont de plus en plus s'attaquer aux droits démocratiques, appuyer les bandes fascistes et recourir à la guerre contre les peuples du monde colonial.

Les illusions dans la démocratie bourgeoise, le progrès continu et la prospérité éternelle vont être balayées parmi des couches de plus en plus larges de travailleurs et d'agriculteurs dans les pays impérialistes.

Avec le krach d'octobre 1987, nous sommes irrémédiablement entrés dans une période de grandes confrontations sociales et politiques entre les exploités et les exploiteurs de la terre. Mais l'issue de ces luttes n'est pas prédéterminée. Elle va d'abord et avant tout dépendre de la capacité des exploités et des opprimés de construire une direction internationale capable de diriger leurs luttes jusqu'à la victoire.

Ce troisième numéro de *Nouvelle Internationale* s'adresse exactement à cette question : la nécessité de construire une direction communiste internationale, qui regroupe la section la plus consciente, la plus déterminée et la plus dévouée du peuple travailleur de tous les pays. Il le fait en examinant trois expériences révolutionnaires de ces dernières années : la révolution et la contre-révolution qui ont eu lieu à Grenade entre 1979 et 1983 ; le mouvement politique et révolutionnaire de masse présentement en cours à Cuba sous le nom de processus de rectification ; et la révolution démocratique et populaire qui a eu lieu au Burkina Faso de 1983 à 1987.

• « Le deuxième assassinat de Maurice Bishop » est une contribution à la discussion en cours aujourd'hui parmi les révolutionnaires qui cherchent à reprendre le flambeau de la lutte menée par Maurice Bishop, premier ministre du gouvernement révolutionnaire de Grenade de mars 1979 à octobre 1983. Son assassinat en octobre 1983 par une faction stalinienne au sein du Mouvement New Jewel, le parti au pouvoir, a été le point culminant d'un coup d'État contre-révolutionnaire dirigé par le vice-premier ministre Bernard Coard. Ce coup a renversé le gouvernement des travailleurs et des agriculteurs qui avait été porté au pouvoir en mars 1979. Et il a ouvert la porte à l'invasion brutale de l'île par le gouvernement impérialiste des États-Unis une semaine plus tard.

L'article de Steve Clark que nous publions ici décrit les réalisations accomplies de 1979 à 1983 par la révolution grenadienne sous la direction de Maurice Bishop. Et il tire les leçons politiques de sa destruction sous l'impact du cours politique contre-révolutionnaire poursuivi par Bernard Coard et sa faction. Steve Clark est le secrétaire de rédaction de la revue *New International.* Son article est originalement paru dans le sixième numéro de cette revue en 1987.

• Au cours des deux dernières années, la révolution cubaine a connu un approfondissement qualitatif, que le président cubain Fidel Castro a qualifié de « révolution dans la révolution ». Depuis le début de 1986, Cuba est animé par un grand mouvement de changements politiques, économiques et sociaux. Impulsé et dirigé par le Parti communiste de Cuba, le processus de rectification vise à augmenter de façon massive l'implication des travailleurs et des paysans cubains dans la gestion de leur État et de leur économie et à lier encore plus étroitement l'avenir de la révolution cubaine à la lutte internationale pour la libération nationale et le socialisme. Ce grand mouvement social cherche à apporter des solutions collectives aux grands défis auxquels la révolution cubaine est aujourd'hui confrontée. Il le fait en s'appuyant sur la mobilisation des travailleurs et des paysans cubains et en élevant leur engagement et leur conscience politiques communistes.

Un aspect central de la rectification a été depuis 1986 la relance du mouvement des microbrigades de travail volontaire. Ce mouvement avait été initié pendant les premières années de la révolution par Ernesto Che Guevara, dont les idées politiques marxistes sont aujourd'hui un guide pour le processus de rectification. Les microbrigades sont formées de travailleurs et de travailleuses volontaires qui sont libérés de leur travail régulier pour participer à la construction de projets socialement nécessaires comme des logements, des garderies, des hôpitaux et des écoles. Pendant leur absence, leurs compagnons et compagnes de travail prennent sur eux de maintenir la production à un niveau égal, sinon plus élevé. Le mouvement des microbrigades implique aujourd'hui plus de 30 000 personnes à La Havane seulement. Il a permis de commencer à surmonter certains des principaux problèmes sociaux de la révolution, comme le logement ou les garderies — un service essentiel pour impliquer davantage les femmes dans la vie économique et politique de la révolution.

Ainsi que l'explique Fidel Castro dans les deux discours que nous présentons dans ce numéro et qui ont été prononcés en 1986, seul le peuple travailleur organisé et mobilisé peut accomplir la transition historique de la société héritée du capitalisme à la nouvelle société socialiste. Il explique aussi que ce processus doit être consciemment dirigé par un parti communiste regroupant l'avant-garde des travailleurs et des paysans. Ces discours ont lancé le processus de rectification. Ils en expliquent le cadre politique fondamental et permettent d'en comprendre la raison d'être et les objectifs. Ils sont précédés d'une présentation de Mary-Alice Waters, corédactrice de *Nouvelle Internationale.* Ce texte est initialement paru dans le sixième numéro de *New International,* d'où il a été traduit.

Comme dans les deux discours publiés ici, Fidel Castro a souligné le rôle irremplaçable de la direction communiste dans la construction du socialisme, lors du discours qu'il a prononcé le 26 juillet dernier à l'occasion de la fête nationale de Cuba. « Au cours de ce processus de rectification, a-t-il dit, le parti acquerra une force toujours plus grande car, je le répète, on ne peut pas construire le socialisme sans le parti. Sans le parti, on peut construire le capitalisme, qui est le chaos et qui n'a besoin de personne pour l'organiser. Il s'organise tout seul avec toutes ses absurdités. Le socialisme ne se crée pas par génération spontanée. Le socialisme, il faut le construire. Et l'artisan essentiel de la construction du socialisme est le parti. »

« Je crois, a-t-il ajouté, que notre pays a fait une prouesse historique extraordinaire en construisant le socialisme ici, dans les conditions géographiques qui sont les nôtres. Nous devons donc veiller à la pureté idéologique, à la solidité idéologique de notre révolution. C'est pourquoi nous ne pouvons utiliser aucun mécanisme, aucun instrument qui rappelle de près ou de loin le capitalisme. C'est pour la révolution une question essentielle de survie. [...]

« Ce que je peux dire aux impérialistes et aux théoriciens de l'impérialisme, a continué Fidel Castro, c'est que jamais Cuba n'adoptera les méthodes, les styles, les philosophies, les mentalités du capitalisme. Voilà ce que je peux dire. »

Depuis près de 30 ans, l'internationalisme révolutionnaire est une des grandes forces motrices de la révolution cubaine et un profond motif d'inspiration pour les travailleurs et les paysans communistes de ce pays. Le monde entier a pu encore une fois mesurer l'importance de cet engagement à la fin du mois de mars 1988, quand l'armée angolaise, les combattants volontaires cubains et les soldats de l'Organisation du peuple du Sud-Ouest africain (SWAPO) ont remporté une victoire historique contre l'armée de l'impérialisme sud-africain et ses mercenaires de l'Union nationale pour l'indépendance totale de l'Angola (UNITA) dans la ville de Cuito Cuanavale, dans le sud de l'Angola. Après 12 ans d'occupation brutale, cette victoire a obligé le régime raciste de Pretoria à accepter au mois d'août suivant un accord de cessez-le-feu avec les gouvernements angolais et cubain et à retirer ses troupes de l'Angola. Au moment d'aller sous presse, les négociations se poursuivent pour assurer son retrait de la Namibie. Le SWAPO lutte depuis 22 ans maintenant contre l'occupation illégale de la Namibie par l'Afrique du Sud.

• De 1983 à 1987, le Burkina Faso en Afrique de l'Ouest a donné au monde entier l'exemple des énormes progrès qu'un peuple de travailleurs et de paysans parmi les plus démunis de la terre peut accomplir pour améliorer ses conditions de vie et lutter contre la domination de l'impérialisme. Son président Thomas Sankara a été tué dans le coup d'État qui a renversé le gouvernement révolutionnaire en octobre 1987. La révolution qu'il a dirigée et la perspective politique qu'il a mise de l'avant contiennent des leçons importantes pour les travailleurs et les agriculteurs du Burkina Faso et du monde entier. C'est dans cet esprit que nous reproduisons l'un de ses derniers discours et que nous l'avons fait précéder d'une présentation.

❖

Plusieurs des textes publiés dans ce numéro ont été traduits de l'anglais ou de l'espagnol. Carole Caron, Sylvie Charbin, Marc Claessens, Michel Dugré, Bernadette

Julian, Christiane Malet et Marc Robinson ont collaboré à ce travail. Nous avons traduit de l'anglais les citations pour lesquelles nous n'avons pu trouver de versions françaises existantes.

*Michel Prairie*
*Septembre 1988*

# CONSTRUIRE UN PARTI PROLÉTARIEN

## Le creux de la résistance ouvrière est derrière nous

Le Parti socialiste des travailleurs regarde vers l'avant

JACK BARNES, MARY-ALICE WATERS, STEVE CLARK

L'ordre mondial imposé par Washington après sa victoire dans la Deuxième Guerre mondiale vole en éclats. Une longue retraite de la classe ouvrière et des syndicats a pris fin. Les patrons et leur gouvernement multiplient les attaques contre nos salaires, nos conditions de travail et nos libertés démocratiques. Ce livre décrit les ouvertures pour construire un parti prolétarien de masse capable de diriger la lutte pour mettre fin à la domination capitaliste et ouvrir un avenir à l'humanité. 10 $ US. Aussi en anglais, espagnol, grec.

## Le travail, la nature et l'évolution de l'humanité

Une vision longue de l'histoire

FRIEDRICH ENGELS, KARL MARX, GEORGE NOVACK, MARY-ALICE WATERS

Sans comprendre qu'en transformant la nature, le travail social est le moteur de l'évolution de l'humanité depuis des millions d'années, les travailleurs ne peuvent pas voir au-delà de l'époque capitaliste d'exploitation de classe qui déforme toutes les relations, idées et valeurs humaines. Seule la conquête révolutionnaire du pouvoir d'État par la classe ouvrière peut ouvrir la porte à un monde libéré de l'exploitation capitaliste, de la dégradation de la nature, de l'assujettissement des femmes, du racisme et de la guerre. Un monde construit sur la solidarité humaine. Un monde socialiste. 12 $ US. Aussi en anglais et espagnol.

## La lutte pour un parti prolétarien (extraits)

JAMES P. CANNON

5 $ US. Aussi en anglais, espagnol, farsi.

## LA RÉVOLUTION SOCIALISTE CUBAINE

*Nouveau !*

**La révolution et la voie vers la paix en Colombie**

L'exemple de la révolution cubaine

FIDEL CASTRO

« Aucun crime ne saurait être commis au nom de la révolution », déclare Fidel Castro, s'inspirant de l'exemple donné par les travailleurs cubains lorsqu'ils ont arraché le pouvoir d'État des mains des dirigeants capitalistes. En 2008, dans le cadre des efforts visant à mettre fin à six décennies de conflit armé en Colombie, il a partagé cette expérience avec les Forces armées révolutionnaires de Colombie (FARC) et le monde entier. 10 $ US. En anglais et espagnol.

### Les femmes à Cuba : une révolution dans la révolution

VILMA ESPÍN, ASELA DE LOS SANTOS, YOLANDA FERRER

L'intégration des femmes dans les rangs et la direction de la révolution cubaine était étroitement liée au cours prolétarien dirigé dès le début par Fidel Castro. Voici l'histoire de cette révolution et comment elle a transformé les femmes et les hommes qui l'ont accomplie. 17 $ US. En anglais, espagnol, farsi, grec.

### Che Guevara sur l'économie et la politique dans la transition au socialisme

CARLOS TABLADA

Il est essentiel que les travailleurs s'emparent du pouvoir d'État, a dit Ernesto Che Guevara. « Ensuite, il y a la deuxième étape, peut-être plus difficile que la première » : la transition du capitalisme, fondé sur la loi de la jungle, au socialisme. Comprend le discours de Fidel Castro de 1987, « Les idées du Che sont d'une actualité absolue et totale ». Cette nouvelle édition comprend une sélection augmentée d'écrits de Che Guevara. 17 $ US. En anglais et espagnol.

# LE DEUXIÈME ASSASSINAT DE MAURICE BISHOP

*Steve Clark*

À LA MI-OCTOBRE 1983, une faction au sein de l'armée, du gouvernement et du Mouvement New Jewel (NJM) de Grenade a renversé le gouvernement des ouvriers et des agriculteurs qui avait été porté au pouvoir par la révolution du 13 mars 1979. Cette faction était dirigée par le vice-premier ministre Bernard Coard.

Avec l'appui d'autres dirigeants du NJM et de l'écrasante majorité des travailleurs et agriculteurs de l'île, le premier ministre Maurice Bishop a résisté à cette contre-révolution et tenté de la renverser. Le 19 octobre, le peuple grenadien s'est soulevé pour restaurer son gouvernement. Il a fermé les lieux de travail, a envahi les rues de St-Georges la capitale et a libéré Bishop, qui avait été assigné à sa résidence par la faction de Coard. On estime qu'il y avait de 15 000 à 30 000 personnes. Pour cette île de 110 000 habitants, c'était l'équivalent d'une manifestation de 35 à 65 millions de personnes aux États-Unis.

Les soldats fidèles à la faction de Coard ont tourné leurs fusils contre la manifestation de masse, tuant de nombreux manifestants et en blessant d'autres. Ils ont assassiné Maurice Bishop et cinq autres dirigeants révolutionnaires : Fitzroy Bain, Norris Bain, Jacqueline Creft, Vincent Noel et Unison Whiteman. Pour les travailleurs et les agriculteurs de Grenade, le choc a été terrible et démoralisant.

Une semaine plus tard, le 25 octobre, les forces armées des États-Unis ont envahi et occupé l'île. La faction de Coard avait offert Grenade libre à l'impérialisme sur un plateau d'argent. Encore une fois, le pays était mis aux fers, avec un gouvernement à la solde de Washington.

Discrédités dans le monde entier par ces actions criminelles et leurs conséquences désastreuses, Bernard Coard et ses partisans ont essayé depuis de masquer leur responsabilité en assassinant une deuxième fois Maurice Bishop. Cette campagne politique vise tous les révolutionnaires qui, dans les Caraïbes, en Amérique du Nord et ailleurs, défendent l'héritage politique de Maurice Bishop et cherchent à tirer les leçons de ces événements [1].

Le premier assassinat a réussi à éliminer Maurice Bishop lui-même. Mais les réalisations et l'exemple de Bishop comme dirigeant révolutionnaire internationaliste se sont avérés plus durables que ne l'avait escompté Coard. Grâce aux efforts des révolutionnaires grenadiens qui ont survécu, à ceux du président cubain Fidel Castro et à ceux d'autres partisans et partisanes de la révolution grenadienne, la vérité sur ce qui s'est réellement passé en octobre 1983 a commencé à être connue. Et les premières explications fournies par Coard et ses partisans ont été progressivement rejetées par les communistes et les militants anti-impérialistes et progressistes à travers le monde.

Comment les complices de Coard à cette époque ont-ils cherché à expliquer le bain de sang d'octobre 1983 ?

Le général Hudson Austin a présenté la première version ré-écrite des faits au cours de la nuit du 19 octobre.

Sur les ondes de *Radio Free Grenada* [Radio Grenade libre], il a faussement accusé Bishop d'avoir « déclaré son intention d'éliminer la direction entière du parti et de l'armée » et de s'être « allié — ouvertement — avec des contre-révolutionnaires dans ce but[2]. »

Le même jour, les collègues de Coard ont condamné dans une déclaration publique les « forces opportunistes de droite et réactionnaires » dirigées par Maurice Bishop. Dans cette déclaration, ils ont prétendu que peu de temps avant sa mort, Bishop avait dit « qu'il ne voulait pas voir construire le socialisme dans ce pays » et qu'il « avait proclamé ouvertement qu'il allait construire un nouveau parti et une nouvelle armée pour défendre les intérêts de la bourgeoisie[3]. »

Le lendemain, une autre déclaration a affirmé que « Maurice Bishop et ses amis petits-bourgeois et bourgeois avaient abandonné la classe ouvrière et les masses laborieuses de Grenade. Il les a plutôt poussées vers l'avant-scène dans le but de provoquer des troubles et un bain de sang dans le pays. Un homme qui aime la classe ouvrière et les masses laborieuses ne les pousserait pas à faire couler le sang[4]. »

À MESURE QUE le caractère mensonger de chacune de ces accusations a été démasqué, les partisans de Coard ont cessé sans un mot d'explication de les utiliser dans leurs déclarations publiques. Aujourd'hui, Coard parle de façon hypocrite de « la mort tragique du camarade Maurice Bishop et des autres. » Il se lamente en affirmant : « Ceux qui ont calomnié le nom de la révolution grenadienne, y compris celui du camarade Maurice Bishop, et qui ont essayé d'assassiner le camarade Maurice Bishop versent maintenant des larmes de crocodile, alors que ceux qui éprouvent le plus cette perte sont ceux qui passent en jugement[5]. »

Coard et ses partisans n'ont toutefois pas abandonné leurs efforts pour détruire l'héritage politique de Maurice Bishop. Avec Coard lui-même comme maître d'oeuvre, ils ont élaboré de nouvelles justifications aussi nocives, mais qu'ils espèrent faire avaler plus facilement.

Bernard Coard a présenté cette nouvelle version des faits du banc des accusés, lors de son procès en août 1986 à Grenade. La transcription des 107 pages du compte rendu de Coard a servi de base à diverses versions abrégées qui ont été colportées par ses défenseurs[6]. Dans sa déclaration, Coard lance contre la vérité un feu nourri de mensonges, de calomnies personnelles et d'insinuations ignobles. Il ne se contente pas de proférer un torrent d'insultes contre Bishop et ses proches partisans politiques. Il attaque encore une fois les travailleurs et les agriculteurs qui ont essayé de sauver leur révolution le 19 octobre. Coard affirme :

> Il est très important de comprendre la psychologie des foules si on veut vraiment comprendre les événements du 19 octobre 1983.
>
> Nous devons comprendre la dynamique d'une foule, en particulier celle d'une foule énorme, surtout lorsque certains éléments cherchent à l'attiser.
>
> Il faut y penser. Considérons cet exemple. Supposons qu'il y ait un incendie dans un magasin. Les citoyens vont se rassembler et regarder le magasin en flammes. Supposons qu'alors une ou deux personnes brisent une vitrine. Cela va pousser quelques autres éléments à en faire autant. Et si à la vue d'articles alléchants dans la vitrine, quelques

> personnes commencent à emporter un ou deux objets chez elles, autrement dit se livrent au pillage, on serait surpris de voir combien de citoyens respectueux de la loi, qui n'ont jamais volé quoi que ce soit de toute leur vie, vont faire de même !
>
> On peut raisonner les gens sur une base individuelle. C'est différent lorsqu'il s'agit d'une foule importante. On a affaire à une « psychologie de troupeau[7]. »

La remarque de Coard éclaire certainement les événements du 19 octobre 1983. Mais pas de la façon dont Coard l'entend. Cette déclaration montre au contraire le mépris de Coard pour les travailleurs et les agriculteurs. Et elle met en lumière les voies *politiques* opposées que lui-même et Bishop ont suivies pendant la révolution de mars 1979 à octobre 1983 et durant les années qui l'ont précédée.

COARD N'A PAS SUIVI la voie historique empruntée par les travailleurs et les agriculteurs exploités de Grenade. Il n'a pas cherché à faire avancer leurs intérêts de classe dans le contexte des conditions historiques et sociales particulières dont la révolution avait hérité. Au contraire, Coard et ses partisans ont favorisé l'utilisation de méthodes bureaucratiques pour imposer leurs doctrines préconçues aux masses laborieuses grenadiennes. Pour Coard, les producteurs exploités de la ville et de la campagne n'étaient ni les *sujets* ni les *acteurs* du changement social révolutionnaire, mais plutôt les *objets* de la politique d'un appareil administratif.

Coard a voulu construire le NJM comme une organisation servant à faire fonctionner cet appareil sous son contrôle étroit, et non pas comme une avant-garde des classes productrices qui cherche à accroître la participation des travailleurs et des agriculteurs dans l'administration de l'économie et de l'État grenadiens. Coard a fait en sorte que le parti reste petit et étroit. Les décisions affectant l'État, le gouvernement, les syndicats, les organisations de masse et les classes productrices étaient de plus en plus prises par un petit groupe qui choisissait lui-même ses membres et qui se perpétuait dans le NJM.

Coard a organisé une faction secrète de partisans qui lui étaient fidèles au sein du parti, du corps des officiers de l'armée et des instances du gouvernement. Pour établir leur contrôle, Coard et ses partisans ont eu recours au favoritisme, à l'arbitraire administratif, à la démagogie gauchiste et finalement à la répression sanglante. Fidel Castro a décrit avec justesse la faction de Coard comme un « groupe polpotien » [à la Pol Pot] [8].

Le point de départ politique de Maurice Bishop était à l'opposé de celui de Coard. Bishop s'est appuyé sur l'organisation, la mobilisation et l'éducation politique des ouvriers et des agriculteurs de Grenade pour faire avancer leurs intérêts de classe et ceux de leurs alliés opprimés et exploités dans les Caraïbes, les Amériques et le monde.

Lors du troisième anniversaire de la révolution, Bishop a déclaré : « À mesure que nous avons oeuvré ensemble pour sauvegarder et consolider notre victoire, le génie de notre peuple s'est libéré et a commencé à briller. Et à mesure que nous avons commencé en tant que peuple à vérifier concrètement que l'organisation était notre plus grande arme, nous avons été doublement convaincus que seule la participation massive et la démocratie révolutionnaire peuvent vraiment nous faire progresser [9]. »

Maurice Bishop connaissait le peuple de Grenade et le peuple de Grenade le connaissait. Il connaissait l'histoire, les conditions socio-économiques et les rapports de classes concrets qui existaient à Grenade et dans les Caraïbes. Et il connaissait la place que ceux-ci occupaient dans la lutte pour la libération nationale et le socialisme à l'échelle mondiale. Sur cette base et en utilisant les riches expériences et leçons du mouvement ouvrier international, il a voulu mettre en pratique une orientation révolutionnaire.

BISHOP ÉTAIT un internationaliste authentique, pour qui l'internationalisme n'était pas un simple geste de politesse envers les autres nations et les autres luttes. Pour Bishop, l'internationalisme était une question de vie ou de mort pour la révolution grenadienne. « Le succès de notre révolution ne peut pas être un événement isolé, » avait-il déclaré lors d'un rassemblement de masse au Nicaragua en février 1980. « De par sa nature même, l'impérialisme est mondial. Ceci démontre la nécessité de la solidarité internationale parmi les peuples opprimés de partout [10]. »

La meilleure mesure de l'internationalisme de Bishop reste ses efforts infatigables pour développer une solidarité active avec Cuba socialiste. Il était attiré par la révolution cubaine parce que celle-ci montrait la voie à Grenade et aux autres peuples opprimés et exploités. Dans un discours prononcé à La Havane lors de la réunion au sommet des pays non alignés en septembre 1979, Bishop a déclaré que la révolution cubaine « est actuellement le meilleur exemple de ce que le socialisme peut faire dans un petit pays pour la santé, l'éducation et l'emploi et pour mettre fin à la pauvreté, à la prostitution et à la maladie [11]. »

Dans un discours adressé au peuple grenadien à l'occasion du deuxième anniversaire de la révolution, Bishop a attiré l'attention sur l'aide désintéressée que Cuba apporte aux peuples d'Afrique, d'Asie et des Amériques. Le peuple cubain, a-t-il déclaré, comprend « à partir de sa propre histoire la signification du véritable internationalisme. » Il a souligné que « la solidarité, l'amitié, la profondeur des sentiments, l'unité, la coopération, la lutte anti-impérialiste qui nous unissent ne peuvent et ne pourront jamais être brisées[12]. »

Étant donnés les liens internationalistes solides qui unissaient l'équipe de direction réunie autour de Bishop aux dirigeants de la révolution cubaine, Coard s'en est pris de manière acharnée à Cuba lorsque sa faction a lancé son attaque frontale contre Bishop en septembre et octobre 1983. L'attitude politique de Coard par rapport à Cuba socialiste permet aussi de mesurer son internationalisme révolutionnaire.

Coard a regroupé derrière sa bannière les forces dans le NJM qui avaient le moins confiance dans les capacités de la population laborieuse grenadienne de défendre et de faire avancer la révolution. C'étaient aussi les éléments les moins convaincus du lien étroit qui liait inextricablement le sort de Grenade à celui des opprimés et des exploités des Caraïbes, de l'Amérique centrale et du monde.

DANS UN DISCOURS prononcé lors du troisième anniversaire de la révolution en mars 1982, Maurice Bishop a résumé sa conception de la révolution à Grenade :

> La grande force de la révolution repose d'abord et avant tout sur le lien indissoluble entre les masses et le parti, entre les masses et le gouvernement, entre les masses et l'État. C'est ce qui donne à notre révolution une force invincible,

> parce que les masses voient le parti, l'État et le gouvernement comme les leurs. Non pas comme des choses qui leur sont étrangères, bizarres ou extérieures à elles-mêmes. Elles les perçoivent plutôt comme des entités vivantes, dont on peut entendre les battements et qui incarnent leurs aspirations, leurs intérêts et leurs espoirs[13].

Ce n'étaient pas que des mots. Maurice Bishop *a agi* sur la base de cette compréhension des rapports entre le parti, le gouvernement, l'État et l'ensemble des travailleurs et des agriculteurs.

En octobre 1983, Bernard Coard et ses partisans ont détruit la révolution grenadienne lorsqu'ils ont placé Maurice Bishop en résidence surveillée, renversé le gouvernement que les ouvriers et les agriculteurs avaient établi en mars 1979 et déclenché un règne de terreur sanglante. Comme l'a expliqué Fidel Castro, ce sont ces actes contre-révolutionnaires qui ont permis à l'administration Reagan d'envahir et d'occuper Grenade. « Si Bishop avait été vivant, à la tête de son peuple, les États-Unis auraient eu beaucoup de mal à mettre au point politiquement leur intervention. »

Toutefois, à la suite des événements du 19 octobre, les troupes des États-Unis qui ont envahi Grenade « n'allaient pas se heurter à la résistance du peuple, tout simplement parce que celui-ci était indigné, traumatisé par l'attitude de ce groupe qui avait tiré sur lui et assassiné Bishop[14]. »

Contrairement à ce que de nombreux commentateurs — aussi bien libéraux que conservateurs et radicaux — ont prétendu, l'invasion de Grenade n'a pas été une victoire politique et militaire pour la soi-disant doctrine Reagan. La révolution grenadienne n'a pas été défaite dans une guerre contre l'impérialisme US. La faction de Coard avait déjà détruit la révolution et avec elle, la force organisée du peuple. Elle seule était capable de préserver la souveraineté nationale du pays.

Aujourd'hui, Coard et ses défenseurs nient l'existence de toute divergence politique fondamentale entre eux et Bishop. Par exemple, ce partisan de Coard qu'est Richard Hart a affirmé : « Il n'y avait, en réalité, aucune divergence d'opinion sérieuse au sein du NJM sur la politique que devait suivre le GRP [Gouvernement révolutionnaire populaire]. » Hart rejette « les suggestions faites par les medias de l'existence au sein du parti d'un groupe gauchiste favorable à un genre de socialisme instantané [15]. »

Dans la déclaration qu'il a faite lors de son procès en août 1986, Coard lui-même a insisté sur le fait qu'il n'avait pas de divergences politiques avec Bishop. « Dans toute sa propagande, [le gouvernement des États-Unis] s'acharne beaucoup sur l'idée que 'Bernard Coard est un marxiste et un communiste pur et dur' et que 'Maurice Bishop est un socialiste sans goût ni couleur.' Que Bernard Coard veut le communisme tout de suite, alors que Maurice ne le voulait pas, ou le voulait moins vite [16]. »

Coard omet de mentionner à quelle source le gouvernement des États-Unis a puisé l'eau qui a alimenté son moulin à propagande. Cet oubli l'arrange, puisque c'est Coard lui-même qui a fourni le plus d'eau. Prenons par exemple ces commentaires, faits lors d'une réunion du Comité central du NJM le 17 septembre 1983. « Il y a deux tendances au C[omité] c[entral], a dit Coard : [une] tendance révolutionnaire démocratique petite-bourgeoise et [une] tendance m[arxiste]-l[éniniste]. » Au cours des dernières années, Bishop « a vacillé entre la tendance m-l et la tendance petite-bourgeoise dans le parti [17]. »

Il existe une raison qui explique pourquoi Coard et ses partisans attirent l'attention sur la façon dont le gouvernement des États-Unis, les médias bourgeois et les autres adversaires de la révolution ont posé la question des divergences politiques au sein du NJM. Cela leur permet de l'éviter plus facilement. Oui, Maurice Bishop et Bernard Coard se considéraient tous les deux comme des marxistes et des communistes. Oui, les deux ont publiquement déclaré que leur objectif était d'aider à construire une Grenade socialiste. Non, ni Coard ni Bishop n'ont jamais dit que le « socialisme instantané » était possible.

Mais ces grandes généralités sont vides de tout contenu politique réel. Les faits ont montré qu'il y avait des divergences profondes entre Coard et Bishop sur le caractère, le rythme et les tâches de la révolution grenadienne. La faction secrète de Coard a prôné *dans la pratique* le recours à des méthodes bureaucratiques et gauchistes, contre lesquelles Maurice Bishop a essayé de lutter avec de moins en moins de succès. Leurs trajectoires politiques devaient inévitablement entrer en collision, même si le résultat n'était pas déterminé d'avance.

Sur quoi se base cette conclusion ? C'est ce que nous allons discuter dans la suite de cet article.

## I. LA RÉVOLUTION GRENADIENNE ET SES TÂCHES

POUR ÉVALUER les orientations politiques opposées de Maurice Bishop et de Bernard Coard, il faut examiner la structure économique et sociale de Grenade et les tâches qui en découlent pour un parti ouvrier révolutionnaire dirigeant un gouvernement des ouvriers et des agriculteurs.

Grenade est une petite île, où l'agriculture est prédominante. Elle est devenue indépendante de la domination coloniale directe de la Grande-Bretagne cinq ans seulement avant la révolution de mars 1979. Mais elle continuait d'être dominée par l'impérialisme britannique et, de plus en plus, par l'impérialisme des États-Unis.

Au moment où le NJM a pris le pouvoir, les revenus de plus du tiers de la population provenaient de l'agriculture ou du travail agricole. Parmi les Grenadiens qui avaient la chance d'avoir un emploi (le taux de chômage s'élevait à 50 pour cent à la veille de la révolution), plusieurs gagnaient leur vie dans les marchés, sur les quais ou dans d'autres activités étroitement liées à l'agriculture.

La plus grande partie de la production agricole de l'île ne servait cependant pas à nourrir la population grenadienne ou à améliorer son niveau de vie. La plupart des aliments consommés dans l'île étaient importés. En 1979, cela a représenté presque un tiers des importations du pays. En même temps, les principaux produits agricoles du pays tels que le cacao, les bananes et les épices (la noix muscade et le macis) étaient presque entièrement destinés à l'exportation (surtout vers la Grande-Bretagne). Ces marchandises constituaient plus de 90 pour cent des revenus de Grenade au chapitre des exportations.

À cause de cela, les conditions de travail et les revenus de la population grenadienne étaient très vulnérables aux fluctuations des prix sur le marché capitaliste mondial. Même lorsque ces prix étaient relativement élevés, Grenade ne bénéficiait pas de la plupart des revenus provenant des produits agricoles cultivés et transportés par ses fermiers et ses ouvriers. Ceux qui s'enrichissaient étaient plutôt les propriétaires des compagnies impérialistes qui contrôlaient la vaste majorité des usines de transformation et de distribution.

Les deux tiers des agriculteurs de Grenade étaient propriétaires de la terre qu'ils cultivaient. Mais la grande majorité de ces fermiers possédaient des lots trop petits pour subvenir à leurs besoins et à ceux de leurs familles. Près de 90 pour cent des lots avaient une superficie inférieure à 5 acres [moins de 2 hectares]. Les deux tiers avaient une superficie inférieure à 2 acres [moins de 1 hectare]. De l'autre côté, la moitié de la superficie totale appartenait à une poignée de capitalistes grenadiens constituant moins de 2 pour cent des fermes. Peu de terres appartenaient à des étrangers.

De nombreux agriculteurs étaient forcés par ces conditions à travailler pour un salaire, soit sur une des grandes plantations, soit en ville. Tant parmi la majorité exploitée qu'au sein de la minorité exploiteuse, cette situation n'incitait pas les cultivateurs à moderniser leurs méthodes de production. Les agriculteurs exploités ne pouvaient pas le faire parce que leurs lopins de terre étaient trop petits et qu'ils manquaient de ressources. Quant à la minorité exploiteuse, l'embauche massive et le travail intensif d'une main-d'oeuvre abondante et bon marché lui permettaient d'amasser des profits considérables.

Après l'agriculture, le tourisme venait en deuxième position comme source de travail pour les Grenadiens. Mais les profits provenant des services touristiques contribuaient peu au développement de l'activité économique productive du pays. De plus, sous les régimes coloniaux et néo-coloniaux d'avant mars 1979, le tourisme a renforcé la subordination de l'île à la domination impérialiste. Il a favorisé des pratiques dégradantes et parasitaires comme la prostitution, le trafic de la drogue et une foule d'activités visant à satisfaire les goûts de touristes bien nantis.

La majorité des travailleurs salariés de Grenade oeuvraient dans le tourisme ou étaient des ouvriers agricoles, des commis de boutique ou des employés du gouvernement. Au moment de la révolution, moins de 10 pour cent de la population active travaillait dans les industries de fabrication. La plus grande usine, une brasserie, employait seulement quelque 75 ouvriers. Plusieurs milliers de personnes travaillaient sur les chantiers de construction ou sur les quais.

La subordination de Grenade à l'impérialisme, sa structure économique et ses rapports de classe ont conditionné les tâches de la révolution. Les capitaux britanniques et canadiens dominaient le secteur bancaire et le secteur de l'import-export. La classe capitaliste grenadienne était principalement composée de grands propriétaires fonciers, de propriétaires d'hôtels et de restaurants, de grossistes, de riches commerçants, de quelques négociants en import-export et d'une poignée de propriétaires d'usines.

Même si Grenade était un pays agricole avec très peu d'industries, les systèmes précapitalistes de propriété foncière et d'exploitation du travail avaient largement été supplantés au cours des 100 dernières années par le système capitaliste des rentes et des hypothèques, qui était accablant pour les petits paysans, et par l'exploitation du travail salarié dans les plantations et à la ville. Entre la première moitié du dix-neuvième siècle et la deuxième moitié du vingtième siècle, Grenade est passée de l'esclavage capitaliste basé sur le travail forcé à l'esclavage capitaliste basé sur l'endettement et le travail salarié.

Le soulèvement victorieux de mars 1979 a ouvert la voie à une révolution anticapitaliste. Il s'agissait d'une révolution dont les tâches immédiates les plus pressantes étaient démocratiques : la réforme agraire, l'établissement des droits syndicaux et politiques élémentaires, ainsi que l'émancipation de la domination impérialiste dans le but de développer une activité économique productive [18].

Pour la première fois à Grenade, la révolution a porté au pouvoir un gouvernement qui ne servait ni les intérêts de l'impérialisme US et britannique, ni ceux des propriétaires fonciers ou des capitalistes locaux. Le nouveau gouvernement des ouvriers et des agriculteurs a commencé à mettre en oeuvre un programme démocratique révolutionnaire. Dès le départ il a commencé à promouvoir l'organisation de la population laborieuse des villes et des campagnes, afin de faire avancer ses intérêts de classe face au pouvoir et aux prérogatives des gros propriétaires fonciers et des capitalistes.

MAIS GRENADE avait une minuscule base industrielle, une petite classe ouvrière urbaine et une économie arriérée. La transition vers une économie planifiée basée sur la propriété étatique de l'industrie, du secteur bancaire et du grand commerce ne pouvait être qu'un processus s'étendant sur plusieurs années. Et surtout, ce processus ne pouvait progresser que s'il était lié au développement de l'organisation, de la mobilisation et de la conscience politique des travailleurs et des agriculteurs exploités. L'alliance de ces deux classes était la base sociale du gouvernement, de l'État et du parti ouvrier d'avant-garde révolutionnaires.

Il fallait développer et moderniser les forces productives de Grenade, tant dans l'agriculture que dans l'industrie. Il fallait construire un système adéquat de routes, d'électricité, de conduites d'eau et d'égouts, de communications et de transport maritime et aérien international. Il fallait développer des industries locales capables de traiter et d'emballer les produits agricoles de l'île dans le but de les exporter et des industries capables de réduire la dépendance du pays par rapport aux biens de consommation importés. Au lieu d'enrichir quelques capitalistes locaux et étrangers, les revenus du tourisme devaient servir à développer l'agriculture et l'industrie.

En même temps, l'économie de Grenade est demeurée capitaliste. Par le biais de son gouvernement et du NJM, la population laborieuse de Grenade devait utiliser les compétences techniques et administratives des couches moyennes et professionnelles qui étaient prêtes à coopérer pour développer la production. Elle devait aussi coopérer avec les capitalistes désireux de continuer à investir dans les entreprises productives. Le gouvernement révolutionnaire a garanti leur droit de propriété aux capitalistes, à la condition qu'ils ne sabotent pas l'économie ou qu'ils ne participent pas à des actes illégaux.

C'était une politique nécessaire jusqu'à ce que le développement des forces productives de Grenade, l'expansion du secteur d'État dans l'industrie, les banques et le commerce, et avant tout l'expérience politique et administrative de la population laborieuse rendent possible la transition à des rapports de propriété socialistes. Et même là, le gouvernement révolutionnaire n'avait pas l'intention d'exproprier les propriétaires de petits commerces, d'auberges ou d'entreprises modestes.

LE RYTHME de la transformation révolutionnaire des rapports de propriété à Grenade ne pouvait pas être prédéterminé. Il allait dépendre de l'évolution concrète de la lutte des classes et de l'économie à Grenade et dans le monde. Pendant cette période de transition, le gouvernement des ouvriers et des agriculteurs a oeuvré avec les syndicats et les autres organisations de masse pour transformer de façon décisive le rapport de force en faveur du peuple travailleur dans la lutte pour améliorer ses conditions de vie et de travail. Cela a compris l'adoption et la mise en application d'un code du travail qui garantissait les droits syndicaux et régissait les salaires et les conditions de travail des ouvriers de la ville et de la campagne.

De plus, la nouvelle Armée révolutionnaire populaire et les milices populaires ont donné aux travailleurs et aux agriculteurs les moyens de défendre leur pouvoir politique face à la contre-révolution fomentée par l'impérialisme US, les propriétaires fonciers et les hommes d'affaires locaux. Sans ce pouvoir armé, la transition vers une nouvelle société sans exploitation aurait été une utopie. Entre mars 1979 et octobre 1983, environ 3 500 Grenadiens et Grenadiennes ont reçu une formation militaire, dans l'armée ou dans les milices.

Toute la direction du NJM s'entendait sur le fait qu'à court terme, la tâche socialiste d'exproprier la bourgeoisie grenadienne n'était pas à l'ordre du jour de la révolution inaugurée par la victoire de mars 1979. « Nous avons fait notre révolution populaire, anti-impérialiste et démocratique avec la population laborieuse, » a déclaré Maurice Bishop en mars 1983. « Avec elle, nous allons construire le socialisme et avancer vers la victoire finale [19]. »

« En ce moment, nous considérons que notre tâche n'est pas la construction du socialisme, » a expliqué Bernard Coard dans une interview accordée en 1979. « Notre tâche est de restructurer et de reconstruire l'économie, de continuer à stimuler la production et d'essayer de développer une véritable démocratie à la base, en cherchant à impliquer les gens dans le processus de reconstruction du pays au niveau de chaque village et de chaque lieu de travail. En ce sens, nous sommes dans une révolution nationale démocratique [20]. »

Mais comment cela a-t-il fonctionné en réalité ? Qu'ont fait Maurice Bishop et Bernard Coard pour essayer d'orienter le NJM et le GRP au cours des quatre années et demie de la révolution grenadienne ? Qu'ont-ils fait concrètement pour politiser les travailleurs et les agriculteurs de Grenade et pour développer leur confiance et leur participation dans l'économie et les affaires de l'État et du parti ?

## Les origines du NJM

Les efforts de Bernard Coard et de ses partisans pour apparaître comme la « véritable » direction communiste de la classe ouvrière grenadienne remontent aux premières années du NJM et de ses prédécesseurs, dans la première moitié des années 70.

Tout comme de nombreuses autres organisations révolutionnaires des Caraïbes, le NJM était un produit du mouvement pour le Pouvoir noir (Black Power) de la fin des années 60 et du début des années 70 dans les îles des Antilles. C'était un mouvement de jeunes, largement basé dans les îles qui avaient été ou qui étaient toujours sous la domination coloniale britannique. En 1962, la Jamaïque et la Trinité ont été les premières îles à obtenir leur indépendance formelle.

Les militants et les militantes du Pouvoir noir luttaient pour l'auto-détermination et une véritable indépendance nationale, contre l'oppression raciale et la surexploitation économique de tous les peuples des Caraïbes et des Amériques qui descendent des esclaves africains. Ils avaient été stimulés par les luttes et les victoires anticoloniales remportées en Afrique après la deuxième guerre mondiale, par des luttes sociales comme le mouvement international contre la guerre du Viêt-nam et, comme l'indique le nom de leur mouvement, par les courants du Pouvoir noir qui oeuvraient parmi les jeunes en lutte contre la ségrégation et la discrimination raciales aux États-Unis. Ils s'inspiraient aussi de Malcolm X.

Lorsqu'il était étudiant en Grande-Bretagne au cours des années 60, Maurice Bishop a été président de la Société des étudiants antillais (West Indian Students Society) à l'Université de Londres. Il a aussi participé à la Campagne contre la discrimination raciale (Campaign Against Racial Discrimination) dans ce pays. Il est retourné à Grenade au début des années 70. Au même moment, les étudiants de l'île voisine de la Trinité se joignaient aux travailleurs et aux petits agriculteurs dans un soulèvement qui a profondément ébranlé le gouvernement capitaliste du premier ministre Eric Williams. Maté en avril dans le sang et avec l'imposition de l'état d'urgence, ce soulèvement a marqué l'apogée du mouvement du Pouvoir noir dans les Caraïbes.

En réponse au soulèvement de la Trinité, Maurice Bishop a organisé en mai 1970 une manifestation de solidarité à Grenade. « À cette époque, a-t-il rappelé plus tard, les manifestations étaient quelque chose de nouveau à Grenade. Nombreux étaient ceux qui pensaient que nous étions fous de défiler avec des pancartes[21]. » Mais les choses commençaient à changer.

Au cours des quelques années qui ont suivi, Maurice Bishop a dirigé un comité de soutien à des infirmières en grève. Il a participé à une manifestation de masse contre un riche propriétaire foncier britannique qui bloquait l'accès à une plage publique. Il s'est aussi impliqué dans diverses luttes sociales et politiques à Grenade.

En 1972, Maurice Bishop et Kendrick Radix ont lancé à St-Georges une organisation appelée le Mouvement pour les assemblées populaires (Movement for Assemblies of the People). La même année, Unison Whiteman, un autre jeune militant influencé par le mouvement du Pouvoir noir, créait une organisation appelée le Projet conjoint pour le bien-être, l'éducation et la libération (Joint Endeavour for Welfare, Education and Liberation — JEWEL). Le JEWEL menait son travail politique parmi les petits agriculteurs et les travailleurs des plantations du sud de l'île.

En 1973, ces deux organisations ont fusionné pour former le Mouvement New Jewel. Parmi ses premiers dirigeants et cadres figuraient Maurice Bishop, Unison Whiteman, Kendrick Radix, Hudson Austin, George Louison, Selwyn Strachan et Jacqueline Creft[22].

Le NJM a rapidement prouvé sa capacité de mobiliser un large mouvement d'opposition contre le régime corrompu et oppressif d'Eric Gairy. Ce dernier a dirigé le pays au cours de la période transitoire qui a conduit de la domination britannique directe à l'indépendance en 1974. En mai de cette année, le NJM a organisé un rassemblement de 10 000 personnes pour réclamer la participation populaire dans l'élaboration de la nouvelle constitution. Au cours des cinq années qui ont suivi, le NJM a contribué à initier et à diriger des luttes pour les droits démocratiques et pour de meilleures conditions de vie pour les travailleurs et les agriculteurs. Les membres du NJM ont organisé des campagnes de syndicalisation et ont participé aux élections de 1976. Ils y ont remporté trois sièges au parlement grenadien[23].

À cause de son rôle dirigeant dans ces batailles, Maurice Bishop est devenu aux yeux de dizaines de milliers de travailleurs et d'agriculteurs un porte-parole dévoué de leurs intérêts et un organisateur politique efficace.

Sur le plan politique, le NJM a aussi commencé à dépasser le nationalisme militant et anti-impérialiste pour s'orienter vers l'internationalisme prolétarien.

Dans une entrevue accordée en 1977 à l'hebdomadaire cubain *Bohemia,* Maurice Bishop a déclaré que le mouvement à Grenade avait d'abord été profondément influencé par « les idées du 'Pouvoir noir' aux États-Unis et par la lutte de libération des peuples africains dans des pays comme l'Angola, le Mozambique et la Guinée-Bissau. » Mais c'est surtout « à travers l'expérience cubaine, » a déclaré Bishop, que « nous avons pu examiner de près le socialisme scientifique. [...] Notre parti a commencé à se développer sur des bases marxistes en 1974, lorsque nous avons commencé à étudier la théorie du socialisme scientifique[24]. »

Au moment de la création du NJM, Bernard Coard ne demeurait pas à Grenade et il n'a pas été un des membres fondateurs du parti. À l'époque, il enseignait à l'Université des Antilles, en Jamaïque. Il travaillait alors en étroite collaboration avec Trevor Munroe de la Ligue pour la libération des travailleurs (Workers Liberation League), le prédécesseur de l'actuel Parti des travailleurs de la Jamaïque (Workers Party of Jamaica — WPJ). Toutefois, Coard a proclamé son soutien au NJM dès le début et il a collaboré avec Bishop à la rédaction du manifeste de fondation du NJM[25].

En 1976, Coard est retourné à Grenade. Il est alors devenu membre du NJM et de son Bureau politique. Depuis plusieurs années, Coard était lié à un groupe de jeunes et d'étudiants de niveau secondaire à Grenade. En 1975, ceux-ci avaient créé l'Organisation pour la recherche, l'éducation et la libération (Organization for Research, Education and Liberation — OREL). Pendant une courte période, l'OREL a publié un journal appelé *The Spark* [L'étincelle]. Dans une entrevue accordée en 1984, Kendrick Radix a déclaré : « Déjà à cette époque, ils accusaient le NJM, qui était déjà enraciné dans le peuple, d'être petit-bourgeois. Pourtant au même moment, ils ont approché la direction du NJM en lui proposant de s'intégrer au NJM[26]. » En 1976, les membres de l'OREL ont adhéré au NJM.

Une fois de retour dans l'île, Coard est rapidement devenu le principal dirigeant de l'OREL. L'OREL comptait parmi ses membres Liam James, Leon Cornwall, Ewart Layne, John Ventour, Chris Stroude, Basil Gahagan et Nazim Burke[27]. Les cadres de l'OREL se considéraient comme la composante « marxiste-léniniste » du NJM et tenaient régulièrement des réunions à l'écart du parti, habituellement chez Coard[28]. (Un rapport préparé par sa faction en septembre 1983 a cherché à justifier les prétentions de Coard voulant qu'il ait été la « direction idéologique » du NJM dès ses origines. On peut y lire que Coard avait « créé le premier groupe d'études m[arxiste]-l[éniniste] en 1974[29]. »)

Sous la direction de Coard, l'OREL a commencé à fonctionner comme une faction secrète du NJM dans le dos des instances de direction du parti, avec ses discussions, ses objectifs et sa discipline. « Certaines réunions sans principes ont commencé à avoir lieu, » a expliqué Kendrick Radix dans une entrevue réalisée en 1985. « Coard a introduit des méthodes de campagne interne, préparant les opinions à l'avance » parmi les membres, « au lieu de débattre des questions sur la base de leurs mérites, dans les instances de direction[30]. »

En 1977, Radix et quelques autres membres du NJM à cette époque ont proposé d'expulser Coard du Bureau politique et du parti, à cause du fonctionnement factionnel de l'OREL[31]. Mais Bishop est intervenu pour résoudre le conflit. Coard a accepté de dissoudre l'OREL et en 1978, un Comité d'organisation a été mis sur pied au sein du NJM, sous la présidence de Coard. Les événements ultérieurs ont cependant prouvé que l'OREL a continué de fonctionner comme une faction secrète permanente à l'intérieur du NJM [32].

## II. LES PREMIÈRES ANNÉES DE LA RÉVOLUTION

LE 13 MARS 1979, le NJM a organisé un soulèvement armé contre la dictature d'Eric Gairy, une dictature qui était soutenue par les États-Unis. Des milliers de Grenadiens ont alors répondu à l'appel radiodiffusé de Maurice Bishop qui leur demandait de descendre dans les rues, assurant ainsi la victoire [33].

Le nouveau Gouvernement révolutionnaire populaire (GRP) a aboli les lois répressives de Gairy, élargi les droits syndicaux, fait progresser l'égalité des femmes au travail, institué la gratuité des soins médicaux et construit de nouvelles écoles et des cliniques. Pour la première fois, il a instauré la gratuité scolaire et des programmes d'alphabétisation pour les adultes. Il a réduit le prix des aliments et d'autres produits de première nécessité, amélioré la situation du logement et adopté des mesures favorisant les petits fermiers et les ouvriers agricoles. Il a aussi mis en oeuvre de nombreux autres projets pour venir en aide à la population laborieuse de Grenade.

Affirmant que Grenade n'était « l'arrière-cour de personne, » le GRP a exercé son droit d'appliquer une politique étrangère libre de toute soumission à Washington et à Londres. Il a établi des relations économiques et politiques avec Cuba, le Nicaragua et l'Union soviétique et s'est joint au Mouvement des pays non alignés.

De plus, le nouveau gouvernement a commencé à prendre des mesures pour approfondir la participation des ouvriers et des agriculteurs dans la révolution. Des syndicats et des organisations de masse de femmes et de jeunes ont été créés, de même qu'une milice populaire. En 1981, des conseils ont été organisés dans les villages, les quartiers et les lieux de travail pour doter les travailleurs et les fermiers d'une tribune leur permettant de poser des questions aux membres du gouvernement et de soulever leurs propres revendications et propositions.

AU COURS DES PREMIERS MOIS qui ont suivi le triomphe de la révolution, un important conflit politique a éclaté entre Bishop et Coard au sein du NJM. Ce conflit portait sur la façon de combattre les provocations contre-révolutionnaires de plus en plus nombreuses commises par les propriétaires du journal *The Torchlight* [Le flambeau] [34]. La vaste majorité des actions de cet hebdomadaire étaient détenues par le capitaliste grenadien D. M. B. Cromwell et par les propriétaires de l'*Express,* un journal réactionnaire de la Trinité.

Le *Torchlight* est rapidement allé plus loin que la simple opposition éditoriale à la politique du Gouvernement révolutionnaire populaire. Il a publié de nombreux articles mensongers et provocateurs dans le but de créer la panique à Grenade et d'isoler le nouveau gouvernement du reste des Caraïbes. Par exemple, le *Torchlight* a publié un article en première page qui prétendait que Kendrick Radix, un membre du GRP et un dirigeant du NJM, complotait pour renverser le gouvernement de l'île voisine d'Antigua. Sous le titre « Click, Click, Got Ya » [Clic, clic, je vous ai eus], le journal a publié des photos des gardes du corps de Bishop. Il a reproduit un article sans fondement paru dans un journal à scandale d'Allemagne de l'Ouest, qui prétendait que le GRP était en train de permettre aux gouvernements soviétique et cubain de construire une base sous-marine dans l'île. Et il a dévoilé l'emplacement d'un camp d'entraînement de l'armée.

Les propriétaires du *Torchlight* ont systématiquement refusé de rapporter dans leurs pages la politique du gouvernement et le point de vue des dirigeants du NJM, y compris leurs réponses aux ragots injurieux du journal. Quand Maurice Bishop a demandé de discuter ces questions lors d'une assemblée des actionnaires du journal, se rappelle Lyden Ramdhanny, un ancien membre du GRP, « ils ont carrément rejeté » sa demande. « Ils ont déclaré qu'ils n'avaient rien à faire avec le premier ministre Maurice Bishop, que c'était une question d'ordre interne et que nous allions nous en occuper nous-mêmes[35]. »

Bishop a dénoncé avec vigueur les provocations et les falsifications du *Torchlight*. Tout en combattant cette voix réactionnaire des exploiteurs, Bishop était néanmoins convaincu que la révolution serait renforcée si le GRP pouvait éviter d'interdire la publication du journal ou ne le faire qu'en dernier recours. Une des premières mesures adoptées par le GRP avait été d'abroger la loi antidémocratique de Gairy sur la presse. Le *Torchlight* et le journal *New Jewel* du NJM avaient tous les deux été victimes de cette loi, qui exigeait le paiement d'une somme de 20 000 $ US pour pouvoir publier. Les travailleurs et les agriculteurs de Grenade tenaient beaucoup à ce droit et aux autres libertés politiques conquises après le renversement de la dictature de Gairy. À un moment donné, l'interdiction du *Torchlight* aurait pu devenir inévitable, en particulier si ses propriétaires avaient soutenu des forces impliquées dans des actions contre-révolutionnaires. Devant les faits, la grande majorité de la population laborieuse de Grenade aurait compris la nécessité de telles mesures défensives pour sauvegarder la révolution et ses acquis.

C'est dans cet esprit que Maurice Bishop a répondu publiquement au refus du rédacteur du *Torchlight* de ne pas publier les photos des gardes du corps du premier ministre à la suite d'une demande en ce sens du GRP :

> Le Gouvernement révolutionnaire populaire est bien connu pour son désir d'encourager la liberté de presse. C'est pour cela que nous n'avons pas empêché [le reporter] de prendre des photos. Nous avions l'espoir qu'il aurait fait passer le patriotisme et la sécurité des dirigeants de ce pays avant le journalisme à bon marché. Vous pouvez être certains que nous avons pris note de l'irresponsabilité manifestée par l'éditeur intérimaire et son journal en publiant ces photos[36].

Dans le but d'élever le niveau de conscience politique de la population laborieuse de Grenade, Bishop a démasqué les objectifs réactionnaires, l'exploitation de classe et les inégalités sociales qui se cachaient derrière la défense hypocrite de la « liberté de presse » pratiquée par le *Torchlight*. Il a souligné que la conduite politique des propriétaires du journal n'avait rien à voir avec la liberté de presse, mais qu'elle était plutôt liée à leur volonté de résister au changement révolutionnaire qui menaçait les intérêts de leur classe minoritaire. Il a expliqué que les propriétaires du *Torchlight* aidaient l'impérialisme US, les réactionnaires de Grenade et ceux des autres pays des Caraïbes à déstabiliser le GRP. Dans ce but, ces exploiteurs abusaient du contrôle disproportionné des moyens de communication et d'information que leur richesse leur assurait[37].

L'approche de Maurice Bishop dans l'affaire du *Torchlight* n'était cependant pas partagée par Bernard Coard.

Celui-ci voulait interdire le journal le plus tôt possible. Il considérait que Bishop hésitait « à prendre des décisions fermes sur des questions clés[38]. » En octobre 1979, Bishop s'est rendu à New York pour prendre la parole devant l'Assemblée générale des Nations unies. Coard a profité de son absence et de sa position de chef d'État intérimaire pour saboter la politique de Bishop.

Quelques jours après le départ de Bishop, le *Torchlight* titrait : « Les Rastas vont manifester ». L'article rapportait que Ras Nang Nang, un adepte de la religion rastafarie, avait annoncé la tenue d'une manifestation antigouvernementale. Dans le sillage du mouvement pour le Pouvoir noir de la fin des années 60 et du début des années 70, les rastafaris avaient développé une influence significative parmi les jeunes de Grenade et des autres îles anglophones des Caraïbes. Une partie de leurs rites impliquent de se tresser les cheveux et de fumer de la marijuana. Le soutien aux rastafaris était une des formes prises par la révolte largement répandue des jeunes contre les régimes répressifs et néo-coloniaux de ces îles.

Au cours des années 70, Gairy et d'autres régimes des Caraïbes ont mené des campagnes brutales contre les rastafaris. À Grenade, la bande de la Mangouste de Gairy les harcelait, parfois en les agressant et en coupant leurs tresses. La bande de la Mangouste était détestée par la population. Le *Torchlight* avait soutenu la répression de Gairy contre les rastafaris. En tant qu'avocat, Maurice Bishop avait défendu plusieurs rastafaris au cours de ces années, ce qui avait élargi sa réputation de partisan des opprimés à Grenade et dans les Caraïbes. Après le renversement de Gairy, de nombreux rastafaris ont rallié le GRP et ont joint les rangs de l'Armée révolutionnaire populaire. Cependant, un petit nombre de leurs dirigeants se sont par la suite opposés aux mesures politiques du GRP, en particulier lorsque le gouvernement a porté des coups sévères contre le trafic de la drogue, y compris à la culture et à la vente de la marijuana sur une grande échelle.

L'article du *Torchlight* du 10 octobre prétendait faussement que le GRP avait chassé les rastafaris des écoles et qu'il les pourchassait les armes à la main dans toute l'île. L'article disait qu'un « grand nombre » de rastafaris avaient l'intention de manifester contre ces mesures.

Cet article faisait visiblement partie des provocations contre-révolutionnaires du *Torchlight* qui visaient à déstabiliser le GRP. Cependant, il n'y avait rien d'urgent dans les circonstances entourant sa publication. La réponse du gouvernement pouvait attendre le retour de Bishop, une semaine plus tard. Coard a néanmoins profité de ses pouvoirs de premier ministre intérimaire pour ordonner le 13 octobre la fermeture du *Torchlight.* Lorsque Maurice Bishop est revenu à Grenade le 18 octobre, il a été mis devant un fait accompli.

Bishop a alors cherché à minimiser l'impact négatif du geste de Coard. Deux jours après son retour, un article déclarait en première page du *Free West Indian* [L'Antillais libre], un hebdomadaire grenadien favorable à la révolution :

> Des sources gouvernementales déclarent que le journal *Torchlight,* interdit la fin de semaine dernière par le GRP, va recommencer à publier dans quelques semaines, mais avec une direction et des structures de propriété différentes. Le gouvernement n'a pas l'intention de prendre le contrôle du journal. Mais il insistera pour que ses

> structures de propriété soient élargies. [...] Le journal sera « démocratisé ». Le nombre d'actions que des individus ou des organisations peuvent détenir sera limité. Et des directives seront émises pour garantir que le *Torchlight* publie le point de vue de tous les secteurs de la société grenadienne. On s'attend aussi à des changements dans la structure de direction [39].

Le 26 octobre, le GRP a annoncé une nouvelle loi qui limitait aux citoyens de Grenade le droit de propriété sur les journaux et qui interdisait qu'un individu possède plus de 4 pour cent des actions. Un nouveau *Torchlight* n'a cependant jamais vu le jour.

**Coard et « La voix grenadienne »**

À mesure que le soutien populaire pour les programmes sociaux et économiques du GRP se développait, les contre-révolutionnaires soutenus par les États-Unis ont redoublé d'efforts pour déstabiliser le gouvernement. En octobre et novembre 1979, le GRP a découvert une cache d'armes et des documents prouvant l'existence d'un complot pour assassiner des dirigeants du gouvernement. Plus de 30 personnes ont alors été arrêtées [40]. Au printemps 1980, un petit groupe d'anciens membres du NJM a cherché à miner le soutien du GRP parmi la jeunesse grenadienne en dénonçant les mesures que le gouvernement avait prises contre les cultivateurs et trafiquants de marijuana. En juin 1980, des contre-révolutionnaires ont fait exploser une bombe sous la tribune des orateurs au cours d'un rassemblement de masse. Trois jeunes femmes ont été tuées et près d'une centaine d'autres personnes ont été blessées [41]. Plus tard en 1980, un soldat et un milicien ont été gravement blessés après qu'on ait tiré sur eux. Des coups de feu ont été tirés sur un camp de la milice. Et il y a eu plusieurs incendies criminels et des attentats à la bombe.

De son côté, Washington a aussi intensifié le sabotage économique et les pressions militaires contre le GRP. Des responsables de Washington ont tenté d'empêcher leurs alliés impérialistes et les institutions bancaires internationales de consentir des prêts ou de l'aide à Grenade. Lors de ses manoeuvres militaires Ocean Venture dans les Caraïbes en 1981, la marine des États-Unis a procédé à une invasion simulée à peine voilée de Grenade.

Au même moment, tant à l'intérieur qu'à l'extérieur de Grenade, les adversaires de la révolution intensifiaient leur propagande pour discréditer le GRP. Dans une entrevue accordée en 1985, Kendrick Radix a expliqué : « En 1981, la contre-révolution alimentée par la CIA progressait dans certains secteurs, comme ceux des rastas [...] des affaires [...] des débardeurs, des syndicats et de l'Église. [...] Ils cherchaient à déstabiliser le pays et à renverser la révolution de l'intérieur. La question était de savoir comment nous allions faire face à cette situation. »

Dans ce contexte politique, « Coard a une nouvelle fois proposé des mesures très sévères, qui ont provoqué un grand débat dans le parti sur la façon de faire face à la situation. » Selon Radix, Bishop, lui-même et d'autres dirigeants du NJM pensaient que les propositions de Coard « auraient alimenté la contre-révolution et conduit à l'effondrement de la révolution en 1981. Les éléments les plus sensés du parti ont réussi à garder la situation sous contrôle [42]. »

Le premier affrontement entre Bishop et Coard est survenu lors de la parution à la mi-juin d'un journal ronéotypé appelé *Grenadian Voice* [La voix grenadienne]. Regroupés dans ce que le journal désignait comme le « Comité des 26 », ses propriétaires étaient de riches propriétaires fonciers, des hommes d'affaires et des membres des professions libérales de Grenade. On retrouvait parmi eux d'anciens actionnaires du *Torchlight*. Lyden Ramdhanny était présent lors de la réunion du cabinet des ministres, en juin 1981, lorsque Bernard Coard a proposé en réponse à la parution du *Voice* « de confisquer toutes les grandes compagnies à St-Georges, [...] de tout nationaliser pour donner une leçon à la bourgeoisie et à cette couche sociale [43]. »

Compte tenu du poids énorme de St-Georges dans l'ensemble du commerce et de l'industrie de Grenade, la proposition de Coard aurait signifié l'expropriation de pratiquement toute la bourgeoisie grenadienne. Cela aurait renversé du jour au lendemain le cours suivi par le GRP et le NJM depuis la victoire de mars 1979, sans la moindre préparation ou implication politiques des travailleurs et des agriculteurs du pays.

La proposition de Coard confirme cette évaluation faite ultérieurement par George Louison :

> La clique de Coard [...] avait l'idée que le parti pouvait faire n'importe quoi et dire n'importe quoi et que le reste de la société devait se conformer dans les 24 heures. Autrement dit, elle ne comprenait pas le besoin réel d'associer les masses aux activités du parti. Ces dernières doivent comprendre ces actions pour pouvoir aussi les mener à bien [44].

Les expropriations proposées par Coard n'auraient pu être réalisées que de manière administrative, essentiellement par les autorités gouvernementales. Quelques travailleurs et agriculteurs auraient pu être convaincus par les dirigeants du GRP que de telles mesures étaient nécessaires pour sauvegarder la révolution et ils les auraient appuyées. Mais la plupart auraient vite conclu à partir de l'expérience qu'il s'agissait là d'une erreur désastreuse. Les conditions n'existaient pas encore à Grenade pour une économie nationalisée et planifiée.

Bien plus, d'autres couches de travailleurs et d'agriculteurs auraient été désorientées et seraient devenues plus vulnérables aux appels de la contre-révolution. Un nombre inutilement élevé de membres des classes moyennes et de certaines couches professionnelles qui soutenaient le GRP se seraient retournées contre la révolution. Les flammes de l'anti-communisme auraient été attisées.

À l'issue de la réunion du cabinet de juin 1981, Ramdhanny était convaincu que la proposition de Coard allait être appliquée. Après la réunion toutefois, il n'a plus jamais entendu parler du projet de Coard. C'est seulement après le renversement de la révolution qu'il a appris que Bishop avait réussi à défaire la proposition dans les instances de direction du NJM.

La direction du NJM a toutefois décidé d'interdire pendant un an la publication du *Voice* et de toute nouvelle publication. Cette décision a été annoncée lors d'un discours prononcé par Maurice Bishop le 19 juin 1981 [45].

Le NJM a justifié la fermeture du *Voice* en disant que les actionnaires du journal avaient dans le passé publié des brochures qui appelaient à la violence contre-révolutionnaire, qu'un des actionnaires du journal avait été impliqué dans un complot visant à assassiner des miliciens et des soldats et que le groupe était lié à la CIA. Quelques semaines après l'interdiction du *Grenadian Voice,* quatre de ses commanditaires, les avocats Lloyd Noel et

Tillman Thomas, l'homme d'affaires Leslie Pierre et le bureaucrate syndical Stanley Roberts, ont été arrêtés pour avoir participé à la campagne de la CIA pour renverser le GRP. Mais aucune accusation formelle n'a jamais été portée en rapport avec toutes ces affaires.

**Coard emprisonne les rastafaris**

Le 24 juin 1981, trois hauts responsables de la défense dans le GRP se sont présentés devant le Bureau politique. Il s'agissait des majors Ewart Layne et Einstein Louison et du vice-ministre de la Défense et de l'Intérieur Liam James. Ils étaient là pour « discuter de la menace actuellement posée par les éléments rastas — en particulier parce qu'on avait appris que ceux-ci projetaient d'attaquer un des camps de l'ARP [Armée révolutionnaire populaire] vendredi — et des mesures à prendre pour faire face à la situation. » Leur proposition : que le gouvernement arrête 300 rastafaris et leur coupe les tresses.

Selon le procès-verbal de la réunion, Bishop « a déclaré qu'il s'opposait complètement à l'arrestation de 300 d'entre eux et qu'on leur coupe les cheveux, comme cela a été proposé. » De son côté, Coard « a rappelé à la réunion que le parti [...] avait toujours hésité à prendre des décisions fermes sur les questions-clés. » Il a cité les exemples du *Torchlight* et de Ras Nang Nang, survenus à la fin de 1979.

Le procès-verbal indique que la discussion a été très large. Même Liam James, un des principaux partisans de Coard depuis l'époque de l'OREL, a exprimé des réticences devant la proposition. Il a déclaré qu'il avait abordé la question avec l'ambassadeur cubain. Celui-ci s'était « montré préoccupé et pensait que nous allions être isolés dans la région et internationalement. » De plus, James a aussi « demandé quels seraient les attitudes/l'état d'esprit après l'opération, quelles seraient les implications pour le travail parmi les jeunes, comment les rastas pourraient être convaincus de travailler et quelle serait la réaction de la population. »

Comme solution alternative, James a proposé « que pour « légitimer » toute arrestation de rastas, nous devrions les laisser commettre leur attaque et après ça les arrêter. » Manifestement horrifié par cette suggestion, Bishop l'a rejetée. Il a souligné que « cela pourrait très bien se traduire par des morts de chaque côté[46]. »

Plus tard le même jour, la discussion sur cette question s'est poursuivie au cours d'une réunion du Comité central.

Ni Maurice Bishop ni Bernard Coard n'étaient présents. Unison Whiteman a amorcé le débat en expliquant qu'il « existe des preuves que les rastas projettent de mener une offensive dans le nord du pays au cours des prochains jours et que nous devons songer à des mesures préventives. » Il a toutefois reconnu que « l'une de nos plus grandes faiblesses est le manque d'informations précises. »

Dirigeante centrale de la faction de Coard, Phyllis Coard a proposé une nouvelle fois « que les principaux dirigeants rastas soient arrêtés. » Elle a parlé d'« environ 50 rastas », au lieu du chiffre de 300 initialement mentionné à la réunion du Bureau politique ce jour-là. Selon le procès-verbal de la réunion, Phyllis Coard a déclaré :

> C'est avec fermeté (« manners ») que nous devons affronter cette situation. Nous devrions considérer non seulement la réaction des rastas, mais aussi celle des masses. Le mouvement rasta a affaibli notre base de soutien. Nous ne devrions pas encourager les gens à penser que cette mesure

> vise le mouvement rasta en général. Nous n'avons pas la capacité de détenir tous les rastas du pays[47].

Après en avoir débattu, l'assemblée s'est mise d'accord pour procéder aux arrestations. Dans le procès-verbal de la réunion, aucune mention n'est faite de l'opposition exprimée par Maurice Bishop à la réunion du Bureau politique ce matin-là. Reconnaissant les conséquences politiques défavorables que cette mesure allait entraîner, Vincent Noel a demandé qu'on établisse « une équipe de propagande pour la diffusion des nouvelles dans la région. » Il a aussi déclaré que le NJM « doit envisager la possibilité » que Maurice Bishop s'adresse à la nation pour expliquer toute détention.

LES ARRESTATIONS ONT COMMENCÉ le lendemain. Une liste des détenus datée du 22 juillet 1981 indique qu'un total de 76 personnes ont été arrêtées. Quinze d'entre elles ont été détenues pendant quelques jours seulement. Parmi les 61 autres, 33 « ont avoué être des rastas. » Six autres portaient des tresses, « mais nient tout lien avec les rastas. » La liste indique que 9 de ceux qui portaient des tresses « ont choisi de se couper les cheveux depuis leur détention et l'ont fait. » Sur les 9, 5 avaient été relâchés et quatre étaient encore détenus.

Aucune accusation n'a été portée contre les rastafaris qui ont été arrêtés. Les détentions et leur motivation n'ont jamais été rendues publiques ni expliquées au peuple grenadien. Néanmoins, la liste des détenus en date du 1er janvier 1982 indique que la plupart de ceux qui avaient été arrêtés étaient toujours en prison à ce moment[48].

Même si la rafle contre les rastafaris a été menée sur une plus petite échelle que ce qui avait été prévu au début, elle a quand même eu lieu. Et la révolution en est ressortie affaiblie.

## Un effort accru pour isoler Bishop

Au milieu de 1981, la faction secrète de Coard a intensifié ses efforts pour miner la position de Maurice Bishop dans les instances de direction du NJM.

À la fin de juillet, Coard et ses partisans ont orchestré la révocation de Vincent Noel du Comité central et du Bureau politique. Noel était un dirigeant de longue date du NJM. La proposition est venue du Comité d'organisation du NJM, que Bernard Coard présidait depuis son établissement en 1977. Dans un rapport présenté à la réunion du Comité central du 22 juillet 1981, le Comité d'organisation a attiré l'attention sur les carences du travail effectué par le Comité ouvrier du NJM, présidé par Vincent Noel [49]. Le rapport a déclaré que Noel « n'avait pas réussi à faire avancer le travail » du Comité ouvrier et qu'il reconnaissait avoir lui-même manqué de discipline [50].

Dans ses commentaires sur le rapport du Comité d'organisation, Bishop a déclaré que la question du fonctionnement du Comité ouvrier avait été soulevée dans le parti « à plusieurs reprises dans le passé, » mais qu'aucune attention sérieuse n'avait été accordée à ce travail. « À cet égard, le Comité central et le Bureau politique devraient endosser une partie du blâme. »

Martelant un thème que lui et ses partisans allaient soulever de plus en plus souvent dans les deux années qui ont suivi (et qu'ils allaient diriger encore plus directement contre Bishop en particulier), Coard a condamné la « timidité, le manque de principes et la mollesse avec lesquels cette situation est traitée » par la direction [51].

À l'issue de la réunion Noel a non seulement été révoqué de la présidence du Comité ouvrier, mais aussi du Comité central et du Bureau politique.

Coard a aussi manoeuvré pour favoriser la promotion de ses partisans dans le corps des officiers supérieurs de l'Armée révolutionnaire populaire. Le procès-verbal de la réunion du Bureau politique du 23 septembre 1981 fait état des fortes objections de Coard devant une proposition portant sur la composition de la structure de commandement de l'armée. Les majors Einstein Louison et Ewart Layne étaient alors les deux officiers les plus importants de l'armée après le général Hudson Austin. Selon la proposition de réorganisation, Layne, un partisan de longue date de Coard et un cadre de l'OREL, devait devenir chef d'état-major de l'armée. De son côté, Louison devait obtenir le poste plus élevé de secrétaire-adjoint à la Défense.

D'après le procès-verbal de la réunion du 23 septembre, Coard « a qualifié ceci de compromis, dans la mesure où il ressent fortement le besoin de changer la direction de l'armée. » Le Bureau politique s'est entendu sur le fait qu'il s'agissait « de changements temporaires d'une période de six mois[52]. »

Même si Coard a dû accepter ce « compromis » en septembre 1981, il a obtenu ce qu'il voulait l'année suivante. Ewart Layne, qui était entre-temps passé du grade de major à celui de lieutenant-colonel, est devenu secrétaire-adjoint à la Défense. Einstein Louison, qui était toujours major, a été affecté à la position subalterne de chef d'état-major. Et Liam James, un autre cadre de l'OREL et un dirigeant de la faction de Coard, est devenu le seul autre lieutenant-colonel de l'ARP. Au milieu de 1981, James n'était même pas officier. Ainsi à la fin de 1982, les deux officiers les plus haut gradés après le général Hudson Austin étaient des dirigeants sûrs de la faction de Coard [53].

En décembre 1981, les partisans de Coard ont aussi organisé le départ forcé de Don Rojas comme rédacteur en chef du *Free West Indian.* Sans préavis, Rojas a été convoqué à une assemblée du personnel du journal. Là, il a été soumis à une séance de « critiques » et on lui a annoncé qu'il était remplacé à son poste de rédacteur en chef. Même si Maurice Bishop était à la tête du ministère de l'Information, de qui relevait le *Free West Indian,* il n'a pas été informé de la décision de destituer Rojas. Celle-ci a été prise derrière le dos de Bishop par Kamau McBarnette, un partisan de Coard, et par des cadres du Parti des travailleurs de la Jamaïque (WPJ) de Trevor Munroe qui opéraient à Grenade.

Rojas avait été rédacteur en chef du journal depuis qu'il avait été nommé à ce poste par Bishop deux ans auparavant. Il a été remplacé d'abord par McBarnette et quelques mois plus tard par un cadre du WPJ. Rojas a été suspendu au sein du NJM pendant quelques semaines. Mais il a été réintégré dans le parti lorsque Maurice Bishop a pris l'initiative de lui demander de devenir son secrétaire de presse [54].

### Coard découvre une « tendance petite-bourgeoise »

Lors d'une réunion du Comité central tenue le 21 avril 1982, les partisans de la faction secrète de Coard ont commencé à attirer l'attention sur l'existence d'une tendance « petite-bourgeoise » dans la direction du NJM. Pendant la discussion qui a suivi un rapport sur l'« état du parti », Phyllis Coard a déclaré que le problème numéro un était « l'attitude petite-bourgeoise qui existe encore parmi un certain nombre de camarades, y compris dans la direction [55]. » À ce moment, aucun nom n'a été cité.

Au cours de la même réunion du Comité central, Bernard Coard a aussi attiré l'attention sur « une crise dans l'organisation du parti » qui affectait le NJM. Ce thème allait constituer l'axe majeur de la campagne contre Bishop au cours des 18 mois qui ont suivi. Mais les seuls propos de Coard qui figurent à ce sujet dans le procès-verbal d'avril 1982 sont : « Notre principal problème est que nous essayons d'en faire trop[56]. »

Lors d'une réunion tenue le 27 août 1982, le Comité central a discuté un rapport important présenté par Maurice Bishop sur les perspectives politiques du NJM. Le comité a alors décidé de le présenter en septembre au cours de plusieurs assemblées générales de l'ensemble des membres du parti, comprenant aussi bien les membres titulaires que les stagiaires et les candidats. Par la suite, ce rapport a été imprimé à des fins de discussion et de formation parmi les membres. Intitulé « Line of March for the Party » [La voie stratégique du Parti], ce document n'a jamais été diffusé publiquement[57].

Le procès-verbal du Comité central d'août 1982 ne mentionne pas d'opposition au rapport de Maurice Bishop (avant septembre 1983, les procès-verbaux ne rapportaient pas les votes). Néanmoins, le rapport parle d'« une certaine confusion » dans le NJM sur le caractère et les tâches de la révolution. « Il est extrêmement important, a souligné Bishop, que nous arrivions à mieux comprendre où nous en sommes, ce que nous essayons de construire et comment nous allons pouvoir le construire[58]. »

La révolution grenadienne, a dit Bishop, « est une révolution anti-impérialiste, nationale et démocratique. » Et, a-t-il poursuivi :

> Je n'ai pas dit une révolution socialiste, ainsi que certains camarades ne cessent de prétendre.

> Nous n'avons manifestement pas une révolution socialiste. [...] Nous ne pouvons pas passer directement à la construction du socialisme. Nous devons d'abord passer par une étape où nous jetons les bases et créons les conditions, y compris les conditions politiques et socio-économiques, pour la construction du socialisme et la création de la révolution socialiste — qui sera la venue au pouvoir pleine et entière de la classe ouvrière [59].

Selon Bishop, la révolution grenadienne avait besoin d'alliances de classes, « en premier lieu une alliance entre la classe ouvrière et la petite bourgeoisie, en particulier la paysannerie rurale ; et en second lieu une alliance avec tous les éléments de la bourgeoisie nationale et de la couche supérieure de la petite bourgeoisie qui, pour diverses raisons, sont prêts à participer à la construction de l'économie et du pays à ce moment [60]. »

La tâche du NJM pendant l'étape nationale et démocratique de la révolution était

> de garantir le rôle dirigeant de la classe ouvrière par le biais de son parti marxiste-léniniste, s'appuyant sur une certaine forme de la dictature du prolétariat. Mais je vous prie de bien noter que j'ai dit *une certaine forme* de la dictature du prolétariat. À ce stade, nous ne pouvons évidemment pas avoir la dictature du prolétariat ou de la classe ouvrière. Mais la forme que nous devons avoir à ce premier stade est la dictature de la population laborieuse [61].

Malgré son adoption unanime, « La voie stratégique » masquait en réalité de profondes divergences au sein du Comité central sur le caractère et les tâches de la révolution grenadienne.

## Le NJM

Le rapport sur « La voie stratégique » a rapiécé tant bien que mal deux points de vue conflictuels sur le type de parti que le NJM devait s'efforcer de construire pour diriger le gouvernement des travailleurs et des agriculteurs à Grenade.

D'un côté, il a préconisé le « renforcement du caractère léniniste du parti en attirant vers lui les meilleurs éléments de la *population laborieuse et en particulier de la classe ouvrière*[62]. » Ceci reflétait la conviction de Bishop que le parti devait s'enraciner encore plus solidement parmi les couches les plus dévouées, les plus dures à l'ouvrage et les plus conscientes politiquement au sein des masses opprimées et exploitées.

De l'autre côté, les conditions d'adhésion présentées dans le rapport ont renforcé les efforts de Coard pour préserver le caractère d'appareil petit et étroit du NJM, fait pour *administrer* la population laborieuse, au lieu de le développer en instrument politique d'avant-garde *de* la population laborieuse. « Nous pensons qu'il doit être de plus en plus difficile pour les camarades de devenir membres titulaires ou stagiaires, » peut-on lire dans les derniers paragraphes du rapport, « et il doit devenir plus difficile pour les nouveaux camarades de demeurer membres ou stagiaires[63]. »

Lorsque ce rapport a été présenté à l'automne 1982, le NJM n'avait environ que 350 membres (titulaires, stagiaires et candidats). Un an plus tard, le parti dans son ensemble n'avait pas grandi du tout et le nombre de ses membres titulaires était tombé de 80 à un peu plus de 70[64].

Le caractère fermé de la politique d'adhésion au NJM a été justifié au nom des « normes léninistes de discipline, de cohérence et de sérieux[65]. » L'incapacité de Bishop de battre en brèche la politique d'exclusion du NJM pratiquée contre la population laborieuse par la faction de Coard a au contraire empêché le parti de se développer en une avant-garde révolutionnaire et prolétarienne de masse.

Après la victoire de mars 1979, le NJM n'a pas cherché de manière décisive à se transformer en un parti qualitativement différent, ce qui était à la fois possible et nécessaire. Dans la nouvelle situation politique créée par l'instauration d'un gouvernement des travailleurs et des agriculteurs, le NJM se devait d'agir pour incorporer dans ses rangs et ses instances de direction les travailleurs et les agriculteurs qui démontraient dans la pratique leur aptitude à diriger. Il devait commencer à se transformer en un parti de cadres dévoués et considérés comme des dirigeants par leurs compagnons et compagnes de travail dans les usines, les champs et les autres lieux de travail, dans les syndicats et les organisations de femmes et de jeunes, dans l'armée et la milice.

Pour ces travailleurs et ces agriculteurs d'avant-garde, le parti aurait pu devenir une école de politique communiste qui les aurait aidés à généraliser leurs expériences et à les replacer dans le cadre des enseignements passés et présents de la lutte des classes internationale. À mesure que le gouvernement révolutionnaire se serait renforcé et aurait fait des progrès, le parti, l'État, la population laborieuse et ses organisations auraient tissé des liens de plus en plus étroits les uns avec les autres.

Au lieu de cela cependant, après le mois de mars 1979, le NJM s'est d'année en année de plus en plus éloigné de la population laborieuse. Alors que Bishop se tournait constamment vers la population en s'efforçant de la politiser et d'en impliquer des couches de plus en plus larges dans le travail de la révolution, la faction de Coard a travaillé d'une manière étroite à renforcer son emprise sur le Comité d'organisation, le Bureau politique et le Comité central.

Grâce au travail politique de Maurice Bishop, un nombre croissant de travailleurs et d'agriculteurs se sont politisés et ont été gagnés à la révolution et à son programme. Les discours de Bishop construisaient le parti. Mais les mesures instituées par Coard et ses partisans ont empêché ce progrès politique de se refléter dans la composition du NJM et de sa direction.

Le parti « était très petit et avait perdu le contact avec la population, » a expliqué George Louison. « On n'avait pas permis à des gens très sérieux et dévoués à la lutte d'adhérer au parti[66]. »

Cette question a aussi été abordée par Don Rojas, l'ancien secrétaire de presse de Maurice Bishop et membre du NJM, dans un article écrit en 1985 à l'occasion du sixième anniversaire de la révolution grenadienne. Le travail de la faction de Coard pour s'emparer des instances de direction du NJM, a écrit Rojas, « a été facilité par la très petite dimension du parti et par sa composition de classe. [… Le parti] regroupait beaucoup trop peu d'ouvriers et de cultivateurs ayant prouvé leurs capacités de leaders dans les syndicats, les organisations de producteurs ruraux, dans l'Organisation nationale des femmes et l'Organisation nationale de la jeunesse[67]. »

## Une réforme agraire sans terre pour les agriculteurs

Un des aspects les plus nuisibles de la politique d'adhésion au NJM a été l'interdiction aux petits agriculteurs de devenir membres du parti, sous prétexte qu'ils possédaient une propriété alors que le NJM était un parti ouvrier. Cette politique a exclu la grande majorité de la population laborieuse exploitée des rangs du NJM.

Dans une entrevue réalisée en 1985, George Louison a donné l'exemple d'un individu qui avait aidé à préparer le soulèvement du 13 mars 1979 contre le régime de Gairy. Après la victoire, a déclaré Louison, « il n'y a rien que nous aurions pu lui demander de faire pour la révolution et qu'il n'a pas fait. Maintenant, que doit faire un tel camarade pour devenir membre d'un parti révolutionnaire ? [...] Le seul problème qu'il avait, c'est d'être un petit agriculteur. Et nous avions décidé que les gens avec ce type de propriété ne pouvaient pas être dans le parti[68]. »

Tous les partis marxistes s'efforcent de se constituer en avant-garde politique de masse de la classe ouvrière de leur pays. Mais on n'atteint pas cet objectif en empêchant les membres d'autres classes sociales d'adhérer au parti, surtout s'il s'agit d'autres producteurs exploités. Le premier critère pour qu'une personne devienne membre d'un parti prolétarien est qu'elle soit d'accord avec la *perspective politique ouvrière* de l'organisation et qu'elle fasse la preuve, en parole et en pratique, qu'elle est prête à mener une activité politique systématique sous sa direction.

La capacité d'un parti révolutionnaire de consolider une majorité ouvrière parmi ses membres dépend de la situation politique existante et de son aptitude à fournir une direction aux luttes menées par les travailleurs et les agriculteurs. Avoir un parti qui a dirigé une révolution victorieuse et qui se trouve à la tête d'un gouvernement des travailleurs et des agriculteurs : ce sont là les conditions les plus favorables pour construire un parti prolétarien de masse.

En excluant de ses rangs les petits agriculteurs, le NJM n'a rien fait d'autre qu'étaler un préjugé gauchiste. Peu importent les raisons avancées pour justifier cette mesure, celles-ci n'avaient rien de marxiste ou de léniniste. Aucun parti politique dirigé par Marx ou Lénine n'a jamais empêché les agriculteurs exploités d'y adhérer[69]. Le Parti communiste de Cuba ne l'a jamais fait non plus. Cette politique du NJM n'avait rien de « prolétarien ». En réalité, elle allait de pair avec l'incapacité du NJM d'amener au parti les travailleurs et les cadres syndicaux qui étaient les plus actifs politiquement et qui avaient la plus grande conscience de classe[70].

Dans une entrevue avec George Louison réalisée en 1985, j'ai demandé si cette politique d'adhésion au parti avait été inspirée par la faction de Coard. « C'était en partie le cas, » a répondu Louison. « Les propositions, les initiatives venaient d'eux. [...] Mais nous nous sommes tous laissés entraînés dans cette direction[71]. »

Cette politique d'exclure les petits agriculteurs du NJM a renforcé une autre politique gauchiste, politique qui a affaibli l'alliance des ouvriers et des agriculteurs et la révolution. Au cours des quatre ans et demi où il a été au pouvoir, le GRP n'a pas appliqué de programme visant à donner des terres aux agriculteurs. Dans un pays où le tiers de la population active était composée d'agriculteurs et où 90 pour cent d'entre eux cultivaient des lopins de terre inférieurs à cinq acres [deux hectares] et les deux tiers, des lopins inférieurs à deux acres [un hectare], le GRP n'a pas mis en oeuvre une véritable réforme agraire.

LA RÉVOLUTION a bien sûr apporté beaucoup d'avantages aux travailleurs agricoles et aux petits agriculteurs de Grenade. Dès ses origines, le NJM a appuyé leurs luttes contre les grands propriétaires capitalistes, contre les compagnies impérialistes de transformation et de distribution et contre la dictature de Gairy. Après la victoire de mars 1979, le GRP s'est engagé à ne jamais exproprier les agriculteurs qui cultivaient leur terre. Il a renforcé les droits syndicaux des ouvriers agricoles et a encouragé la formation d'une organisation de petits agriculteurs. Il a institué le partage des bénéfices et l'égalité salariale pour les femmes sur les grandes fermes privées et d'État. Le GRP a fourni aux agriculteurs un système de crédit à bon marché. Il a réduit les prix et a élargi l'accès aux semences, aux engrais, aux outils et aux autres produits dont les agriculteurs avaient besoin pour produire. Pour diminuer la dépendance des agriculteurs à l'égard des grandes compagnies de transformation, il a réorganisé l'office de commercialisation et il a commencé à mettre sur pied des industries agricoles proprement grenadiennes. Il a amélioré les routes, l'irrigation, la formation et les services connexes à la campagne. Il a créé un parc gouvernemental de tracteurs et de machines agricoles. Les agriculteurs et les ouvriers agricoles ont bénéficié des nombreux programmes destinés à satisfaire les besoins de l'ensemble des masses laborieuses grenadiennes tels le programme d'alphabétisation, un système public et gratuit d'éducation et de soins médicaux, l'eau courante et le premier service de transports publics de l'île.

MAIS LE GRP n'a jamais donné l'essentiel aux petits agriculteurs, ce qu'ils veulent et ce qui leur est nécessaire pour améliorer substantiellement leur productivité et leurs conditions de vie : *l'utilisation garantie d'une quantité suffisante de terre.* Il est difficile pour les agriculteurs de s'en sortir avec seulement deux à cinq acres [un à deux hectares] de terre à cultiver, même s'ils ont facilement accès au crédit, que les semences sont abondantes, que la commercialisation est efficace, que les routes sont en bon état et qu'il existe un parc gouvernemental de tracteurs. C'est seulement une fois que les agriculteurs ont obtenu plus de terre et qu'ils peuvent commencer à profiter de certaines économies d'échelle que toutes ces mesures peuvent les aider considérablement à devenir plus productifs.

Avec seulement quelque 55 000 acres [22 000 hectares] de terres cultivables sur l'île, une telle réforme agraire ferait nécessairement face à des limites physiques. Mais près du tiers de cette superficie était inutilisé ou sous-utilisé. Le GRP a consciemment rejeté toute idée de redistribuer ces terres en friche aux agriculteurs exploités de l'île. Il n'a pas non plus distribué aucune des terres confisquées à Gairy et aucune des terres nationalisées en 1979.

Le NJM a justifié cette politique en affirmant que le morcellement des grandes propriétés privées et publiques nuirait à la productivité agricole de Grenade. Il a soutenu qu'une telle politique ne ferait que simplement répéter la politique de « la terre à ceux et celles qui n'en ont pas » de Gairy. Le gouvernement, pensait-il, devait plutôt concentrer ses efforts sur la promotion de fermes d'État et de coopératives opérant sur de grandes superficies, qui sont beaucoup plus favorables à l'emploi de machines et de techniques agricoles modernes. Cette politique, disait le NJM, était la seule façon d'accroître le travail social et la coopération dans l'exploitation agricole et de favoriser à la fin la transformation socialiste de l'agriculture.

Mais cette approche a accordé plus d'importance aux mécanismes techniques et administratifs censés mener à l'« efficacité économique » (souvent trompeuse, comme nous allons le voir) qu'à la nécessité politique de forger une alliance durable entre les ouvriers et les agriculteurs pour défendre et faire avancer la révolution et ses objectifs sociaux. Ce principe fondamental de la stratégie ouvrière révolutionnaire a été abordé dans les « Thèses sur la question agraire », rédigées par Lénine et adoptées par le deuxième congrès de l'Internationale communiste en 1920[72]. Les révolutionnaires doivent distribuer la terre, a dit Lénine en défendant cette résolution, « autrement, le petit paysan ne verra pas de différence » entre l'ancien ordre social et le nouveau. « Si le pouvoir d'État prolétarien n'applique pas cette politique, il ne pourra pas se maintenir[73]. »

À CE RASSEMBLEMENT communiste tenu en 1920, l'appui de Lénine à la distribution de la terre aux paysans était contesté autant à droite qu'à gauche par des groupes minoritaires de délégués. Lénine a répondu à l'accusation d'un centriste allemand selon qui « faire quelque chose pour la petite paysannerie aux dépens des gros propriétaires relèverait d'un esprit petit-bourgeois. » D'après ce délégué, « [i]l faut exproprier les gros propriétaires et remettre la terre aux communes [associations coopératives]. »

« C'est une conception de pédant, » a répliqué Lénine. Même dans les pays hautement développés, a-t-il dit, y compris l'Allemagne, une grande partie des grands domaines est en friche ou cultivée suivant des méthodes très inférieures à ce qui est nécessaire pour une agriculture moderne. « On peut maintenir la grosse production tout en donnant aux petits paysans quelque chose de fort substantiel[74]. »

Il n'existe pas d'indices que Maurice Bishop se soit opposé à la politique agraire du GRP. Mais tout porte à croire que Bernard Coard en était le principal architecte. Passons brièvement en revue l'évolution de cette politique.

Au milieu de 1980, le gouvernement a annoncé la formation de l'Agence de développement coopératif national (National Cooperative Development Agency — NACDA). Une commission gouvernementale a fait une tournée de l'île pour recenser les terres sous-utilisées. Le GRP voulait utiliser les résultats de l'enquête pour négocier la location de ces terres avec leurs propriétaires. Les terres ainsi obtenues n'ont cependant pas été distribuées aux petits agriculteurs ou aux travailleurs agricoles sans terre. Elles ont plutôt été mises à la disposition de la NACDA dans le but d'encourager la formation de coopératives gérées par des groupes de jeunes chômeurs. La plupart de ces derniers n'avaient aucune expérience dans l'agriculture. Comme le résume le mot-d'ordre « Les terres en friche pour les mains sans travail » (« Idle lands for idle hands »), l'idée était d'accorder des terres aux jeunes sans emploi pour qu'ils forment des coopératives et de leur offrir la formation, les crédits, les outils et les débouchés leur permettant d'établir des unités de production. Cela était censé diminuer le chômage et promouvoir en même temps le développement de l'agriculture selon des normes socialistes.

La NACDA n'a jamais vraiment réussi. En novembre 1981, il n'y avait que douze de ces coopératives. Elles employaient 160 jeunes et occupaient une superficie totale de 146 acres [60 hectares]. (À titre de comparaison, il y avait plus de 8 000 familles agricoles petites et moyennes à Grenade. Avec en plus quelque 120 grands propriétaires fonciers, ces agriculteurs possédaient la plus grande partie des terres cultivables de l'île. À l'époque, il y avait aussi 25 fermes d'État qui employaient 1 000 travailleurs et travailleuses et qui exploitaient 4 000 acres [1 600 hectares] de terre.)

La résistance au projet de coopératives de la NACDA venait de deux côtés. D'abord, peu de jeunes chômeurs avaient été convaincus de se joindre aux coopératives agricoles. Et peu de grands propriétaires avaient accepté de louer leurs terres au gouvernement. Au milieu de 1981, le NJM cherchait comment résoudre ces problèmes.

En avril 1981, le Comité central a décidé de commencer à organiser sur une base volontaire des coopératives de production parmi les petits agriculteurs. Mais le gouvernement a continué à mettre l'accent sur les coopératives de jeunes chômeurs et le développement des fermes d'État.

En septembre 1981, il a adopté la Loi sur l'utilisation et le développement de la terre dans le but de surmonter la résistance des propriétaires fonciers. Cette loi donnait au GRP le droit de louer toute propriété foncière non cultivée de plus de 100 acres [40 hectares]. Le ministre de l'Agriculture George Louison avait présenté une première version de la loi lors d'une réunion du Comité central du NJM, tenue le 22 juillet 1981. D'après le procès-verbal, c'est Bernard Coard qui a fait les principaux commentaires sur le texte. Il a déclaré

> que les jeunes sont le principal facteur du Programme de réforme agraire. Il a souligné que la première priorité doit être d'impliquer les jeunes chômeurs des différentes paroisses [régions] pour qu'un tel projet porte fruit. [...] Il a également souligné que le programme a besoin de 2 500 jeunes. [...] Il a conclu en déclarant que les jeunes constituent l'actuelle armée de réserve du travail [75].

Ainsi d'après Bernard Coard, le « principal facteur » dans la réforme agraire de Grenade, ce n'étaient pas les agriculteurs et les ouvriers agricoles. C'étaient les jeunes chômeurs. Le principal objectif politique n'était pas de renforcer l'alliance entre les travailleurs et les agriculteurs, la base du gouvernement révolutionnaire.

En fait, Coard a présenté la nouvelle Loi sur la réforme agraire comme une mesure qui pourrait avant tout susciter l'opposition des petits agriculteurs à la révolution plutôt que développer leur appui. Lors d'une réunion du Comité central convoquée le 19 août 1981 pour discuter comment combattre les activités contre-révolutionnaires alors en recrudescence, Coard « s'est demandé quel est l'état d'esprit de la paysannerie et où se situera celle-ci après l'adoption de la Loi sur la réforme agraire. » Le procès-verbal rapporte aussi les préoccupations d'autres membres du CC, pour qui « la Loi sur la réforme agraire causera une certaine inquiétude générale [76]. »

EN JANVIER 1983, le Comité central du NJM avait été obligé de reconnaître l'échec de sa politique agraire initiale. Dans une résolution adoptée le même mois, il a proposé de « changer l'axe de la NACDA et de ne développer des coopératives que parmi les agriculteurs existants. La création de nouvelles coopératives parmi les chômeurs doit cesser. »

Malgré tout, la résolution maintenait de manière résolue l'engagement de ne pas distribuer un seul acre de terre aux petits agriculteurs. D'après le document, l'objectif du NJM devait être de « commencer le processus de collectivisation et de transformation de la campagne. » En même temps, le parti devait se pencher sur les « stratégies et les tactiques à adopter face aux grands propriétaires ; comment jeter les bases de leur nationalisation, empêcher toute fragmentation de la terre et en même temps utiliser leurs compétences administratives en matière de production. »

Le document a ensuite énuméré plusieurs priorités. La première était de faire des fermes d'État « le principal véhicule pour commencer à jeter les bases d'une transformation socialiste de l'agriculture. » Cela comprenait la décision de placer toutes les terres en friche confisquées « sous le contrôle » de la Corporation agricole de Grenade (Grenada Farm Corporation — GFC) « restructurée ». Cette corporation gérait les fermes d'État. Les fonds alloués à l'origine au projet de réforme agraire devaient dorénavant aller à la GFC.

La deuxième priorité était « de gagner progressivement la paysannerie au socialisme en construisant l'alliance de la classe ouvrière et de la paysannerie au moyen d'un programme de concessions. » Ces « concessions » comprenaient des mesures comme le crédit à bon marché, la réduction des impôts, l'amélioration des routes, des banques de semences et d'engrais et des parcs de machines agricoles.

La résolution du Comité central se terminait en affirmant : « Le CC a conclu que le développement et la modernisation de l'agriculture sont la clé pour gagner la paysannerie au socialisme et à la transformation de la campagne selon des principes socialistes [77]. »

La résolution se base sur l'hypothèse que les grandes coopératives et les fermes d'État conduisent *d'elles-mêmes* à une production agricole plus efficace. Or cette hypothèse est un mythe. L'efficacité agricole dépend de nombreux facteurs : du type de culture ou d'élevage, de la qualité du sol, du niveau de mécanisation et d'irrigation et, avant tout, de la conviction par les producteurs agricoles que la révolution et son programme agissent dans leur intérêt. Les agriculteurs en quête de terre seront encouragés à augmenter leur production s'ils peuvent cultiver une superficie adéquate et si *sur cette base,* le gouvernement révolutionnaire les soutient en leur offrant une grande variété de services.

De plus, la distribution de la terre aux petits agriculteurs ne conduit pas nécessairement à une prolifération incontrôlée de nouveaux exploiteurs à la campagne. Cela peut être évité par le biais de lois qui interdisent de louer, d'hypothéquer ou de vendre la terre ou de s'en servir pour garantir le remboursement d'une dette ; par la syndicalisation des ouvriers agricoles et la mise en vigueur de lois protégeant leurs conditions de travail ; et par le rationnement, une politique des prix et d'autres mesures visant à régulariser la mise en marché.

Une politique de distribution de la terre aux petits agriculteurs n'est pas un obstacle au développement des fermes d'État. Certaines grandes fermes ayant appartenu à des capitalistes peuvent être et seront converties en fermes d'État. Celles-ci joueront un rôle important dans l'agriculture, en particulier dans la production de certaines denrées.

LA DISTRIBUTION DE LA TERRE aux petits agriculteurs ne constitue pas non plus un obstacle à la formation de coopératives, qu'il s'agisse de coopératives de crédit ou de mise en marché parmi les cultivateurs indépendants ou de coopératives de production basées sur la culture de terres en commun. C'est au contraire la seule voie efficace pour établir des coopératives. Une telle politique vise à accroître l'engagement révolutionnaire des agriculteurs. À la longue, elle en encouragera de plus en plus parmi eux à se joindre volontairement à d'autres producteurs pour aider à améliorer la production agricole selon les méthodes les plus efficaces. Le développement volontaire de coopératives de commercialisation et de production, l'amélioration de la mécanisation et le recours à des méthodes scientifiques : voilà ce qui fera avancer les travailleurs et les agriculteurs vers la socialisation du travail dans l'agriculture. C'est en suivant cette voie que le mouvement des coopératives a fait de grands pas à Cuba.

Aucun schéma ou mécanisme économique ne peuvent garantir que les producteurs ruraux vont donner un appui politique croissant à une révolution et que la production d'aliments et de fibres va augmenter. Le point de départ doit être concret et politique. Le gouvernement et le parti révolutionnaires doivent reconnaître que les agriculteurs qui n'exploitent pas le travail d'autrui, et ils forment la vaste majorité, sont des *camarades exploités* de la classe ouvrière, avec un intérêt commun direct à combattre l'exploitation des capitalistes.

Le NJM a trop souvent considéré les agriculteurs non pas comme d'autres camarades exploités, mais comme des petits-bourgeois. Selon le NJM, ils étaient en soi des alliés peu fiables de la classe ouvrière parce qu'ils possédaient une propriété. En réalité, la vaste majorité des agriculteurs de Grenade ne possédait aucun capital. Leurs lopins de terre minuscules ne leur permettaient pas d'exploiter le travail d'autrui, de louer des terres, de percevoir des profits et des loyers ou d'accumuler encore plus de capital [78].

Ces petits agriculteurs n'étaient pas des petits-bourgeois ou des petits capitalistes. C'étaient d'autres travailleurs, exploités directement par les mêmes capitalistes des États-Unis, de Grande-Bretagne et de Grenade qui exploitaient les travailleurs salariés urbains et ruraux de l'île.

### Coard réclame des « mesures léninistes rigoureuses »

Lors d'une réunion du Comité central tenue en octobre 1982, la faction secrète de Coard est passée ouvertement à l'offensive contre Bishop.

La réunion du 12 au 15 octobre avait été convoquée par Maurice Bishop. D'après le procès-verbal, il s'agissait d'« une réunion plénière extraordinaire » qui visait à « discuter d'une lettre de démission [du CC et du Bureau politique] du camarade Bernard Coard » et à « examiner les questions soulevées dans la lettre sur l'état du Parti et la crise dans le travail des instances supérieures[79]. »

Coard n'a pas assisté à la réunion. À la place, dit le procès-verbal, Selwyn Strachan « a été chargé de résumer les discussions qu'il a eues avec le camarade Coard sur sa démission. » Strachan était un dirigeant du NJM. Il a déclaré que « le camarade Coard avait indiqué que sa décision de démissionner du BP et du CC avait été prise six mois plus tôt. »

Selon Strachan, l'élément principal qui a poussé Coard à démissionner, c'était la « tension nerveuse » causée entre autres choses par le fait que « son autorité a été minée » en tant que président du Comité d'organisation du parti. Coard « a fait référence au laisser-aller du CC et à son refus de se prononcer clairement, au manque de préparation des camarades du CC pour les réunions et à l'absence de volonté d'étudier au sein du CC. »

« Prendre des mesures correctives, » selon le résumé fait par Strachan des positions de Coard, « provoquerait un conflit de personnalité » avec Bishop. Aussi Coard a-t-il préféré proposer sa propre démission, qu'il a qualifiée de

« non négociable ». Selon Strachan, Coard a néanmoins déclaré : « En dernière analyse, des mesures léninistes rigoureuses sont nécessaires » pour résoudre la crise dans le parti.

En toute première position sur la liste des « mesures léninistes » dressée par Coard figurait « changer la présidence du CC, » *c'est-à-dire retirer Bishop de ce poste.* Coard a aussi proposé d'« éliminer le poids mort au sein du CC » et d'« élargir le Bureau politique. » À la fin de cette réunion du Comité central d'octobre 1982, les partisans de Coard ont commencé à mettre les deux dernières mesures en application. Ils devront attendre une autre année avant d'appliquer la première.

Après le rapport de Strachan, « la réunion a accepté d'aborder les questions soulevées par le camarade Coard dans sa conversation avec plusieurs membres du CC. » Selon le procès-verbal, le Comité central « a conclu que le Parti était à la croisée des chemins. » Une option « consisterait à emprunter la voie petite-bourgeoise en faisant de la démission [de Bernard Coard] l'enjeu principal. » C'était une référence évidente à Maurice Bishop, qui avait convoqué la réunion pour discuter de la démission et de ses conséquences politiques. « Ceci ne pourrait mener qu'à une solution temporaire, » lit-on dans le procès-verbal. Une telle solution « conduirait sûrement à la détérioration du Parti en un parti social-démocrate et par conséquent, à la dégénérescence de la Révolution. »

« La deuxième voie, poursuit le procès-verbal, c'est la voie communiste, la voie des normes et du fonctionnement léninistes, la voie du centralisme démocratique, de la sélection, de la critique, de l'auto-critique et de la direction collective. » Autrement dit, la « voie communiste » correspondait aux « mesures léninistes rigoureuses » proposées par Coard.

Ce résultat de la réunion d'octobre 1982 indique à quel point la faction de Coard avait progressé vers son objectif de prendre le contrôle du Comité central du NJM. Les partisans de Coard s'étaient accaparés de la majorité du CC. Cette majorité restait cependant mince et ils n'avaient pas encore pris le contrôle du Bureau politique. L'autorité politique de Bishop continuait à grandir parmi les travailleurs et les agriculteurs ayant une conscience de classe.

Par conséquent, au cours de cette réunion d'octobre 1982, la faction de Coard a pris des mesures pour renforcer sa majorité au sein du Comité central du NJM et pour faire pencher la balance en sa faveur au Bureau politique. Kendrick Radix a été écarté du Comité central et du Bureau politique, tandis que la « démission » de Coard a été plus que compensée par l'ajout de Liam James, Ewart Layne et John Ventour. Tous trois étaient des dirigeants de la faction de Coard depuis le milieu des années 70. De plus, lit-on dans le procès-verbal, « l'intégration de Phyllis Coard au Bureau politique sera examinée en mars » tandis que « Whiteman recevra un sérieux avertissement pour son piètre travail. »

Pour justifier ces mesures, la faction de Coard a souligné le « faible niveau de développement idéologique » de ceux qu'elle essayait d'écarter des instances de direction. Radix s'est vu reprocher sa « mauvaise attitude envers l'étude » et Whiteman faisait partie des cinq membres du Comité central affectés à suivre des « cours accélérés de marxisme-léninisme. » Même s'il n'était plus membre du Comité central, Coard a été chargé de donner ces cours. Deux des trois documents à étudier étaient des brochures de Joseph Staline : *Les bases du léninisme* et *La dialectique* (probablement une référence à *Matérialisme dialectique et matérialisme historique*) [80].

## III. LA DERNIÈRE ANNÉE DE LA RÉVOLUTION

AU DÉBUT DE 1983, Washington a intensifié ses pressions politiques et militaires contre Grenade. En mars, le gouvernement des États-Unis s'est livré à des manoeuvres militaires provocatrices et de grande envergure dans les Caraïbes. En l'espace de quelques mois, le président des États-Unis Ronald Reagan, le vice-président George Bush, le secrétaire d'État George Shultz et le secrétaire à la Défense Caspar Weinberger se sont tous livrés à des attaques publiques contre Grenade. Ils ont en particulier mené une campagne tapageuse contre l'aéroport international, prétendant qu'il s'agissait en réalité d'une base militaire destinée aux forces armées cubaines et soviétiques. L'aéroport était en pleine construction avec l'aide de Cuba et devait faciliter le tourisme et le commerce.

Le gouvernement grenadien a répondu à ces menaces en accroissant la mobilisation politique et la préparation militaire de la population. En même temps, il a saisi toutes les occasions pour répondre aux accusations de l'impérialisme contre Grenade et pour démasquer ses mensonges. En juin 1983, Bishop a visité les États-Unis à l'invitation du groupe de pression libéral TransAfrica. Reagan et Shultz ont infligé une rebuffade au gouvernement grenadien en refusant de rencontrer Bishop pendant son séjour dans le pays. Néanmoins, celui-ci a pu s'entretenir brièvement avec des responsables de la Maison-Blanche, à qui il a réaffirmé le désir maintes fois exprimé du GRP d'avoir des relations normales et pacifiques avec le gouvernement des États-Unis.

Mais Bishop a profité avant tout de son voyage aux États-Unis pour parler directement à autant de gens que possible de la révolution grenadienne, de ses gains sociaux et de son importance pour les opprimés et les exploités des États-Unis et du monde. Le point saillant de sa tournée aux États-Unis a été le discours qu'il a prononcé au collège Hunter de New York, devant une salle bondée de 2000 personnes[81].

Peu de temps après le retour de Bishop à Grenade, le Comité central s'est réuni pendant six jours, du 13 au 19 juillet. À cette réunion, les partisans de Coard n'ont pas pu faire beaucoup de progrès. Les résultats de la réunion ont déplu à Coard, qui a fait part de son mécontentement aux membres de sa faction. C'est ainsi que la réunion du Comité central du 26 août s'est ouverte avec un rapport de Leon Cornwall, un partisan de Coard, sur « les préoccupations exprimées par un cadre supérieur du parti » et selon qui « certaines conclusions de la [réunion de juillet] ne sont pas correctes. » Ces « préoccupations » ont immédiatement été reprises par les deux plus récentes recrues de la clique de Coard : Ian St. Bernard, qui a expliqué ce qu'« il avait appris », et Tan Bartholomew, qui a rapporté ce « qui lui était parvenu. »

Liam James a alors demandé qu'une autre réunion du Comité central soit convoquée en septembre, étant donné que la « dernière évaluation n'est pas allée assez loin. » Selwyn Strachan a qualifié d'« opportunistes » les décisions prises par le comité en juillet. Il a ajouté que même si la réunion d'octobre 1982 avait « empêché que ce parti n'emprunte une voie social-démocrate, la situation est maintenant qualitativement pire. » Lui aussi a insisté pour qu'une autre réunion soit rapidement convoquée.

Prenant la parole à la fin de la réunion, Maurice Bishop a déclaré qu'il était clair que le parti faisait face à une situation interne grave et qu'une autre discussion au Comité central était nécessaire. Mettant en garde contre le danger d'activités factionnelles secrètes dans le dos des instances de direction du NJM, Bishop s'est dit préoccupé par le fait « que de nombreuses décisions importantes du parti, si ce n'est la majorité d'entre elles, ont été prises de façon informelle en dehors des instances supérieures[82]. »

L'avertissement de Bishop était pleinement justifié. Les décisions prises par la clique de Coard n'avaient pas seulement court-circuité les instances du parti. Elles avaient surtout affecté le cours du gouvernement, des syndicats et des autres organisations de masse, ainsi que la vie de dizaines de milliers de travailleurs et d'agriculteurs grenadiens. Le cours bureaucratique de Coard était en train d'affaiblir et de mettre en danger la révolution.

La prochaine réunion du Comité central a été convoquée du 13 au 15 septembre.

### La proposition de « direction conjointe »

C'est à cette réunion du Comité central de septembre 1983 que la faction de Coard a ouvertement cherché à évincer Bishop de la direction du parti. La réunion s'est ouverte avec la contestation concertée de l'ordre du jour proposé par Bishop[83]. Tour à tour, Liam James, John Ventour, Ewart Layne, Selwyn Strachan et Phyllis Coard ont soulevé des objections. Bishop a accepté de modifier l'ordre du jour et la réunion s'est entendue sur une contre-proposition de Ventour. La session a alors débuté avec un rapport de Layne sur « l'état actuel du parti et de la révolution. »

Le bilan de Layne était apocalyptique. La révolution, a-t-il déclaré, « est actuellement confrontée au plus grand danger depuis 1979. » Le « parti est en train de se désagréger. » Toutes les « organisations de masse s'écroulent. » Les « organes de la démocratie populaire sont sur le point de s'effondrer. » L'état interne du parti « est terrible. » Les membres disent que « la démocratie est morte dans le parti. »

Tous ces développements, a dit Layne, indiquent que le Comité central « a prouvé qu'il était incapable de diriger le processus. » Il a ouvertement rejeté le point de vue de Bishop selon qui les tâches principales et immédiates du parti et du gouvernement demeurent anti-impérialistes et démocratiques, en affirmant que le Comité central s'était montré incapable « de déterminer à quelle étape se trouve la révolution. »

Le Comité central, a poursuivi Layne, « est dans un cours opportuniste de droite. » Si ces problèmes ne sont pas corrigés, ils « conduiront à la désintégration complète du parti et à l'effondrement de la révolution. » Un après l'autre, les partisans de Coard ont alors pris la parole pour répéter les accusations de Layne.

Le sombre tableau dépeint par la faction de Coard était considérablement exagéré. Les travailleurs et les agriculteurs de Grenade faisaient certainement face à des problèmes importants. Des siècles d'oppression coloniale avaient légué à Grenade une agriculture bancale, peu d'industries, des moyens de transport et de communication délabrés et des conditions de vie et de travail médiocres. La campagne internationale du gouvernement des États-Unis pour bloquer toute forme de prêt ou d'aide à Grenade et pour paralyser son tourisme avait réduit le revenu national. Washington continuait d'accroître sa pression militaire et d'aider les forces contre-révolutionnaires locales.

Néanmoins, les progrès sociaux et économiques du GRP continuaient de gagner à la révolution le soutien de plus en plus grand des travailleurs et des agriculteurs de l'île. Le taux de croissance économique de Grenade était un des plus élevés des Caraïbes et le taux de chômage avait diminué de façon marquée. Le premier aéroport international de l'île, le projet de développement le plus important de la révolution et une source de grande fierté patriotique, allait être complété dans quelques mois. Une fois achevé, l'aéroport allait considérablement améliorer les perspectives commerciales et touristiques de l'île et diminuer l'isolement de Grenade par rapport au reste des Caraïbes et du monde. Au milieu de 1983, le GRP avait entrepris d'élaborer une nouvelle constitution, dans le but d'institutionnaliser les conquêtes démocratiques des travailleurs et des agriculteurs et de préparer le terrain pour des élections dans toute l'île.

Malgré ces grands progrès, l'organisation et la mobilisation des travailleurs et des agriculteurs s'étaient érodées pendant l'année qui a précédé la réunion du Comité central de septembre 1983. Et trop étroit pour refléter les nouvelles forces populaires gagnées par la révolution, le NJM était clairement en crise. Dans les deux cas, les pratiques bureaucratiques et l'activité factionnelle secrète du groupe de Coard avaient une lourde part de responsabilité.

À LA RÉUNION DE SEPTEMBRE, George Louison et Maurice Bishop ont contesté les exagérations contenues dans le rapport d'Ewart Layne. Tout en reconnaissant qu'il existait de grandes difficultés, Louison a contesté l'évaluation faite par les partisans de Coard que « le niveau idéologique des masses avait reculé. » Il a dit qu'on « n'avait pas accordé un poids suffisant à la situation objective et aux problèmes de l'économie. » Certains camarades, a conclu Louison, « ont une façon de décrire les choses qui donne une impression de panique. »

Bishop a également attiré l'attention sur plusieurs problèmes sérieux. Mais il a fait une mise en garde contre le caractère « quelque peu prématuré » de certaines des conclusions. Selon Bishop, il n'était pas possible de traiter les problèmes auxquels le parti était confronté sans se situer dans le cadre plus général des relations entre le gouvernement, les organisations de masse et les travailleurs et agriculteurs. Contrairement à Coard et à ses partisans, Bishop considérait les cadres du parti comme des dirigeants des masses, pas comme leurs administrateurs.

Le principal problème du Comité central, a déclaré Bishop, c'est qu'il n'accordait pas « une attention suffisante à l'opinion du parti et des masses. » À cause de cela, « nous avons commencé à aborder les choses d'une façon bureaucratique et formaliste. » Il a aussi cité la participation de plus en plus réduite des dirigeants du NJM aux réunions des conseils de villages et de quartiers, aux visites des lieux de travail et aux activités politiques publiques. Ces problèmes, a déclaré Bishop, ont « été aggravés par la faiblesse de la base matérielle » de la société grenadienne.

Mais la faction de Coard n'a pas bronché. Le point suivant à l'ordre du jour était une « analyse collective et individuelle du C[omité] c[entral]. » Liam James a ouvert la discussion en affirmant : « C'est la dernière chance pour le CC de sortir le parti de cette crise et de le mettre sur une voie m[arxiste]-l[éniniste] ferme. » Le « problème le plus fondamental », a-t-il poursuivi, c'« est la qualité de la direction fournie par le camarade Bishop au Comité central et au parti. »

James a loué de façon hypocrite la « grande force [de Bishop], sa capacité de stimuler et de former » les membres du parti, sa capacité « d'élargir le respect régional et international pour le parti et la révolution » et son « charisme pour développer la confiance du peuple. » Néanmoins, a-t-il dit, Bishop ne possédait pas les « qualités qui sont essentielles » pour diriger le parti : « un sens léniniste de l'organisation et de la discipline, [...] une grande clarté idéologique » et « une intelligence stratégique et tactique supérieure. »

LE RAPPORT DE JAMES a lui aussi recueilli l'assentiment unanime des autres membres de la faction de Coard[84]. Comme pour la contestation de l'ordre du jour et les discours pré-orchestrés qui ont suivi le rapport de Layne, le « consensus » s'est soudainement établi autour de l'idée que *la* source de tous les problèmes résidait dans le leadership de Bishop. Cette idée avait manifestement été discutée et arrêtée en coulisse par la faction de Coard, avant d'être assénée au reste du Comité central.

C'est Bishop qui a introduit le troisième point à l'ordre du jour, intitulé « Le rôle du Comité central ». Une fois de plus, il a souligné que le principal problème du Comité central était son éloignement des travailleurs et des agriculteurs. « Pour développer et maintenir des liens avec les masses, a-t-il déclaré, les dirigeants doivent se rendre en personne sur le terrain, au milieu de la population, accroître leur participation aux conseils de zone et de paroisse, visiter les écoles, diriger et encourager la production. » Le Comité central devrait développer des « mécanismes pour que chacun rende des comptes, [...] suivre de près les opinions de l'ensemble des membres » et « s'assurer d'avoir les moyens de communiquer avec eux. »

C'est à ce moment de la réunion, à son troisième et dernier jour, que Liam James a lancé la proposition préparée en secret et qui visait à retirer à Bishop ses responsabilités au sein de la direction centrale du parti. Il s'agissait d'un plan pour établir une « direction conjointe » du NJM. Les partisans de Coard n'avaient pas d'autre choix que de chercher à destituer Bishop. Deux lignes politiques s'affrontaient maintenant de façon irréconciliable dans l'activité quotidienne et hebdomadaire du NJM et du GRP. La première était celle que Bishop avait défendue de la manière la plus conséquente. La deuxième avait été systématiquement mise de l'avant par Coard.

Selon le procès-verbal du Comité central, Liam James a proposé « un modèle de direction conjointe, combinant les points forts » de Bishop et de Coard. Il a proposé la division suivante des responsabilités :

> *Le camarade Maurice Bishop*
>
> (i) Le travail direct parmi les masses, axé sur la production et la propagande.
>
> (ii) Une attention particulière aux organes de démocratie populaire, à la classe ouvrière, aux jeunes, aux visites des lieux de travail situés à la ville et à la campagne.
>
> (iii) La mobilisation des milices.
>
> (iv) Le travail régional et international.
>
> *Le camarade Bernard Coard*
>
> (i) Le travail d'organisation du parti comme président du C[omité d']o[rganisation].
>
> (ii) Le développement organisationnel du parti et la formation des camarades.
>
> (iii) La stratégie et la tactique.

Les partisans de Coard ont exprimé un accord immédiat et unanime avec les recommandations de James, qui semblaient spontanées. De l'autre côté, George Louison et Unison Whiteman se sont prononcés contre et Fitzroy Bain a émis de sérieux doutes. Plus tard, Louison a rappelé qu'il avait fait remarquer que de « telles propositions doivent être faites des semaines à l'avance, pour permettre de vraiment les étudier. » Pourtant, la soi-disant proposition de direction conjointe « n'a fait son apparition qu'au milieu du dernier jour de la discussion. [...] Ils ont forcé [la réunion] à prendre position le même jour[85]. »

Le procès-verbal de la réunion de septembre 1983 rapporte qu'un vif débat a éclaté lorsque George Louison a demandé qu'on accorde au moins un peu de temps aux membres du parti pour examiner la proposition et en débattre avant de la voter. Liam James a rétorqué que le « camarade Louison cherche à nuire au déroulement de la réunion pour des raisons opportunistes. »

Maurice Bishop lui-même a déclaré qu'il n'avait jamais eu de problème à partager les responsabilités de direction dans le Comité central et le Bureau politique, y compris avec Bernard Coard. (Toute l'histoire du NJM a prouvé que Bishop disait la vérité à ce sujet. Bishop a toujours cherché à amener Bernard Coard et d'autres militants à la direction du parti et du gouvernement. C'était Coard qui avait toujours éprouvé des difficultés à travailler avec Bishop. Coard était jaloux de Bishop et incapable d'accepter le fait qu'il n'était pas son égal sur le plan politique.)

Bishop a indiqué qu'il avait besoin de temps pour réfléchir aux conséquences politiques et organisationnelles de la proposition de James. Il s'est lui aussi objecté à l'idée de régler cette question le jour même. Le vote a tout de même été imposé. La proposition a été adoptée, Louison votant contre, Bishop et Whiteman s'abstenant. (Hudson Austin s'est aussi abstenu en expliquant qu'il avait manqué une grande partie de la réunion.)

Les partisans de Coard ont alors proposé que la réunion du Comité central, qui devait se terminer ce soir-là d'après l'ordre du jour initial, se poursuive avec la participation de Bernard Coard. Bishop a dit qu'il pensait que la proposition de nouvelle direction pour le Comité central serait « improductive ». Étant donné la situation, a-t-il poursuivi, il n'allait pas participer à une autre réunion le lendemain. Il avait besoin de temps pour réfléchir à la question. Malgré ses objections, la réunion a été reconvoquée le 17 septembre.

LE COMITÉ CENTRAL a poursuivi ses discussions durant la plus grande partie de la semaine suivante. Coard agissait maintenant ouvertement comme son dirigeant central. Bishop n'a pas assisté à ces réunions. C'est aussi le cas de George Louison, qui devait se rendre en Tchécoslovaquie et en Hongrie pour préparer une visite que Bishop devait effectuer plus tard durant le mois. Cette visite visait à conclure d'importantes ententes commerciales et de coopération avec ces pays.

À l'ouverture de la réunion du 17 septembre, Strachan, Layne, James, Cornwall et d'autres ont ressassé ce qui avait été dit les trois jours précédents. Bernard Coard a ensuite pris la parole.

Coard a repris les mêmes prévisions alarmistes qu'il avait déjà utilisées pour mobiliser ses partisans. « En moins de six mois, a-t-il dit, le parti se désintègrera complètement si on ne prend pas un ensemble de mesures radicales. [...] On est à quelques mois seulement de la perte du pouvoir d'État[86]. »

Coard est alors revenu sur sa démission du Comité central en octobre 1982. Il a déclaré qu'il était devenu « fatigué et dégoûté d'être le seul homme ferme et critique » au sein de la direction. Personne d'autre ne voulait « parler librement de l'absence totale de prise de décisions » sous la direction de Bishop. Coard a souligné trois exemples :

(1) la question du *Torchlight* ;

(2) la « bande des 26 » (c'est-à-dire la controverse sur la réponse à donner au lancement du *Grenada Voice*) ; et

(3) les délais pour « arriver à la décision de placer [Ewart] Layne au-dessus d'Einstein [Louison] » dans le corps des officiers supérieurs de l'armée.

Pendant cette période, a déclaré Coard, on a vu Bishop « vaciller entre le courant m[arxiste]-l[éniniste] et le courant petit-bourgeois dans le parti. » En octobre 1982, il avait acquis la conviction « que le parti et la révolution [allaient] se désintégrer en moins de 24 mois. » Mais « la situation s'était détériorée à un tel point qu'il n'était plus en mesure d'influer sur le cours des choses. »

COARD A INDIQUÉ qu'il « avait remarqué une tendance révolutionnaire petite-bourgeoise se développer de plus en plus chez le camarade [George] Louison au cours de la dernière année » et qu'il avait eu l'intention « de soulever ce point avec lui. »

Coard s'est défendu de « vouloir retourner » au Comité central et au Bureau politique. Il avait peur de voir des camarades « penser qu'il luttait pour la direction. » Même après sa démission des instances de direction du parti, a-t-il poursuivi, « il avait essayé d'aider de son mieux le parti au niveau de la stratégie et de la tactique. » Mais il continuait à « préférer fonctionner comme au cours de la dernière année. »

Coard a indiqué qu'il pourrait cependant reconsidérer sa décision s'il avait l'assurance de ne pas « être le seul à devoir discipliner » Bishop. Dans le passé, a-t-il dit, le

Comité central n'a jamais « écrasé systématiquement les caractéristiques et tendances petites-bourgeoises aussitôt [qu'elles] apparaissaient. » Si le Comité central n'est pas prêt maintenant « à combattre toutes les réactions petites-bourgeoises, [...] il se retirera. » Quand Leon Cornwall l'a assuré que le Comité central allait commencer à agir « de manière conséquente », Coard a accepté de réintégrer l'instance de direction.

La réunion du 17 septembre a convoqué une assemblée de tous les membres titulaires dimanche le 25 septembre, afin de discuter les décisions du Comité central. Elle a aussi prévu que Bishop ferait part des résultats de sa réflexion sur la proposition de « direction conjointe » lors d'une réunion du Comité central qui aurait lieu la veille de l'assemblée générale des membres. Bishop s'est présenté à cette réunion, mais celle-ci avait été annulée. Lorsque le lendemain Unison Whiteman a attiré l'attention des membres sur cet incident, Liam James lui a répondu que « la réunion avait spécifiquement pour but de discuter et de faire adopter le rapport du Comité central aux [membres du parti], mais que le texte n'était pas encore imprimé. Il n'était donc pas possible de tenir la réunion [87]. » Au lieu de cela et sans aucune consultation préalable, la faction de Coard a préparé un rapport écrit et l'a livré à Bishop le 25 septembre au matin [88].

Falsifiant l'histoire de la révolution grenadienne, ce rapport tentait de dépeindre Bernard Coard comme la personnalité qui avait joué le rôle de direction le plus important dans le parti depuis ses origines. « C'est le camarade Coard qui a créé le premier groupe d'étude m[arxiste]-l[éniniste] en 1974, disait-il. C'est lui qui a fourni le cadre idéologique pour le manifeste du NJM. C'est lui qui s'est battu pour la création du C[omité d'] o[rganisation] en 1977, [comité] qui a élevé le niveau d'organisation du parti, un facteur-clé dans la conquête du pouvoir d'État[89]. »

MAIS UN TEL BILAN personnel ne faisait pas ni ne pouvait faire de Bernard Coard ou de personne d'autre le dirigeant central du NJM. Le NJM était une organisation qui avait dirigé des dizaines de milliers de Grenadiens dans une lutte populaire contre une dictature haïe et qui était alors à la tête d'un gouvernement révolutionnaire. Sa direction avait été forgée au cours de ces luttes massives. Elle s'était gagnée l'estime des travailleurs et des agriculteurs de Grenade, qui appréciaient le courage, l'intégrité et la clarté de Maurice Bishop, de Unison Whiteman et d'autres dirigeants. Être à la tête d'un comité interne du parti ou guider un groupe d'études marxistes ne pouvaient pas remplacer cela.

Fidel Castro a avec justesse décrit Bernard Coard comme un « prétendu théoricien de la révolution qui avait été professeur de marxisme à la Jamaïque. » Coard a cherché à faire de lui-même et de sa faction « une sorte de grand-prêtre de la doctrine, de gardien, de théoricien, de philosophe de la doctrine. »

Les partisans de Coard « n'ont pas agi au sein des masses mais auprès des militants [du parti…] et auprès des cadres de l'armée et du ministère de la Sécurité, » a déclaré Castro. Coard « était donc le professeur universitaire de la politique, le professeur de sciences politiques, tandis que Bishop était l'homme qui travaillait auprès des masses, auprès du peuple, auprès de l'administration et qui voyageait à l'étranger[90]. » C'est cela qui a fait de Maurice Bishop le dirigeant central de la révolution grenadienne et du NJM.

Ewart Layne a instauré un véritable climat de démagogie à l'assemblée générale des membres du parti, le 25 septembre. Dans son rapport d'ouverture, il a cherché à faire chanter les membres du parti en leur présentant l'ultimatum suivant : « Il avait parlé à tous les membres du CC qui avaient voté pour la position majoritaire » et tous « ont convenu que si c'était la voie de l'opportunisme qui l'emportait, ils n'auraient pas d'autre choix que de démissionner du CC. C'était une question de principe. Les membres seront alors libres de choisir un nouveau Comité central. » Selon Layne, l'enjeu de cette réunion était le suivant :

> Allons-nous construire un parti social-démocrate petit-bourgeois avec un homme au-dessus de tous les autres ; où les gens exécutent les décisions qui leur plaisent et n'exécutent pas celles qui leur déplaisent ; où il y a des règles pour certains membres et d'autres règles pour les autres ; et où certains peuvent être critiqués tandis que d'autres sont au-dessus de toute critique ? [...] Ce qui est devant nous, c'est ou bien la voie de l'opportunisme, ou bien celle des principes léninistes [91].

Bishop n'était pas présent au début de la réunion. Mais après avoir discuté avec une délégation qui avait été mandatée par la réunion, il a accepté de venir et de présenter son point de vue. Il a alors émis de sérieuses réserves sur la procédure suivie par le Comité central pour arriver à sa décision, sur les possibilités de mettre en application une telle décision et sur son impact dans la population grenadienne. Lors de la discussion cependant, seuls Whiteman et Fitzroy Bain se sont prononcés contre le projet de « direction conjointe ».

Objet de pressions politiques et personnelles intenses et désireux de maintenir la cohésion du parti et la stabilité de la direction, Bishop a déclaré lors de la clôture de la réunion « qu'il désirait maintenant faire un usage positif de ces critiques et progresser avec l'ensemble du parti dans la construction d'un parti marxiste-léniniste capable de diriger le peuple vers le socialisme et le communisme. » Il « a promis au parti de faire tout son possible pour surmonter ses traits petits-bourgeois. » Et il a répété qu'il « n'avait jamais eu de difficulté à travailler avec le camarade Coard » et « qu'une direction conjointe pourrait aider le parti et la révolution à aller de l'avant [92]. »

Bishop a cependant réitéré ses doutes sur l'applicabilité de la proposition. Ces doutes devaient aller en croissant au cours des semaines suivantes, alors que les vrais objectifs de Coard et de ses amis sont devenus clairs [93].

## Le renversement du gouvernement révolutionnaire

Le 26 septembre, Bishop et Whiteman sont partis pour la Hongrie et la Tchécoslovaquie. C'était pour préparer cette visite destinée à accroître les échanges commerciaux et coopératifs que Louison s'était rendu dans ces pays une semaine auparavant. Trois des collaborateurs de Bishop voyageaient avec lui : Don Rojas, son secrétaire de presse ; Shahiba Strong, le chef du protocole ; et Cletus St. Paul, le chef de la sécurité.

En l'absence de Bishop, la faction de Coard a pris un certain nombre d'initiatives pour consolider son pouvoir. Le propre guide politique de Coard, le dirigeant du WPJ jamaïcain Trevor Munroe, est venu pendant deux jours à Grenade pour conseiller ses disciples [94].

Coard a commencé à désarmer la milice. Les soldats de l'Armée révolutionnaire populaire ont reçu une augmentation de salaire. De plus, selon George Louison :

> Durant les deux semaines du voyage outre-mer de Maurice, ils ont convoqué tous les membres du parti et ont fait une évaluation complète de leur situation personnelle et de leur position financière. Ils leur ont fait de grandes promesses pour les aider à résoudre leur situation personnelle.
>
> Quand j'ai vu ce qu'on a fait durant ces deux semaines avec les membres du parti, j'ai compris que nous courions le risque de créer une véritable élite dans la société. Certains membres du parti avaient déjà des revenus relativement élevés dans le contexte grenadien. Et [la faction de Coard] discutait avec ces gens de leur situation personnelle, parlait de leur accorder encore plus d'avantages. Le parti allait obtenir plus d'avantages que la moyenne des gens au sein de la population [95].

À son retour d'Europe de l'Est, la délégation du gouvernement grenadien s'est arrêtée quelques jours à Cuba pour rencontrer Fidel Castro et d'autres dirigeants cubains. Lorsque Bishop est retourné à Grenade le 8 octobre, un seul autre dirigeant du NJM, Selwyn Strachan, est venu l'accueillir à l'aéroport. C'était contraire à une pratique bien établie. Lorsque le premier ministre revenait de voyage, il était généralement accueilli par une importante délégation gouvernementale. Cela donnait lieu à un échange d'informations sur le résultat de sa visite et sur l'évolution de la situation à Grenade pendant son absence. Pendant les trois jours qui ont suivi le retour de Bishop, Bernard Coard n'a fait aucun effort pour entrer en contact avec lui et l'informer des affaires du parti et du gouvernement. Pourtant, c'est lui qui avait assumé la fonction de premier ministre pendant le voyage et qui était maintenant censé être le président conjoint du NJM avec Bishop.

Dans la déclaration qu'il a faite à son procès en août 1986, Coard a cherché à justifier ce comportement en disant que le chef de la sécurité de Bishop, Cletus St. Paul, avait téléphoné de la Havane la nuit précédant le retour de la délégation et « avait personnellement proféré un certain nombre de menaces contre le camarade Bernard Coard. » Coard a lancé cette accusation pour la première fois en octobre 1983. Quatre ans plus tard cependant, il a choisi de la modifier de manière plutôt dramatique.

D'après la version originale, St. Paul avait planifié *sous les ordres de Bishop* l'assassinat de Bernard Coard et ce, dès octobre 1982. Lors de l'assemblée des membres du NJM tenue le 13 octobre 1983 par exemple, Liam James a accusé St. Paul d'être entré en contact avec les membres de la garde personnelle de Coard un an plus tôt pour leur parler de ses projets d'assassinat. Mais selon James, « cela n'avait pas été pris au sérieux » à l'époque à cause du « comportement étrange » de St. Paul[96].

Cette première version des faits émise par la faction de Coard a également été rapportée dans une lettre de Vincent Noel au Comité central du NJM, écrite le 17 octobre 1983. Noel y rapportait que le 12 octobre, Selwyn Strachan lui avait dit que « c'est Maurice qui avait planifié de tuer des membres du CC. Il a déclaré que de nombreux indices étaient venus confirmer ce fait au cours des derniers jours. L'an passé par exemple, St. Paul avait demandé à un autre garde du corps d'assassiner Bernard après sa démission du CC. » John Ventour, ajoutait Noel, lui avait également dit que « Maurice était un psychopathe et [que] l'an dernier il avait essayé d'assassiner Bernard après sa démission[97]. »

Aujourd'hui cependant, ce mensonge qui faisait de Maurice Bishop un conspirateur et un assassin assoiffé de sang ne sert plus les objectifs de Coard. Celui-ci cherche maintenant à se présenter comme le camarade et l'ami le plus cher de Bishop. Coard a donc simplement remisé cette partie de son histoire au fond du tiroir. Il accuse maintenant le chef de la garde personnelle de Bishop, et non Bishop lui-même, d'avoir comploté cet assassinat.

DANS SA LETTRE, Vincent Noel a décrit quel était le point de vue de Maurice Bishop sur la situation peu après son retour à Grenade :

> Nous avons d'abord parlé de son voyage en Europe de l'Est et ensuite de mon voyage en Jamaïque. Nous avons également parlé de l'état des syndicats aux niveaux local et régional et en particulier du prochain congrès du CCL [Congrès du travail des Antilles]. Finalement j'ai abordé la discussion au sein du parti en disant que j'avais appris par divers camarades qu'il n'avait pas accepté la décision du parti sur la direction conjointe.
>
> Maurice a nié avoir le moindre problème avec ce principe de direction conjointe. Il a décrit en détail comment il avait accepté ce principe depuis la création du Mouvement. Il a déclaré qu'il avait lui-même voté pour la direction conjointe à la réunion [du 25 septembre] des membres titulaires du parti, mais qu'à cette occasion et pendant la réunion du Comité central, il avait émis des réserves. Celles-ci se sont renforcées au cours de son voyage et sous l'impact de certains développements depuis son retour[98].

Bishop avait déjà informé le Bureau politique de ces réserves et avait demandé qu'elles soient mises à l'ordre du jour d'une réunion qui devait avoir lieu le 12 octobre. Mais dès les premières heures de cette journée, la faction de Coard a mis en branle les premières étapes d'un coup d'État. Vingt-quatre heures plus tard, Bishop était assigné à son domicile.

À 1 h du matin le 12 octobre, des membres choisis de la garde personnelle de Bishop ont été réveillés et amenés à une réunion. Cletus St. Paul n'a pas été mis au courant de cette initiative. Le commandant Keith Roberts a annoncé aux gardes que Bishop était en train de « devenir un dictateur » et que « leur responsabilité était de protéger la classe ouvrière et non pas la vie d'un quelconque dirigeant. » Ils ne devaient plus prendre leurs ordres de Bishop, mais du Comité central[99].

À 7 h du matin, les membres du NJM au sein de l'armée ont été rassemblés. On leur a présenté une résolution condamnant le « culte de la personnalité, l'égoïsme, les désirs excessifs et sans principes d'un seul homme. » Ceux qui soulèvent à nouveau la question de la « direction conjointe, disait la résolution, mettaient le parti et la révolution en danger et faisaient chanter notre pays. » Elle appelait « le Comité central [...] à expulser des rangs du parti tous les éléments qui ne se soumettent pas, qui ne soutiennent pas et n'appliquent pas concrètement la décision du Comité central[100]. »

À 9 h du matin, le Bureau politique s'est réuni. Bishop a assisté à la réunion. Mais avant de s'y rendre, il s'est brièvement arrêté à l'ambassade cubaine, où il a informé pour la première fois la direction cubaine des divisions qui existaient au sein du NJM. Le gouvernement et le Parti communiste cubains ont fait état de cette visite dans leur déclaration du 20 octobre 1983 :

> Quelques jours plus tard, le mercredi 12 octobre, notre ambassade à Grenade nous faisait parvenir la nouvelle surprenante et désagréable selon laquelle de profondes divisions s'étaient produites au sein du Comité central du Parti à Grenade. Dans la matinée, Bishop prenait personnellement contact avec l'ambassade pour l'informer des divergences qui avaient surgi il y a quelque temps déjà et faisaient l'objet de discussions en vue d'aboutir à une solution. Il signalait qu'il n'avait jamais imaginé que ces différends s'aggraveraient à ce point pendant son absence. Il a simplement exposé les faits sans demander une opinion ou une coopération de notre part pour surmonter ces difficultés, donnant une nouvelle fois la preuve de son grand respect pour la politique internationale de Cuba et les affaires intérieures de son propre parti[101].

Après avoir entendu la résolution présentée quelques heures auparavant aux membres du NJM dans l'armée, le Bureau politique l'a référée au Comité d'organisation. Le second point important mis à l'ordre du jour par la faction de Coard était une proposition visant à expulser George Louison du Comité central. Louison était accusé d'avoir violé le centralisme démocratique en faisant état de son opposition au projet de « direction conjointe » à l'extérieur des instances de direction du parti. La réunion a été ajournée à midi sans avoir pris de décision sur Louison. Une réunion du Comité central a été convoquée à 15 h 30.

Au cours des heures qui ont précédé les réunions du 12 octobre, la rumeur a commencé à circuler que Bernard et Phyllis Coard avaient l'intention d'assassiner Maurice

Bishop. Il y avait certainement lieu de s'inquiéter à la lumière de la campagne de dénigrement menée contre Bishop par la faction de Coard au cours des semaines précédentes. Selon Vincent Noel par exemple, un membre du Bureau politique et partisan de Coard, John Ventour, avait dit à un membre de la base du parti « qu'il y aurait une solution à l'afghane si le chef continuait à faire des bêtises sur la question de la direction conjointe. » (Deux présidents de l'Afghanistan, Noor Mohammed Taraki et Afizullah Amin, ont été assassinés en l'espace de quelques mois au cours d'une lutte factionnelle à la fin de 1979.) À son retour à Grenade, a écrit Noel, Bishop avait également entendu des rumeurs sur « une solution afghane. » Bishop a déclaré à Noel « que dans ce cas, ces rumeurs semblaient provenir de Ram Folkes [un garde du corps de Coard] [102]. »

Lorsque le Comité central s'est réuni l'après-midi du 12 octobre, la faction de Coard a inscrit la rumeur d'assassinat en tête de l'ordre du jour. Coard et ses partisans ont accusé Bishop d'être à l'origine de cette rumeur et ils ont prétendu qu'il avait donné l'ordre à Cletus St. Paul et à un autre garde du corps, Errol George, de la répandre auprès d'une liste préétablie de personnes. Tout comme St. Paul, Bishop a nié catégoriquement cette accusation, mais Errol George a soutenu la version de Coard. St. Paul a alors été traîné devant le Comité central pour y être interrogé au sujet de la rumeur. On l'a aussi accusé d'avoir organisé les prétendus complots contre Coard de la semaine précédente et d'octobre 1982. Malgré ses dénégations, St. Paul a été arrêté et jeté en prison. Bishop a décrit l'atmosphère de cette réunion du Comité central à Vincent Noel : « Maurice m'a fait un compte-rendu à vous glacer d'effroi sur ce qui s'était passé à la réunion du CC la veille. Il a dit que des membres du CC, en particulier Chalkie [John Ventour], ont brandi leurs armes sans arrêt et de façon menaçante pendant toute la réunion [103]. »

Après avoir décidé d'expulser George Louison du parti, la majorité du Comité central a demandé à Bishop de réfuter sur les ondes de Radio Free Grenada la rumeur que Bernard et Phyllis Coard complotaient pour l'assassiner. Bishop a accepté de le faire, tout en niant toujours qu'il avait eu quoi que ce soit à voir avec sa propagation. Sa courte déclaration a été diffusée trois fois sur les ondes de Radio Free Grenada entre minuit et 2 h du matin.

À son retour chez lui un peu avant l'aube du 13 octobre, Bishop a été placé en résidence surveillée. Son téléphone a été coupé et les gardes du corps qui lui étaient loyaux, désarmés.

Coard avait effectué un coup d'État. Le gouvernement des ouvriers et des agriculteurs instauré le 13 mars 1979 avait été renversé.

### La faction de Coard diffame Bishop

Le lendemain 13 octobre, la faction de Coard a convoqué une réunion de tous les membres titulaires, stagiaires et candidats du NJM, soit près de 350 personnes en tout. On y a fait venir Bishop de son lieu de détention.

« Étant donné la nature extrêmement sérieuse de ce dont nous devions discuter, » a écrit Vincent Noel dans sa lettre du 17 octobre au Comité central, « on aurait pensé que les discussions et les prises de décision se seraient déroulées dans une atmosphère calme et sobre. Au lieu de cela, sous l'influence de membres du Bureau politique, la réunion a tourné en un affreux déploiement de militarisme, de haine et de dénigrement émotionnel. Jamais auparavant je n'avais vu cette attitude dans notre parti et rien ne pouvait justifier une telle conduite [104]. »

Bernard Coard a brossé un tableau bien différent de cette réunion du 13 octobre lors de son procès l'an dernier [août 1986] : « Lorsque le camarade Bishop arrive aux réunions, tout le monde se lève et l'applaudit. Voilà comment est traité le camarade Bishop, lui qui est censé être en *résidence surveillée* ! C'est ce qui s'est toujours passé, y compris le 13 octobre, *après* la rumeur du 12 octobre. Il y a un immense amour pour lui. » Coard a demandé : « Comment un homme en résidence surveillée » pourrait-il recevoir « une ovation debout au début de la réunion [105] ? »

Comment le compte rendu plein d'affection de Coard s'accorde-t-il avec ce qui s'est réellement passé à la réunion du 13 octobre ?

LA RÉUNION A COMMENCÉ avec un rapport de Selwyn Strachan sur les décisions prises par le Bureau politique et le Comité central le jour précédent. Strachan a accusé George Louison d'avoir « joué un rôle-clé en empoisonnant l'esprit » de Bishop contre le soi-disant projet de direction conjointe. À une certaine époque, Louison a effectué un « travail fantastique et a été dans le courant léniniste, » mais il a maintenant rejoint Kendrick Radix et « les éléments opp[ortunistes] de dr[oite] [106]. »

Strachan a ensuite tourné son tir contre Bishop : « Pendant 28 ans, nous avons lutté contre le pouvoir personnel et contre le culte de la personnalité [c'est-à-dire contre le régime de Gairy], » peut-on lire dans le compte rendu de la réunion, « et nous n'allons pas tolérer cela dans notre parti (applaudissements). [...] Pouvons-nous laisser un seul homme immobiliser le parti ? (Non) Pouvons-nous laisser une minorité faire chanter le parti ? (Non) »

Strachan a alors annoncé que le Comité central avait placé l'armée en état d'alerte.

Liam James a ensuite pris la parole. Il a présenté un rapport sur les prétendus complots meurtriers de Cletus St. Paul et a rapporté les allégations sur la rumeur qui aurait été diffusée par Bishop. Selon le compte rendu écrit de la réunion, James a dit : « Des menaces ont été faites contre la vie de camarades du CC à la suite de la crise : B[ernard] et P[hyllis] C[oard] et d'autres camarades qui ont adopté la position léniniste. […] Tout cela est le produit de l'opp[ortunisme] p[etit]-b[ourgeois] d'une petite minorité, en particulier de M[aurice] B[ishop]. » Liam James a alors rapporté à la réunion du 13 octobre que « les forces de sécurité » avaient décidé plus tôt dans la journée d'« enfermer MB indéfiniment (longs applaudissements) » et de « couper les lignes téléphoniques de MB (applaudissements). »

James a également rapporté que le major Einstein Louison, qui s'était vigoureusement opposé à l'assignation de Bishop à son domicile, avait été « suspendu et enfermé (applaudissements) à cause de son opp[ortunisme] et de son comportement p[etit]-b[ourgeois] sur cette question. Il a essayé d'influencer des camarades dans les f[orces] a[rmées]. »

Bishop a ensuite pris la parole. Il a nié une fois de plus avoir répandu la rumeur concernant Bernard et Phyllis Coard et avoir été impliqué dans la moindre menace contre leurs vies. Bishop a reconnu qu'il avait toujours des réserves sur la proposition de « direction conjointe » adoptée par la majorité du Comité central. Il a déclaré que les événements survenus depuis son retour avaient renforcé ses craintes. Bishop a fini son intervention en déclarant qu'il ne pouvait pas accepter la décision du Comité central de l'enfermer sur la base des accusations sans fondement qui pesaient contre lui.

Liam James a alors répondu à Bishop. D'après le compte rendu écrit de la réunion, il a déclaré :

> Il a beaucoup de difficulté à comprendre comment M[aurice] B[ishop] pourrait être traité normalement alors que MB défie la décision du C[omité] c[entral] et de tous les membres du parti (appl.). [...] Il est parfaitement correct de le traiter ainsi et d'envisager son expulsion du parti (appl.). [...] [Bishop] avait donné l'ordre aux f[orces] a[rmées] de liquider des membres du CC. C'est pour cela que des mesures ont été prises. Les intérêts du parti passent avant les intérêts de n'importe quel individu (appl.).

Vers la fin de la réunion, Ewart Layne est intervenu dans la discussion. La bourgeoisie grenadienne, a-t-il dit, « sait d'où vient M[aurice] B[ishop]. Elle le considère comme la meilleure personne pour défendre [ses] intérêts de classe. » Layne a poursuivi : « Nous avons vécu 28 ans sous Gairy et son culte de la personnalité et nous ne sommes pas prêts à tolérer [cela] un seul jour de plus (appl. et slogans). Nous n'allons pas tolérer cela même si cela porte un visage de Bishop (appl.). Si vous voulez régner avec une minorité, allez en A[frique] du S[ud]. »

Layne a expliqué qu'il était « fermement convaincu que [Bishop] devait au minimum être expulsé du parti, démis de toutes ses fonctions d'État (appl., slogans). [...] Si MB n'est pas démis, nous nous serons écartés du soc[ialisme]. [...] Ne nous laissons pas leurrer par ceux qui font de beaux discours et parlent de révolution, » a poursuivi Layne, « parce que Gairy l'avait fait aussi en 1951. »

« La seule question alors, » a dit Layne en terminant, « est de savoir si [Bishop] sera autorisé à vivre comme un simple citoyen ou s'il sera arrêté et traduit en cour martiale pour avoir fomenté une contre[-révolution] contre la révo[lution] (ovation). »

Coard était présent à la réunion du 13 octobre. Il n'a pris la parole à aucun moment pour se dissocier des attaques ignobles portées contre Maurice Bishop. Coard prétend pourtant aujourd'hui que cette réunion a fait preuve d'un « amour immense » pour Bishop !

### La faction de Coard lance une campagne de calomnie contre Cuba

Même avant octobre 1983, la faction de Coard au sein du NJM avait cherché à présenter la collaboration politique entre Maurice Bishop, Fidel Castro et d'autres dirigeants du Parti communiste cubain comme quelque chose d'incorrect. Leon Cornwall, l'ambassadeur de Grenade à La Havane et un partisan de Coard, s'était plaint pendant des mois de ne pas être suffisamment informé des rapports entretenus entre les instances dirigeantes des deux partis et des deux États. À la réunion du Comité central tenue du 13 au 16 septembre 1983, la majorité favorable à Coard a accepté la demande faite par Cornwall d'être relevé de ses fonctions pour ces raisons. Et elle a refusé de le remplacer par un autre membre du Comité central.

Au cours de cette réunion du Comité central, Cornwall a déclaré qu'« il perdait sérieusement son temps comme ambassadeur à Cuba parce que le travail est effectué malgré lui. » Phyllis Coard lui a donné raison et a déclaré que « le parti devrait être blâmé pour ce qui est arrivé au camarade Bogo [Cornwall] à Cuba. » George Louison et Unison Whiteman se sont prononcés contre le retrait de Cornwall de son poste d'ambassadeur. Louison a qualifié cette décision d'« erreur qui va créer plus de tensions entre les deux pays. »

Cornwall a défendu cette décision au cours de l'assemblée générale du 25 septembre. Il a déclaré qu'il n'était « pas nécessaire de maintenir un membre du CC comme ambassadeur à Cuba, puisque de nombreuses informations étaient acheminées de Grenade à Cuba par le biais de notre parti et de notre gouvernement à l'insu de l'ambassadeur. » Cornwall a donné l'exemple de deux réunions tenues entre Bishop et des dirigeants cubains qui, d'après lui, avaient été organisées sans qu'il soit préalablement informé [107].

Après l'escale de Bishop à Cuba lors de son retour d'Europe de l'Est, les insinuations proférées par les partisans de Coard ont cédé la place à une véritable campagne de diffamation contre Fidel Castro. Ils ont commencé à colporter le mensonge que Bishop et Castro avaient discuté des divisions existant au sein du NJM et que les Cubains s'étaient engagés à recourir à la force militaire pour soutenir Bishop.

LA FACTION DE COARD, rapporte George Louison, « a répandu la rumeur que Maurice Bishop et moi-même avions rencontré Fidel Castro le vendredi 7 octobre et que Fidel Castro avait accepté de nous accorder le soutien de Cuba et de faire appel aux Cubains présents à Grenade pour se débarrasser de Coard [108]. » Les partisans de Coard, de poursuivre Louison, « sont même allés jusqu'à dire que Fidel s'était érigé en petit dieu à Cuba » et qu'ils ne permettraient pas à Bishop de faire la même chose à Grenade [109].

Selon Vincent Noel, Selwyn Strachan lui a dit peu de temps après le retour de Bishop « que Maurice avait aggravé le problème en profitant de son amitié personnelle avec Fidel pour discuter, d'une manière non fraternelle et sans principe, des affaires du parti avec les Cubains. Selwyn a prétendu que c'était dans le but d'avoir ces discussions que Maurice avait passé deux jours supplémentaires à Cuba. Selon lui, Fidel aurait alors exprimé son appui à Maurice en organisant une réception en son honneur, à laquelle huit membres du Bureau politique ont participé, dont Fidel et Raoul [Raúl Castro] [110]. »

Fidel Castro a répondu à des accusations semblables dans une lettre au Comité central du NJM datée du 15 octobre :

> Je vous fais parvenir ce message pour répondre à des références sur Cuba faites par plusieurs dirigeants de Grenade lors de conversations avec notre ambassadeur.
>
> L'idée selon laquelle Bishop m'aurait informé des problèmes au sein du Parti lors de son passage dans notre pays n'est qu'une misérable calomnie. Bishop ne m'a pas dit un seul mot à ce sujet, pas plus qu'il n'a fait la moindre allusion à cette question. Bien au contraire. Il m'a déclaré en termes généraux et avec une grande modestie qu'il y avait de grandes déficiences dans son travail, déficiences qu'il pensait pouvoir surmonter dans les quelques mois à venir.
>
> En réalité, je suis très reconnaissant envers Bishop pour la discrétion dont il a fait preuve et pour le respect qu'il a témoigné envers son parti et envers Cuba en n'abordant pas ces questions.
>
> Nous sommes indignés à la seule pensée que certains d'entre vous aient pu nous considérer capables d'intervenir de quelque manière que ce soit dans les affaires internes de votre parti.

> Nous sommes des gens de principe, pas de vulgaires intrigants ou aventuriers.

Après avoir réfuté les calomnies contre Cuba et Bishop, Castro a exprimé son avis sur les événements qui se déroulaient à Grenade :

> Tout ce qui est arrivé a été pour nous une surprise très désagréable. Dans notre pays, la Révolution grenadienne et son principal dirigeant, le camarade Bishop, jouissaient d'une grande sympathie et d'un grand respect. Il ne sera pas facile d'expliquer ces événements à notre peuple.
>
> À mon avis, les divisions et les problèmes qui ont émergé terniront considérablement l'image de la Révolution grenadienne, autant à l'intérieur qu'à l'extérieur du pays.
>
> Cuba, fidèle à ses valeurs morales et à sa politique internationale, respectera strictement le principe de non-ingérence dans les affaires internes de Grenade, tout en remplissant ses promesses dans le domaine de la coopération. Nos promesses ne sont pas faites à des hommes. Elles sont faites à des peuples et à des principes [111].
>
> L'histoire et les événements à venir jugeront ce qui est arrivé ces derniers jours.
>
> Je vous souhaite les plus grands sentiments de sagesse, de sérénité, de loyauté aux principes et de générosité dans ce moment difficile que traverse la Révolution grenadienne [112].

Fidel Castro est revenu sur les rapports qui existaient entre Maurice Bishop et la direction cubaine dans une entrevue accordée en 1985 à Mervyn M. Dymally, un représentant du Congrès des États-Unis, et au professeur Jeffrey M. Elliot. Cette entrevue est parue sous le titre *Rien ne pourra freiner la marche de l'histoire.* Castro y souligne à nouveau :

> Quand Bishop est repassé [par Cuba en octobre 1983], il ne m'a absolument rien dit de ce problème, pour deux raisons à mon avis : il sous-estimait le problème et il éprouvait un peu de gêne à aborder un problème interne de son parti.

Castro pose alors la question : « Si nous avions pu savoir les discussions qui se déroulaient [dans le NJM], aurions-nous pu faire quelque chose, contribuer à éviter ce qui s'est passé ensuite ? » Il répond de la façon suivante :

> Peut-être que non. [...] Bishop en effet n'était pas conscient de la gravité de la remise en cause, de la critique dont il était l'objet. En tout cas, il rentre à la Grenade et c'est alors que Coard et son groupe, qui étaient parvenus à ce moment-là à contrôler la majorité au sein des organes de direction, prennent certaines décisions. [...]
>
> On aurait peut-être pu faire quelque chose si on avait connu la gravité du problème deux mois avant, voire un mois avant les événements, envoyer une délégation cubaine discuter avec tout le monde. On aurait peut-être pu faire quelque chose pour éviter ce dénouement catastrophique. Mais personne ne peut le certifier, en tout cas. La conspiration de Coard, ses intrigues, sa conduite démagogique avaient déjà miné presque irréversiblement l'autorité de Bishop au sein du parti[113].

**« Sans Bishop, pas de révolution ! »**

Après avoir eu recours à la démagogie, à la tromperie, à la corruption et à la terreur pour s'emparer de la majorité dans un NJM étroit et fermé, Coard s'est rapidement rendu compte qu'il faisait face à une opposition massive parmi les travailleurs et les agriculteurs de Grenade. Lorsque la nouvelle de l'arrestation de Bishop a commencé à se répandre, partout dans l'île, les murs ont commencé à se couvrir du slogan : « No Bishop, no revo ! » [Sans Bishop, pas de révolution !].

Le 14 octobre, quand les partisans de Coard ont entrepris de justifier publiquement leurs actes, ils ont commencé à saisir l'ampleur de la réaction populaire à leur coup d'État contre-révolutionnaire. George Louison rapporte :

> Ils allaient en disant : « Un principe est un principe. Si vous étiez dans notre organisation et que la majorité prenait une décision, pourriez-vous en tant qu'individu aller à l'encontre de cette décision ? » Les gens ne se laissaient pas impressionner par cette façon puérile de présenter les choses. Les gens demandaient : « Eh bien, sur quoi donc tout le monde voulait-il prendre une décision ? » C'est ce que les membres du parti auraient dû eux-mêmes se demander : quelle était la question en jeu [114] ?

Jusqu'à ce jour, Coard et ses partisans continuent d'essayer de justifier leur cours contre-révolutionnaire au nom du « centralisme démocratique. » C'est un thème qui revient constamment chez les apologistes de Coard comme Richard Hart (Bishop a violé « un principe fondamental du NJM : le centralisme démocratique ») et

Trevor Munroe (l'erreur de Bishop a été sa « réticence à accepter le collectivisme, la décision de la majorité et le centralisme démocratique ») [115].

Dans une lettre datée du 4 avril 1986 et qu'il a réussi à faire sortir de sa prison à Grenade, John Ventour, un dirigeant de la faction de Coard, persiste à dire qu'il n'y a eu « ni lutte de pouvoir, ni de scission idéologique au sein de notre parti. Ce qui a précipité la crise, c'est le fait que […] l'ensemble des dirigeants et des membres du parti étaient profondément préoccupés par le mépris que le p[remier] m[inistre] Bishop (poussé par un petit groupe d'opportunistes) affichait à l'égard de décisions prises *à l'unanimité* par les membres du NJM, au cours d'assemblées générales du NJM en septembre [116]. »

Il est vrai que la faction de Coard s'était emparée de la majorité au sein du NJM. Mais elle s'est servie de cette majorité contre le peuple de Grenade et son gouvernement révolutionnaire. Pour la faction de Coard, le « centralisme démocratique » n'est rien d'autre qu'un slogan (tout comme le « marxisme-léninisme »), invoqué pour justifier son cours criminel. Ce cours a enlevé toute son autorité politique au NJM. Il lui a fait perdre le droit de parler au nom du peuple de Grenade. Pour Coard, le soutien de la population n'était d'ailleurs pas une question importante : le peuple après tout, selon ses propres termes méprisants, obéit à une « psychologie de troupeau. »

Mais les travailleurs et les agriculteurs de Grenade n'étaient pas les êtres passifs, soumis et dépolitisés qu'espéraient Coard et ses complices. Lorsque le 14 octobre Selwyn Strachan a essayé d'organiser une réunion publique dans le centre de St-Georges pour annoncer que Bishop avait été remplacé par Coard au poste de premier ministre, la foule s'est assemblée et l'a chassé. De tels incidents ont amené Coard à prendre conscience qu'il avait

PAT KANE / THE MILITANT

Grenade, février 1982. Réunion du Technical and Allied Workers' Union, un syndicat regroupant des travailleurs et travailleuses de diverses industries.

mal jugé la facilité avec laquelle il pourrait consolider le coup d'État. Dès lors, lui et ses partisans ont commencé à paniquer. Plus tard le 14 octobre, Radio Free Grenada a annoncé que Coard avait démissionné de toutes ses fonctions gouvernementales afin d'« assainir le climat. »

BERNARD COARD était passé à la clandestinité, refusant de faire face au peuple grenadien. Il a dirigé un coup d'État, puis s'est caché des travailleurs et des agriculteurs. Quel exemple de lâcheté politique ! Quel contraste avec Maurice Bishop, qui avait été placé en résidence surveillée pour l'empêcher de dire la vérité au peuple de Grenade et de le diriger dans la défense de sa révolution.

On n'a plus entendu parler de Coard jusqu'au moment de son arrestation par les troupes d'invasion, deux semaines plus tard. Il a toutefois continué à diriger en coulisse les forces contre-révolutionnaires.

Le 15 octobre, Kendrick Radix et Fitzroy Bain ont dirigé la première manifestation publique pour exiger la libération de Bishop. D'après Radix :

> Nous avons confirmé à la population le fait que Bishop avait été placé en résidence surveillée. Aucune annonce officielle n'en avait été faite jusqu'alors. Nous avons averti la population de la catastrophe imminente que nous voyions venir : l'effondrement de la révolution. Nous avons exigé la libération de Bishop avant 18 h ce jour-là. Et nous avons prévenu le groupe de Coard que si Bishop n'était pas relâché, la population se mettrait en grève et qu'il y aurait des manifestations massives et continuelles pour obtenir une solution au problème.

> Plus tard le même jour, j'ai été arrêté comme contre-révolutionnaire et enfermé. Je n'ai été relâché que deux jours après l'invasion [117].

La nuit suivante, le général Hudson Austin, qui s'était joint à la faction de Coard en septembre, a pris la parole sur les ondes de Radio Free Grenada. Dans l'espoir de désamorcer le mouvement d'opposition qui croissait parmi les masses, Austin a cherché à rassurer la population en disant que Bishop était toujours premier ministre et qu'il était « chez lui et en sécurité. » Mais en même temps, il a déclaré que le Comité central du NJM avait expulsé Bishop du parti pour « mettre fin à l'emprise croissante d'un seul homme sur notre parti et notre pays [118]. » (À son procès d'août 1986, Coard a nié avec indignation l'expulsion de Maurice Bishop du Comité central du NJM, contredisant ainsi l'annonce faite à ce sujet par Austin à la radio. Comme Coard et ses partisans n'ont absolument rien fait à ce moment-là pour démentir cette déclaration radiodiffusée, ce qu'ils en disent maintenant est moins que crédible.)

LE 18 OCTOBRE, les manifestations contre l'arrestation de Bishop se sont étendues à Grenville, la deuxième ville de l'île. Pendant ce temps, George Louison et Unison Whiteman multipliaient les rencontres avec Coard, dans une tentative désespérée de trouver une solution à la situation. Coard et son groupe « faisaient preuve du mépris le plus total à l'égard du peuple grenadien, » rappellera plus tard Louison. « Ils pensaient que peu importe l'action qu'ils entreprendraient, ils pourraient toujours arriver à la justifier [119]. »

Coard agissait sous l'illusion bureaucratique qu'il pouvait réussir à duper les travailleurs et les agriculteurs de

Grenade et finalement le monde entier, en utilisant la même démagogie qu'à l'intérieur du cercle étroit qu'était le NJM. Il avait tellement l'habitude de fonctionner au sein d'une clique qu'il avait complètement perdu le contact avec le peuple de Grenade. Selon George Louison :

> Nous avons prévenu [Bernard Coard] que la situation pourrait facilement évoluer vers une guerre civile. Les gens étaient tellement en colère qu'ils feraient n'importe quoi pour faire revenir leur dirigeant. Nous lui avons dit que le parti devait donc s'assurer qu'aucune violence ne se produise dans le pays. Mais Bernard a répondu qu'il ne craignait pas un tel scénario. Selon lui, la situation était telle qu'il pourrait se permettre de laisser les gens manifester autant de semaines qu'ils le voudraient, qu'ils pourraient manifester encore et encore.
>
> Pour reprendre ses termes exacts : « Ils peuvent occuper les rues pendant des semaines. Mais au bout d'un moment, ils finiront bien par être fatigués et affamés et ils voudront la paix. » Il a dit que c'est ce que [le premier ministre] Eric Williams avait fait en 1970 (à la Trinité) et il avait survécu. Gairy nous l'avait fait en 1973 à St-Georges et cela peut être refait encore [120].

Coard prétend maintenant que le 18 octobre, « il semblait qu'on était sur le point de trouver une solution, que la crise était sur le point d'être résolue [121]. » George Louison, qui a directement participé aux négociations, a décrit le « compromis » que le groupe de Coard a offert à Bishop ce jour-là. Bishop devait reconnaître publiquement qu'il était responsable de la crise. Il serait alors demeuré premier ministre, mais aurait perdu son poste de commandant en chef de l'armée et aurait été expulsé des instances de direction du NJM. Il n'aurait participé aux réunions du Bureau politique qu'à titre consultatif[122].

Autrement dit, Coard offrait à Bishop l'occasion de capituler complètement et de donner sa bénédiction au coup d'État. Ni Bishop, ni ses partisans les plus proches, ni le peuple grenadien n'étaient prêts à accepter cela.

À la fin de la journée du 18 octobre, la faction de Coard a arrêté George Louison. À ce moment, les partisans de Bishop avaient acquis la conviction que le soulèvement que réclamaient un nombre croissant de travailleurs et d'agriculteurs grenadiens était le seul moyen de stopper le coup d'État et de restaurer le gouvernement des ouvriers et des agriculteurs. Les partisans de Bishop savaient que Washington se préparait à intervenir pour donner le coup de grâce. Seule la restauration immédiate du gouvernement révolutionnaire pouvait peut-être encore empêcher que les États-Unis envahissent l'île.

C'est ainsi que le 19 octobre, près de 30 000 Grenadiens ont envahi les rues de St-Georges. Les travailleurs et les agriculteurs du pays se sont mis en grève. Les écoles et les lieux de travail ont été fermés. Unison Whiteman et Vincent Noel ont dirigé une partie de la foule vers le domicile de Bishop et l'ont libéré.

Don Rojas, le secrétaire de presse de Maurice Bishop, est l'une des dernières personnes encore vivantes à avoir parlé avec lui ce jour-là. Rojas rapporte que Bishop lui a dit que « ces criminels là-haut sur la colline » se préparaient à tourner leurs armes contre la population et que la population « devait les désarmer » en premier lieu.

Bishop a alors demandé à Rojas de prendre la tête d'un groupe de personnes et d'aller vers la centrale téléphonique pour y transmettre plusieurs messages vers le monde extérieur. Il lui a demandé de lancer un appel aux Grenadiens à l'étranger et aux syndicats et aux forces progressistes de toutes les Antilles pour qu'ils appuient publiquement le soulèvement de masse qui se déroulait ce jour-là. Bishop ne voulait pas voir les forces pro-impérialistes, tant à l'intérieur qu'à l'extérieur de Grenade, exploiter ces événements pour mener une propagande anticubaine et anticommuniste. Selon Rojas, Bishop « voulait qu'on fasse ressortir très clairement que le président Fidel Castro et le peuple cubain n'avaient absolument rien à voir avec cette crise » et que rien de ce qui pourrait arriver à Grenade ce jour-là ne devait justifier une intervention militaire par les États-Unis [123].

Bishop est demeuré jusqu'à la toute fin un internationaliste et un anti-impérialiste intransigeant. Il a accordé la priorité aux intérêts du peuple grenadien et à ceux de la révolution mondiale, qu'il considérait comme inséparables. Et il a cherché à diriger une insurrection populaire dans le but de restaurer le gouvernement révolutionnaire qui était nécessaire pour promouvoir et défendre ces intérêts.

Bishop et la foule qui l'a libéré sont ensuite allés au fort Rupert, le quartier général de l'armée. Ils ont lancé un appel aux soldats pour qu'ils rendent leurs armes, ce que bon nombre d'entre eux ont fait. Bishop a organisé une petite escouade de sécurité parmi les membres de la milice qui étaient dans la foule. Il a envoyé un détachement sous le commandement de Peter Thomas, un fonctionnaire de l'immigration, vers la centrale téléphonique avec l'ordre d'« établir la liaison pour lui permettre de parler à Radio Grenade et au reste du monde [124]. » Bishop voulait s'adresser aux masses laborieuses, y compris aux membres des forces armées, pour qu'ils refusent de collaborer avec le régime illégitime de Coard et permettent ainsi le retour au pouvoir du gouvernement révolutionnaire [125].

Thomas a réussi à rétablir les circuits à la centrale téléphonique et il est retourné au fort Rupert avec des armes supplémentaires pour défendre Bishop et les autres.

Déjà en état de panique, Coard et ses partisans ont réagi à ces développements avec confusion, lâcheté et une répression meurtrière. Trois véhicules blindés transportant des soldats placés sous le commandement d'officiers loyaux à la faction de Coard ont été dépêchés au fort Rupert, où ils sont arrivés avant que les messages de Bishop puissent être radio-diffusés. Les soldats ont commencé à tirer à l'arme automatique sur la foule, tuant ainsi de nombreux manifestants (dont Vincent Noel) et en blessant d'autres, « Mon Dieu, ils ont tourné leurs armes contre le peuple, » s'est exclamé Bishop, d'après le récit d'une infirmière qui était présente au fort et qui s'occupait de lui à ce moment [126].

Étant donné l'énorme puissance de feu des partisans de Coard, Bishop a décidé de se rendre sans résistance. Il a reconnu qu'un massacre aux mains des forces commandées par Coard n'aiderait pas à stopper le coup d'État contre-révolutionnaire et à barrer la route à une invasion impérialiste. D'après Peter Thomas :

> Je me souviens que, parmi les gens qui avaient des fusils, j'ai été le premier à armer mon fusil et à mettre une balle dans la [culasse]. Puis j'ai relevé la gâchette de sûreté. Lorsque Maurice a entendu ces bruits, il nous a ordonné de ne pas riposter. « Ne ripostez pas, » a-t-il dit. C'est ainsi que, dans les faits, personne dans le fort n'a riposté contre les agresseurs.

Les troupes de Coard ont envahi le fort et l'ont réoccupé. Bishop, Whiteman, Fitzroy Bain, Norris Bain et Jacqueline Creft ont été séparés du reste de la foule. Ils ont été amenés dans une cour intérieure et sommairement assassinés.

LES DÉFENSEURS POLITIQUES de Coard ont tenté de détourner le débat sur la responsabilité de Coard dans la destruction de la révolution grenadienne. Ils l'ont réduit à la question de savoir si oui ou non le Comité central du NJM s'était réuni le 19 octobre et avait donné l'ordre d'assassiner Bishop. La question de savoir si le Comité central a voté ou non ce genre de résolution est complètement sans intérêt. Le bain de sang qui a eu lieu ce jour-là était l'aboutissement du coup d'État contre-révolutionnaire de la faction de Coard.

La faction de Coard avait renversé le gouvernement révolutionnaire. Mais elle n'avait pas encore détruit le moral des travailleurs et des agriculteurs de Grenade. En fait, ces derniers sont entrés en action cette semaine-là pour tenter de reprendre le pouvoir. Leur action a culminé avec la mobilisation révolutionnaire la plus importante de l'histoire de Grenade. Mais au lieu d'accepter le verdict populaire, les partisans de Coard ont tiré sur la foule. Puis, en instaurant un couvre-feu continu de quatre jours, ils ont enfermé chez elle l'ensemble de la population.

« L'ordre est donné de tirer sur quiconque essaie de manifester ou de troubler la paix, » a déclaré le général Hudson Austin à la radio le soir du 19 octobre. « Personne ne doit quitter son domicile. On tirera à vue sur quiconque violera le couvre-feu[127]. »

Le lendemain, la population terrorisée et désorientée a pris connaissance de la formation d'un nouveau

Conseil militaire révolutionnaire (CMR). Parmi les douze membres du Gouvernement révolutionnaire populaire en poste au début d'octobre, quatre avaient été assassinés et trois autres arrêtés. Se cachant toujours du peuple grenadien, Bernard Coard n'a occupé aucune fonction officielle dans le CMR. Celui-ci se composait entièrement d'officiers de l'armée loyaux à sa faction.

George Louison a décrit les jours qui ont suivi le massacre du 19 octobre par Coard :

> En un sens, le couvre-feu de quatre jours avec ordre de tirer à vue était un très grand acte de trahison et de terreur, qui a frappé de peur une grande partie de la population grenadienne.
>
> Il faut réaliser que [les gens] n'avaient pas de provisions. De plus dans ce pays agricole, beaucoup de gens devaient soigner leurs petits animaux et s'occuper de le leurs récoltes.
>
> Le couvre-feu a été une grande épreuve pour la population. Il a fourni une base matérielle pour la crainte et la terreur qui se sont développées, avec un couvre-feu ininterrompu et le manque de nourriture et d'eau pour la plupart des gens. Les gens devaient aller aux toilettes en cachette.
>
> De plus, la clique de Coard a déployé dans tout le pays des groupes armés constitués de membres du parti. Ceux-ci tiraient partout pour faire rentrer les gens chaque fois que, poussé par ces pénibles conditions, quelqu'un essayait d'enfreindre le couvre-feu.
>
> Les partisans de Coard ont également compilé ce qu'ils appelaient des feuilles d'évaluation, où ils inscrivaient les noms des membres de chaque village qui étaient pour le CMR et de ceux qui

> étaient contre. Ces listes ont semé la terreur chez les gens, qui les voyaient pratiquement comme un arrêt de mort [128].

L'écrasement de la tentative d'insurrection du 19 octobre et les journées de terreur qui ont suivi ont démoralisé le peuple grenadien, le laissant sans espoir et sans perspective. La faction de Coard a démobilisé les travailleurs et les agriculteurs et les a chassés de la politique. En agissant ainsi, Coard a détruit la seule force sociale à Grenade qui pouvait barrer la route à une invasion menée par les États-Unis [129].

**Coard lance une nouvelle campagne de calomnies**

Dans la déclaration qu'il a faite à son procès, Bernard Coard prétend que l'assassinat de Maurice Bishop et de ses partisans le 19 octobre a été une perte terrible pour lui. Lorsqu'il a appris la mort de Bishop, déclare Coard, « c'était non seulement un coup accablant pour moi, mais un événement dont je ne me suis pas encore remis — si j'arrive jamais à m'en remettre. […] Les souvenirs de cet après-midi, de cette soirée et des journées qui ont suivi sont des souvenirs douloureux pour moi, des souvenirs tragiques. On n'aurait pas pu m'infliger un coup plus dur. »

« La mort du camarade Maurice Bishop, de poursuivre Coard, est l'événement le plus tragique, le plus dévastateur de ce siècle, non seulement pour le peuple de Grenade mais aussi pour la région des Caraïbes. C'est ce que j'ai pensé à l'époque et c'est ce que je pense encore aujourd'hui. […] Je crois que les circonstances de sa mort demandent toujours à être éclaircies [130]. »

Cependant à l'époque, ni Coard ni personne d'autre au sein du CMR n'a fait de telles déclarations. Bien au contraire.

Le CMR a alors justifié publiquement l'assassinat de Maurice Bishop, que Coard qualifie aujourd'hui de « tragique » et de « dévastateur ». Le CMR a prétendu que Bishop était un opportuniste de droite et un contre-révolutionnaire, qui complotait dans le but d'anéantir la direction du NJM et de restaurer le pouvoir de la bourgeoisie grenadienne.

Certains des officiers directement impliqués dans le massacre du fort Rupert ont fait partie des quinze membres du CMR nommés dans les heures qui ont suivi le bain de sang.

Aujourd'hui, Coard décrit Bishop comme un révolutionnaire bien intentionné, mais faible et subjectif, qui est tombé sous la mauvaise influence de son entourage. Coard a affirmé à son procès : « De lui-même, le camarade Maurice Bishop n'aurait jamais pris une telle décision [de se rendre au fort Rupert le 19 octobre]. C'était complètement impensable, aussi bien pour lui personnellement que pour le NJM [131]. »

D'après Coard, deux personnages avides de pouvoir, George Louison et Kendrick Radix, chuchotaient dans l'une des oreilles de Bishop, le poussant à résister aux décisions du Comité central. Et chuchotant dans son autre oreille, des agents de la CIA l'ont entraîné le 19 octobre à commettre un acte de provocation, après avoir réussi à obtenir ses bonnes grâces. Aux dires de Coard, ces agents de la CIA étaient Don Rojas, Shahiba Strong et Cletus St. Paul, soit le secrétaire de presse de Bishop, son chef de protocole et le chef de sa garde personnelle.

« Certains le font pour des raisons personnelles, parce qu'ils nourrissent des rancunes, » déclare Coard. « D'autres le font pour de l'argent, d'autres parce qu'ils sont des agents professionnels. » Mais peu importent ses motivations, cette cabale « l'encerclait, l'assaillait.

À l'exception d'un seul, ils l'ont tous accompagné lors de son voyage [en Europe de l'Est]. Ils lui proposaient sans arrêt des idées de complot et de conspiration. » Par conséquent, prétend Coard, ces individus ont réussi « à aggraver considérablement la situation et à la transformer en une crise aux proportions monumentales, ce qu'elle n'était pas [à l'origine] [132]. »

SELON COARD, Bishop était sous le poids « d'un stress et d'une tension considérables. » Son fils était malade. Et Bishop se demandait « si la proposition de direction conjointe représentait vraiment un vote de non-confiance. » Dans une telle situation personnelle, déclare Coard, « on peut comprendre que George Louison et les autres ont trouvé chez lui un terrain fertile. » Bishop était « très vulnérable. Il traversait une période de très grand doute sur ses propres capacités. Et il s'inquiétait beaucoup pour son fils [133]. »

Coard prétend avoir essayé « de convaincre le camarade Bishop de résister à cette obsession conspiratrice qu'on essayait de lui inculquer » et de participer à « la tâche monumentale de réorganiser le parti à tous les niveaux, afin d'empêcher la désintégration du parti et l'invasion. [...] C'était mon objectif [134]. »

Mais selon Coard, Bishop ne l'a pas écouté. C'est pourquoi le 18 octobre, prétend-il, lui et ses partisans étaient prêts à accepter le refus opposé par Bishop à la décision prise par la majorité du parti. « Mieux valait une situation où la révolution avait une chance de survivre, ce qui ne pouvait se faire sans que Maurice Bishop dirige le processus. La révolution devait être la priorité, même si cela voulait dire violer toutes les règles et décisions du Parti. » Coard avait même prévu « de quitter le pays », pour « mettre fin à l'énorme campagne de propagande » qui l'accusait d'essayer de s'emparer du pouvoir[135].

Mais selon Coard, Louison, Rojas et d'autres sont intervenus auprès de Bishop le 18 octobre pour stopper cette solution pacifique[136]. Ils ont organisé la manifestation du 19 octobre. Et une fois Bishop libéré, ils l'ont persuadé d'aller au fort Rupert. D'après Coard, la foule qui a envahi les rues ce jour-là comprenait « trois éléments » : (1) « de nombreux partisans de la révolution, respectables et respectueux de la loi » — certains d'entre eux « ont été emportés par l'agitation » ; (2) ceux qui, comme Vincent Noel, « n'agissaient pas *consciemment* comme des agents » de la CIA, mais qui « croyaient agir pour le mieux, peu importent leurs raisons » ; et (3) les agents de la CIA « que les États-Unis avaient sur place » et des Grenadiens réactionnaires et pro-impérialistes[137].

« Nous devons examiner de près la possibilité réelle, déclare Coard, que lors de la manifestation du 19 octobre, le lien entre le groupe de Vincent Noel et le groupe « Dieu bénisse l'Amérique » et « Nous aimons l'Amérique » de la CIA ait pu se faire par le biais d'une personne, Don Rojas, travaillant d'une part pour la CIA et d'autre part se gagnant les bonnes grâces du parti et de la révolution. Il est très possible qu'il ait été l'élément qui a précipité l'attaque et la prise du fort Rupert. Ça vaut la peine d'étudier soigneusement cette hypothèse et de faire enquête[138]. »

« La seule chose que le gouvernement des États-Unis et ses agents n'ont pas faite le 19 octobre, affirme Coard, c'est d'appuyer sur la gâchette. Ils ont fait tout le reste[139]. »

Si Coard et ses partisans invoquent la responsabilité de la CIA dans les événements du 19 octobre, c'est seulement pour une raison. Ils espèrent ainsi obtenir l'appui des militants et militantes en lutte dans le reste du monde. Ces derniers savent que la CIA est l'ennemi mortel de tous les travailleurs et agriculteurs et qu'elle déploie de vastes ressources pour déstabiliser tout gouvernement qui refuse de suivre les ordres de Washington.

MAIS LA NOUVELLE VERSION des événements présentée par Coard n'est qu'une attaque plus subtile contre Bishop lui-même. Coard suggère que les « faiblesses » de Bishop l'ont amené à s'entourer d'agents de la CIA et d'autres individus suspects, ouvrant ainsi la voie à la destruction de la révolution.

La version de Coard est truffée d'un bout à l'autre de mensonges et de contradictions. Nous en avons déjà examiné plusieurs. Mais le mensonge sur lequel Coard base toute sa défense, c'est que Don Rojas, Shahiba Strong et Cletus St. Paul étaient des agents de la CIA. La pratique de discréditer ses adversaires politiques en les accusant d'être des espions de la police est un poison qui menace la lutte mondiale pour la libération nationale et le socialisme. Les sociaux-démocrates l'ont utilisée pour discréditer Lénine et d'autres dirigeants communistes de la classe ouvrière en Russie et ainsi attaquer la révolution dirigée par les bolcheviks. Plus tard, la « chasse aux agents » devait devenir pratique courante sous le régime de Staline. Celui-ci s'en est servi pour justifier des purges meurtrières et des assassinats au cours des années 30 et 40.

La version de Coard n'est rien d'autre qu'un coup monté de toute pièce. Coard n'apporte aucune preuve que ces trois révolutionnaires étaient des agents de la CIA. Les trois étaient de proches collaborateurs choisis par Maurice Bishop lui-même. Coard a plutôt construit une histoire basée sur des insinuations et de pures inventions.

Nous avons déjà vu le genre de justice que la majorité de Coard au Comité central a infligé à Cletus St. Paul. Plusieurs années plus tard, Coard ne lui réserve pas un meilleur traitement. Il n'avance aucune preuve contre lui. Au lieu de cela, il laisse entendre que St. Paul était motivé par l'argent. La seule autre « preuve » avancée contre St. Paul, c'est qu'il a refusé de capituler et de trahir Bishop et la révolution grenadienne en octobre 1983, alors qu'il était menacé d'emprisonnement et de mort. C'est tout : ce sont là toutes les preuves contre Cletus St. Paul !

Et quelles sont les preuves de Coard contre Shahiba Strong ? D'abord, qu'elle a vécu aux États-Unis pendant plusieurs années avant la révolution. Ensuite, qu'elle n'a pas été détenue par les troupes d'invasion après l'occupation de Grenade. (Pas plus que de nombreux autres. Coard oublie de mentionner qu'en 1984, Strong a été déportée par le régime instauré à Grenade par les États-Unis et n'a pu revenir au pays qu'après une campagne de protestation dirigée par le Mouvement patriotique Maurice Bishop.)

Coard déclare à son procès que les soi-disant agents de la CIA Strong, St. Paul et Rojas avaient accès aux « bureaux privés et même aux chambres à coucher » de certains dirigeants. Pourquoi Coard parle-t-il de « chambres à coucher » ? Il ne développe pas ce point. Mais la réponse se trouve dans un document diffusé publiquement par les partisans de Coard. Intitulé « Grenada 1983 : Whose Struggle for Power ? » [Grenade 1983 : qui luttait pour le pouvoir ?], ce document est un simple remaniement du témoignage de Coard. Dans le cas de Shahiba Strong toutefois, il jette un peu de lumière sur les calomnies de Coard. Il rapporte une entrevue avec un agent de sécurité du GRP qui déclare : « Nous étions pas mal certains [!] que cette femme travaillait pour la CIA. » Cet individu affirme ensuite que Bishop savait que Strong était une agente de la CIA, mais qu'il l'a quand même laissée s'infiltrer dans le parti et dans le gouvernement parce qu'il ne pouvait pas résister à ses avances sexuelles. « Elle l'a poursuivi sans arrêt. Et après quelque temps, il n'a simplement plus été capable de lui résister [140]. »

Et Don Rojas ? Où est la preuve que Rojas était un agent de la CIA ? D'abord, Rojas a vécu aux États-Unis avant la révolution. Ensuite, Rojas a dirigé un contingent vers la centrale téléphonique de Grenade le 19 octobre. Finalement, Rojas n'a pas été emprisonné après l'invasion et il a été expulsé de Grenade. Ce sont là *toutes* les preuves.

Suggérant qu'il y avait là quelque chose de sinistre, Coard demande :

> Quel était au juste le message que Don Rojas a transmis aux médias internationaux lorsqu'il s'est emparé de la centrale téléphonique, en plein milieu des événements ? Et qu'a-t-il transmis aux médias après l'invasion ? Il existe des traces de cela. Que nous indiquent-elles sur les activités de Don Rojas, avant, pendant et après l'invasion [141].

Coard a raison sur un point : il existe des documents qui rapportent ce que Rojas a dit et fait. Mais ceux-ci démentent les insinuations de Coard sur le comportement supposément suspect de Rojas. Rojas a rempli son devoir en tant que secrétaire de presse de Bishop et en tant que révolutionnaire grenadien.

Quel était le « message que Rojas a transmis par téléphone aux médias internationaux » le 19 octobre ? Rojas lui-même l'a expliqué à maintes reprises. Mais nous ne dépendons pas de son seul compte rendu. Nous pouvons citer les dépêches de la Caribbean News Agency [Agence de presse des Caraïbes] (CANA) de ce jour-là. D'après CANA :

> Dans une conversation téléphonique depuis St-Georges peu de temps après la libération de Bishop, son secrétaire de presse Don Rojas a rapporté à CANA que le premier ministre avait déclaré que Cuba n'était impliquée en rien dans le conflit ici.
>
> Il a déclaré que celui-ci était « l'oeuvre de militaristes et d'anarchistes dirigés par Bernard Coard » et il a lancé un appel à l'armée pour qu'elle « ne tourne pas ses armes contre le peuple. »
>
> D'après Rojas, Bishop aurait déclaré : « Les armes servent à défendre les intérêts du peuple et ne doivent pas être utilisées contre lui [142]. »

Une autre dépêche de CANA datée du même jour a donné des informations supplémentaires sur le message téléphonique de Rojas :

> Des coups de feu ont été entendus près du fort Rupert, siège du quartier général de l'armée de Grenade, où le premier ministre Maurice Bishop s'était réfugié après avoir été libéré par une foule importante de partisans. C'est ce qu'a déclaré Don Rojas, le secrétaire de presse de Bishop, dans un bref appel téléphonique au siège de CANA à Bridgetown [La Barbade], cet après-midi.
>
> « D'où je suis, je peux voir de la fumée et du feu et les gens qui fuient, » a déclaré à CANA un

Rojas surexcité. Rojas a dit que Bishop se trouvait encore au milieu de l'immense foule quand des camions chargés de soldats sont arrivés et ont ouvert le feu.

« Nous ne savons pas vraiment ce qui se passe, mais nous savons que le premier ministre était parmi les gens, » a déclaré Rojas [143].

COARD AFFIRME, comme s'il y avait là quelque chose de louche, que quelques jours après l'invasion, Rojas n'a « pas été détenu mais évacué [de Grenade] vers La Barbade à bord d'un avion militaire des États-Unis. Là, ils ont organisé une conférence de presse pour lui. » Coard a appelé cela se faire « sortir de Grenade comme une VIP [personnalité très importante] [144]. »

Quels sont les faits ? Après que Don Rojas, sa femme Karen et son fils Maceo aient été arrêtés par les autorités de Washington le 29 octobre 1983,

> [o]n nous ordonna d'aller à l'aéroport de Point Salines, alors contrôlé par les forces d'invasion. Je fus séparé de ma famille et interrogé, un pistolet braqué vers moi. Ma famille fut envoyée à La Barbade sur un avion de transport militaire des États-Unis. Quelques heures plus tard, je fus moi aussi expulsé et envoyé à La Barbade [145].

Depuis, le gouvernement instauré par les États-Unis a interdit à Rojas de retourner à Grenade.

Y avait-il quelque chose de suspect dans le fait que Rojas a été expulsé « à bord d'un avion militaire des États-Unis » ? Non. Rojas est né dans l'île de St-Vincent. Il a été expulsé de Grenade en même temps que de nombreuses autres personnes qui ne sont pas nées à Grenade. Les forces d'invasion avaient interdit tout vol commercial. La seule façon de quitter l'île le 29 octobre, c'était à bord d'un avion militaire des États-Unis.

Qu'en est-il de la conférence de presse de Rojas à La Barbade ? Elle n'a pas été « organisée » par le gouvernement des États-Unis. Qu'est-ce que Rojas a dit ? Selon une dépêche envoyée le 30 octobre par le correspondant du *Guardian* de Manchester :

> Rojas a prédit que Grenade allait maintenant être « rapidement colonisée », avec la construction d'une importante ambassade des États-Unis et beaucoup d'aide financière.
>
> « Je pense qu'ils vont agir très rapidement pour effacer tous les vestiges de la révolution, » a-t-il déclaré. « Les conseils locaux et les autres structures démocratiques que nous avons mis sur pied seront démantelés et maintenus dans cet état par la force militaire. Mais je ne pense pas qu'un seul Grenadien, qu'une seule Grenadienne honnête et patriotique acceptera cette situation [146]. »

En fait, Rojas a été le premier dirigeant central du NJM présent dans l'île au cours des événements d'octobre à avoir condamné dans la presse mondiale l'invasion menée par les États-Unis. Cette prise de position tombait à point pour ceux et celles qui s'opposaient à l'agression des États-Unis ailleurs dans le monde. Lors de cette conférence de presse, Rojas a également dénoncé les actions contre-révolutionnaires de Coard. Il a souligné que ces crimes « ont offert la révolution grenadienne aux États-Unis sur un plateau bien garni. »

## La réponse de la direction cubaine

Les dirigeants cubains ont immédiatement condamné le massacre de Maurice Bishop et des autres révolutionnaires grenadiens. Dans une déclaration faite le 20 octobre, ils ont affirmé :

> Aucune doctrine, aucun principe, aucune position proclamée révolutionnaire ni aucune division interne ne justifient des procédés atroces tels que l'élimination physique de Bishop et du groupe de dirigeants éminents, honnêtes et dignes morts dans la journée d'hier. [...] Aucun crime ne peut être commis au nom de la révolution et de la liberté.

Les révolutionnaires cubains ont attiré l'attention sur le fait que ces crimes allaient encourager Washington à envahir Grenade et « l'assujettir de nouveau à une domination néo-coloniale et impériale. » Dans cette situation, a poursuivi la déclaration,

> [r]ien ne doit être fait qui puisse aider l'impérialisme dans ses plans. [...] Bien que profondément affligés par les événements, nous ne prendrons aucune mesure hâtive en matière de coopération technique et économique qui puisse porter préjudice à des services essentiels et à des intérêts économiques vitaux pour le peuple de Grenade, pour lequel nous nourrissons des sentiments sincères d'admiration et de profonde affection. [...] Mais nos relations politiques avec les nouveaux responsables de la direction de Grenade devront être soumises à une profonde analyse [147].

Le lendemain, le Comité central du NJM a adopté une résolution caractérisant la déclaration cubaine d'« approche *personnelle* et non pas de *classe* », parce qu'elle aurait reposé sur l'amitié entre Castro et Bishop. La résolution a accusé « la prise de position cubaine de créer une atmosphère propice à une rapide intervention impérialiste [148]. »

Dans son entretien avec Mervyn Dymally et Jeffrey Elliot, Fidel Castro a donné des explications supplémentaires sur la réponse de Cuba à la contre-révolution de Coard :

> Quelle est la raison pour laquelle nous ne nous sommes pas retirés — parce que nous aurions peut-être dû le faire dans la semaine à cause des relations tendues entre eux et nous ? Eh bien, la nouvelle que des forces d'intervention nord-américaines faisaient route vers Grenade. Ç'aurait été assurément le pire moment pour commencer à nous retirer du pays [149].

Devant le danger imminent d'une intervention militaire dirigée par les États-Unis, Fidel Castro a fait parvenir un message le 22 octobre à l'ambassade cubaine à Grenade. Il y a ordonné aux travailleurs de la construction et au reste du personnel cubain présent dans l'île de ne combattre les troupes d'invasion qu'en cas d'attaque. « Je le répète, a-t-il écrit : seulement si nous sommes directement attaqués. Ainsi nous nous défendrions nous-mêmes, et non le [nouveau] gouvernement et ses agissements [150]. »

Le lendemain 23 octobre, Fidel Castro a fait parvenir un autre message à l'ambassade cubaine à Grenade. Il y expliquait que le gouvernement cubain refusait d'accéder à la demande d'aide militaire que lui avait adressée le Conseil militaire révolutionnaire. Les membres du nouveau conseil militaire de Grenade, a-t-il dit, avaient « la responsabilité exclusive » d'avoir « créé la situation désavantageuse et difficile » à laquelle ils faisaient face sur le plan militaire [151].

DANS L'INTERVIEW qu'il a accordée à Dymally et Elliot en 1985, Fidel Castro est revenu sur la décision de limiter à leur stricte défense les ordres de combat donnés aux travailleurs cubains de la construction. « Pour lutter contre les troupes nord-américaines, il aurait fallu un autre personnel, d'autres armes, un autre type de guerre, mais surtout un gouvernement qui aurait pu être défendable, qui ait eu le soutien du peuple [152]. »

Dans cette interview, Fidel Castro a qualifié l'invasion dirigée par les États-Unis d'« une des actions les plus ignobles et les plus infâmes qu'un pays aussi puissant que les États-Unis puisse commettre contre un petit pays. » Soulignant les crimes politiques du groupe de Coard, Fidel a dit que le CMR

> n'était pas viable. Cuba ne lui aurait donné aucun appui, absolument aucun, après qu'il ait assassiné Bishop et tiré sur le peuple, et si Cuba adoptait cette attitude, il était difficile qu'un autre pays socialiste ou progressiste soutienne ce groupe. Bishop, lui, jouissait en fait d'une grande autorité et d'un grand prestige dans l'arène internationale [...] et tout le monde le tenait en grande estime. Personne n'aurait jamais pardonné à ce groupe polpotien de l'avoir assassiné. [...]

> Malgré tout, les États-Unis n'avaient pas le droit d'envahir ce pays, et ils n'ont même pas le droit de garder en prison ce groupe d'extrémistes, ni de le juger, parce qu'aucune force d'invasion n'a le droit d'apporter avec elle les tribunaux et les lois. Je pense que tout ceci est illégal[153].

## IV. UNE LEÇON DE LA RÉVOLUTION CUBAINE

Il existe une analogie frappante entre la campagne que la faction de Coard a organisée contre Maurice Bishop et celle qu'une faction secrète dirigée par Aníbal Escalante a menée contre Fidel Castro dans les premières années de la révolution cubaine.

En janvier 1959, les ouvriers et les paysans cubains ont renversé sous la direction du Mouvement du 26 juillet la dictature pro-US de Batista. Cette victoire a créé à la fois le besoin et l'opportunité de former un nouveau parti politique de masse pour les ouvriers et les paysans de Cuba, un parti qualitativement différent de l'organisation politique qui avait dirigé la lutte pour le pouvoir.

Dans un discours prononcé en mars 1962, Fidel Castro est revenu sur la signification de ce point tournant :

> J'ai appartenu, moi aussi, à une organisation. Mais la gloire de cette organisation est la gloire de Cuba. C'est la gloire du peuple, elle nous appartient tous. Et puis le jour est venu où j'ai cessé d'appartenir à cette organisation. Quel jour était-ce ? C'était le jour où nous avons fait une révolution qui était plus grande que notre organisation, le jour où nous avions un peuple avec nous, un mouvement beaucoup plus grand que notre organisation. [...]

> C'était au moment de la victoire, lorsque le peuple tout entier s'est joint à nous et a manifesté son soutien, sa sympathie et sa force [154].

S'il y a jamais eu une organisation qui a gagné dans la lutte l'autorité politique suffisante pour se proclamer l'avant-garde incontestée d'un peuple révolutionnaire, c'est bien le Mouvement du 26 juillet. Mais Fidel Castro a vu à juste titre que ce qui était posé, c'était de se servir de cette autorité politique pour construire un parti d'avant-garde et de masse des ouvriers et des paysans cubains, un parti beaucoup plus large que le Mouvement du 26 juillet.

Dans son discours de mars 1962, Fidel Castro a ajouté :

> Alors que nous traversions villes et villages, je voyais beaucoup d'hommes et de femmes, des centaines et des milliers d'hommes et de femmes qui portaient l'uniforme rouge et noir du Mouvement du 26 juillet. Mais des milliers d'autres portaient des uniformes qui n'étaient pas noirs et rouges. C'étaient les chemises de travail d'ouvriers et de paysans et d'autres hommes et femmes du peuple. Et depuis ce jour, sincèrement, au plus profond de mon coeur, j'ai quitté le mouvement que nous avions aimé, sous le drapeau duquel nous nous étions battus, et j'ai rejoint le peuple. J'appartenais au peuple, à la révolution, parce que nous avions vraiment accompli quelque chose de plus grand que nous-mêmes [155].

En mars 1979, le Mouvement New Jewel a lui aussi accompli quelque chose de plus grand que lui-même. Sa gloire est aussi devenue celle des ouvriers et des agriculteurs de Grenade. Mais contrairement à ce qui s'est passé à Cuba, le NJM de Grenade s'est vu empêcher par la faction de Coard de se servir de ce point de départ pour commencer à construire un parti prolétarien révolutionnaire de masse.

À LA FIN DE 1961, le Mouvement du 26 juillet a fusionné avec deux autres organisations qui avaient participé à la lutte contre Batista et qui appuyaient le nouveau gouvernement révolutionnaire. Il s'agissait du Parti socialiste populaire (PSP), qui était le Parti communiste à Cuba avant la révolution, et du Directoire révolutionnaire, un groupe révolutionnaire qui était surtout implanté parmi les étudiants. La nouvelle organisation s'est donné le nom d'Organisations révolutionnaires intégrées (ORI).

L'objectif de Fidel Castro était de forger une organisation et une direction unifiées, peu importent les origines politiques ou les positions politiques antérieures de ses membres. « Nous avons le sentiment, a-t-il déclaré, qu'à partir de ce moment, toute divergence entre les anciens et les nouveaux, entre ceux qui ont lutté dans la Sierra et ceux qui étaient dans les plaines, entre ceux qui ont pris les armes et ceux qui ne l'ont pas fait, entre ceux qui ont étudié le marxisme et ceux qui ne l'ont pas étudié auparavant, nous avons le sentiment que toutes ces divergences devaient cesser[156]. »

Fidel Castro s'est opposé à ceux qui réclamaient des positions privilégiées pour les cadres du 26 juillet contre ceux des autres groupes. « Nous avons toujours dit au peuple que tous ceux qui n'ont pas eu l'occasion de combattre auparavant ne devraient pas être découragés, qu'ils auront encore de nombreuses occasions pour le faire, que toute l'histoire devant eux restait à être écrite, que la révolution avait à peine commencé et que nous avions une longue route devant nous[157]. »

Mais Aníbal Escalante, un dirigeant de longue date du PSP qui avait été élu au poste de secrétaire organisationnel des ORI, a adopté un cours opposé. Les partisans d'Escalante ont commencé à raconter qu'un culte de la personnalité se développait autour de Fidel Castro. Ils ont attribué les postes de la nouvelle organisation et de l'appareil d'État cubain presque exclusivement aux anciens cadres du PSP. Ils ont souvent écarté ceux et celles qui avaient d'autres origines politiques. Ils ont eu recours à des méthodes bureaucratiques et ont nourri les privilèges et la corruption. Tout cela a engendré beaucoup de mécontentement parmi les travailleurs et les paysans victimes de ces mesures.

Pour justifier ces pratiques, Escalante a prétendu que ceux qui n'avaient pas reçu de formation marxiste en tant que cadres du PSP avaient un « niveau politique trop bas » pour occuper la plupart des postes de responsabilité. Se servant de ce prétexte, il a commencé à mener une purge contre les commandants de l'armée qui avaient joué un rôle dirigeant dans la lutte de guérilla contre Batista et dans les combats contre l'invasion ratée de la Baie des Cochons, une invasion qui avait été appuyée par les États-Unis. « Comment pouvaient-ils être démis de leurs postes de commande à cause d'un 'niveau politique trop bas', a demandé Fidel Castro, et être remplacés par des bacheliers ès arts capables de réciter par coeur un catéchisme marxiste même s'ils ne l'appliquent pas ? [...] Est-ce cela le marxisme ? Est-ce cela le léninisme[158] ? »

Le groupe d'Escalante a aussi miné l'alliance des ouvriers et des paysans à Cuba. En 1961 et 1962, le nouveau gouvernement a ordonné l'expropriation des terres de toute personne engagée dans des activités contre-révolutionnaires. Les partisans d'Escalante ont alors commencé à saisir les propriétés des petits et moyens agriculteurs, y compris celles de nombreux sympathisants de la révolution. Dans un article paru en 1963, Carlos Rafael Rodríguez, un dirigeant du Parti communiste de Cuba, a écrit : « Les pauvres aussi bien que les riches étaient touchés sans distinction et sans prendre en considération les circonstances entourant chaque cas[159]. »

LORSQUE LA DIRECTION nationale des ORI a pris connaissance des abus bureaucratiques commis dans tout le pays, elle a tenu une série de discussions dans le but de renverser ces pratiques. Dans un discours télévisé en mars 1962, Fidel Castro a expliqué au peuple cubain de quelle façon le parti avait répondu aux agissements de la faction d'Escalante. Il a indiqué que sous la direction d'Escalante, les ORI n'étaient pas en train de se transformer en un parti « de l'avant-garde ouvrière », mais en un « nid de privilèges », de « favoritisme » et « d'exemptions ». Les travailleurs et les paysans, a ajouté Castro, avaient commencé à se demander si les ORI étaient « un noyau de révolutionnaires » ou « une pure coquille de révolutionnaires, bien instruits dans l'art de distribuer des faveurs[160]. »

Escalante a été démis de ses fonctions et des mesures ont été prises pour empêcher que l'organisation ne dégénère en un marais de favoritisme, de privilèges et de méthodes bureaucratiques. Les ORI ont été réorganisées de fond en comble. C'est cette réorganisation qui a rendu possible la construction d'un parti d'avant-garde des producteurs exploités de Cuba.

Pour être acceptés dans le parti, la majorité des candidats devaient maintenant avoir été sélectionnés comme travailleurs exemplaires au cours d'une assemblée de leurs compagnons et compagnes de travail regroupant aussi bien les membres que les non-membres du parti. Pour devenir membre du parti, il fallait faire preuve d'un travail discipliné, d'un sens du sacrifice personnel et d'une aptitude à diriger. Le parti ne devait plus servir de tremplin pour les carriéristes et les opportunistes en quête de privilèges. Les meilleurs travailleurs du pays doivent être membres du parti, a dit Fidel Castro [161]. Il a ajouté :

> Comment pouvions-nous écarter les masses ? Comment pouvions-nous nous isoler des masses ? Il y a de nombreux travailleurs modèles parmi les vieux révolutionnaires qui sont reconnus comme tels par les masses. Il y en a d'autres qui ne sont pas des travailleurs modèles. Il n'y a aucune raison d'être en désaccord avec cela. Car être communiste n'accorde aucun titre héréditaire ou de noblesse.
>
> Être communiste signifie qu'on a une certaine attitude face à la vie et que cette attitude doit être la même de la naissance à la mort. Lorsqu'on abandonne cette attitude, même si on a été un communiste, on n'a plus une attitude communiste face à la vie, face à la révolution, face à sa classe, face au peuple [162].

Cette réorganisation du début des années 60 et des mesures prises par la suite ont accru le poids des ouvriers, des paysans et des volontaires pour les missions internationalistes au sein du parti cubain [163].

Escalante partageait le mépris de Coard pour le peuple travailleur. Comme nous l'avons déjà vu, Coard prétend que les masses grenadiennes sont descendues dans les rues pour soutenir Bishop le 19 octobre parce qu'elles étaient en proie à une « psychologie de troupeau ». Fidel Castro a décrit l'attitude d'Escalante face aux travailleurs et aux paysans cubains dans un discours prononcé devant la direction des ORI, en avril 1962 dans la province de Matanzas. Il a souligné que le groupe d'Escalante a fait preuve

> du véritable esprit petit-bourgeois. Lorsque le peuple devient dégoûté à la suite des erreurs commises par le petit-bourgeois, ce dernier n'assume pas la responsabilité de ses actes, il blâme le peuple. [...] Il finit par accuser les masses d'être contre-révolutionnaires, alors qu'elles ne se tournent pas contre la révolution mais plutôt contre ses actes arbitraires [164].

Fidel Castro a expliqué que les actions du groupe d'Escalante avaient alimenté l'anticommunisme dont Cuba avait hérité après des décennies de domination par l'impérialisme des États-Unis. Avec l'expérience et grâce à une éducation patiente, a-t-il dit, les dirigeants de la révolution étaient en train de surmonter l'anticommunisme au sein de la population. Mais les abus bureaucratiques d'Escalante et de ses partisans ont amené de nombreux Cubains à se demander : « Est-ce cela le communisme ? [...] Est-ce cela le socialisme ? Cet arbitraire, ces abus, ces privilèges, est-ce tout cela le communisme [165] ? »

Escalante « cherchait sérieusement à s'emparer du pouvoir, » a déclaré Fidel Castro. Son cours bureaucratique a affaibli la révolution face à l'impérialisme et aux exploiteurs cubains. Si cette situation n'avait pas été renversée, a-t-il souligné, elle aurait pu aboutir non pas à la prise du pouvoir par le groupe d'Escalante, mais « à la destruction du pouvoir révolutionnaire », au « pouvoir des contre-révolutionnaires, à une défaite du même type que la Commune de Paris, avec le massacre général des révolutionnaires qu'entraînerait le triomphe de la contre-révolution [166]. » C'est exactement ce qui s'est produit à Grenade à la suite du coup d'État contre-révolutionnaire de Coard.

APRÈS AVOIR ÉTÉ RÉVOQUÉ de son poste de secrétaire organisationnel des ORI, Escalante a travaillé pendant plusieurs années dans les services diplomatiques de Cuba à son ambassade en Tchécoslovaquie. En 1964, il est revenu à Cuba et a recommencé à organiser des activités factionnelles secrètes au sein du parti. Escalante et ses partisans « maintenaient que le courant petit-bourgeois prévalait dans la politique de la révolution et que la petite bourgeoisie avait tenté de s'emparer de tout le pouvoir, » a expliqué le dirigeant cubain Raúl Castro en 1968. Ils insistaient pour dire qu'Escalante était « celui qui défendait le plus fermement les positions idéologiques de la classe ouvrière [167]. »

La faction d'Escalante a condamné le gouvernement cubain pour laisser tous ceux qui le voulaient quitter l'île. Elle a dénigré la promotion du travail volontaire qui était menée dans les villes par le gouvernement cubain afin d'aider les campagnes pendant la saison des récoltes. Elle s'est opposée à toutes les prises de positions politiques de la direction cubaine qui étaient différentes de celles des gouvernements de l'Union soviétique et des États ouvriers de l'Europe de l'Est. Ces désaccords portaient sur des questions comme l'aide et la solidarité avec la révolution vietnamienne, le soutien à l'autodétermination nationale du peuple palestinien et d'autres questions internationales [168].

Escalante et ses partisans ont incité des membres des ambassades de l'Union soviétique, de la Tchécoslovaquie et de l'Allemagne de l'Est à La Havane à faire pression sur leurs gouvernements pour que ces derniers poussent la direction cubaine à changer de politique, notamment en refusant de lui accorder une aide économique et militaire [169]. Certains fonctionnaires de ces ambassades ont participé aux manoeuvres factionnelles d'Escalante et se sont vus par la suite ordonner de quitter le pays.

En 1968, Escalante et le noyau dirigeant de son groupe ont été accusés d'avoir violé la loi cubaine au cours de leurs activités factionnelles, en particulier en établissant des rapports avec du personnel diplomatique à l'insu du gouvernement. Ils ont été condamnés et emprisonnés pendant plusieurs années.

Dans le plaidoyer qu'il a prononcé lors du procès d'Escalante en 1968, le procureur spécial a rappelé la perspective internationaliste que Lénine avait défendue jusqu'à sa mort :

> L'idéal internationaliste de Lénine était l'étroite alliance des éléments révolutionnaires de tous les pays. Il a proclamé que renoncer à s'insurger et à aider les peuples en révolte « équivalait à renier l'idée de la révolution. » Il défendait la thèse que le prolétariat international doit soutenir activement tout soulèvement des peuples exploités contre leurs oppresseurs. Et comme corollaire, il a ainsi résumé en juin 1920 ce qu'était l'internationalisme prolétarien :

> 1. La subordination des intérêts de la lutte prolétarienne dans un pays aux intérêts de cette lutte à l'échelle mondiale.
>
> 2. Qu'un pays qui a vaincu la bourgeoisie doit être capable et être prêt à faire les plus grands sacrifices nationaux en vue de renverser le capital international.

« Notre pays, a déclaré le procureur cubain, n'a jamais essayé de subordonner l'intérêt international à l'intérêt national. Son existence nationale a été menacée et pourtant il n'a pas vacillé un seul instant [170]. »

Ferme mais sans bravade ou aventurisme, cet internationalisme révolutionnaire est demeuré la plus grande force et source d'inspiration de la révolution cubaine jusqu'à ce jour.

## V. DE STALINE À COARD

ANÍBAL ESCALANTE et Bernard Coard ont tous les deux été formés à l'école politique du stalinisme, qui a supplanté il y a une soixantaine d'années la politique de Lénine en Union soviétique, au sein du Parti communiste soviétique et au sein de l'Internationale communiste.

Ce qui a permis au stalinisme de se consolider dans les instances de direction du Parti communiste soviétique, ce sont les pertes économiques et humaines infligées par plusieurs années de guerre civile et d'intervention impérialiste et les défaites et les reculs subis par la révolution mondiale durant cette période. La classe ouvrière soviétique était décimée, dispersée et politiquement épuisée par les ravages de la guerre. Et son alliance avec les paysans était mise à rude épreuve.

Au cours de la dernière année de sa vie, Lénine a livré une bataille dans le Parti communiste de la Russie soviétique. Il a cherché à combattre les effets politiques corrosifs de ces développements en augmentant la mobilisation et la politisation des ouvriers et des paysans et en approfondissant leur contrôle sur l'économie et les affaires de l'État [171].

APRÈS LA MORT DE LÉNINE cependant, la majorité de la direction du Parti communiste a cédé aux pressions croissantes et a fini par abandonner la politique internationaliste et communiste de Lénine. La perspective de nouvelles victoires sur l'impérialisme aurait pu contrer ces pressions. Mais la défaite de soulèvements révolutionnaires en Allemagne (1923), en Chine (1927) et ailleurs est venue la briser.

La nouvelle majorité au sein de la direction soviétique en est venue à gouverner à l'aide de moyens administratifs. Elle a de plus en plus parlé au nom d'une couche bureaucratique au sein de l'appareil de l'État et du parti qui tirait des privilèges matériels de sa position de direction. Joseph Staline a émergé comme le représentant le plus puissant de cette caste sociale bureaucratique. Sous sa direction, le Parti communiste a rompu de façon définitive avec le cours politique communiste de Lénine.

Staline et ses partisans ont subordonné les intérêts des masses ouvrières et paysannes de l'Union soviétique et du reste du monde à la consolidation du pouvoir politique et du confort matériel de la bureaucratie. Même si certains membres de cette strate bureaucratique étaient d'origine ouvrière ou paysanne, il s'agissait d'une couche sociale petite-bourgeoise. Ses intérêts de caste étaient étrangers à ceux des ouvriers et des paysans. Le régime de Staline a détruit l'alliance des ouvriers et des paysans. Il a imposé une collectivisation forcée qui a provoqué la mort de millions de personnes, victimes de la famine et de la répression brutale. Cette politique a fait subir à l'agriculture soviétique un recul dont elle ne s'est pas encore remise aujourd'hui. Staline a cherché à briser toute résistance à cette politique. Il a fait assassiner le noyau central de la direction bolchevique rassemblée par Lénine : Boukharine, Kamenev, Radek, Tomsky, Trotsky et Zinoviev. Il a aussi fait exécuter ou emprisonner des millions de cadres qui oeuvraient à tous les niveaux du parti, de l'État et des organisations de masse. Cette répression a culminé à la veille de la deuxième guerre mondiale quand Staline a décapité l'Armée rouge. Près d'un quart de ses officiers ont été arrêtés et des milliers ont été exécutés.

Les directions des divers Partis communistes à travers le monde ont été purgées, afin de placer ces organisations sous le contrôle de fonctionnaires qui appliqueraient chacune des nouvelles orientations politiques de Staline. Les staliniens ont effectué des zigzags politiques, passant d'aventures gauchistes à des compromis opportunistes avec les capitalistes et les grands propriétaires fonciers.

L'Internationale communiste avait été une force révolutionnaire. Les staliniens l'ont transformée en un instrument de la politique étrangère de la bureaucratie soviétique. Un nombre toujours plus grand de ses cadres sur tous les continents ont été éduqués dans cette conception politique. Utilisés par Coard pour « élever le niveau idéologique » des cadres du NJM, *Les bases du léninisme* de Staline et son *Matérialisme dialectique et matérialisme historique* ont servi de manuels dans le monde entier. Portant l'étiquette de « marxisme-léninisme orthodoxe », ces brochures ont falsifié l'histoire du Parti bolchevique, de la révolution d'octobre 1917 en Russie et des premières années de l'Internationale communiste sous Lénine. Elles ont présenté un programme politique qui est l'opposé du communisme.

Là se trouve la racine politique commune à tellement de mesures appliquées au nom du communisme et qui ont en réalité infligé des coups durs à la lutte mondiale pour la libération nationale et le socialisme. Parmi celles-ci on compte : le « Grand bond en avant, » la marche forcée vers les « communes populaires rurales » et les bouleversements bureaucratiques associés à la « Révolution culturelle » de Mao Zedong ; les purges qui ont suivi la deuxième guerre mondiale et la collectivisation forcée dans les États ouvriers d'Europe de l'Est ; l'assassinat après la guerre de révolutionnaires vietnamiens qui résistaient au projet de Staline de rendre le pays à l'impérialisme français ; l'invasion par le gouvernement soviétique de la Tchécoslovaquie en 1968 ; la xénophobie anti-vietnamienne de Pol Pot et le traitement barbare que celui-ci a infligé aux travailleurs et aux paysans du Kampuchéa ; et les méthodes administratives brutales et les luttes bureaucratiques sanglantes qui ont déchiré le Parti populaire démocratique d'Afghanistan.

Appliquées au nom du socialisme, toutes ces mesures ont provoqué la démoralisation et la dépolitisation des travailleurs et des agriculteurs. Leur racine commune est le stalinisme et sa fausse prétention à l'« orthodoxie politique marxiste » et aux « méthodes léninistes d'organisation ».

C'était aussi l'origine des manoeuvres factionnelles secrètes menées par Salvador Cayetano Carpio dans le but d'empêcher tout progrès vers la fusion des cinq organisations qui composent le Front Farabundo Martí de libération nationale du Salvador. Carpio est allé jusqu'à organiser l'assassinat en 1983 de Mélida Anaya Montes (commandante Ana Maria). Celle-ci avait rompu politiquement avec le sectarisme de Carpio et aidait à l'époque à diriger la lutte pour l'unité. Carpio n'a jamais surmonté les conceptions politiques et organisationnelles staliniennes qu'il avait acquises en tant que dirigeant central du Parti communiste salvadorien à la fin des années 40 et pendant les années 50.

C'EST LE STALINISME qui a détruit la révolution grenadienne. Bernard Coard a été formé dans l'esprit de brutalité, de rigidité et de « fermeté » bureaucratique qui le caractérisent. Comme tous les staliniens, il confondait la clarté politique avec le dogmatisme, le centralisme avec les ordres, la flexibilité avec la mollesse, la discipline avec la soumission, la fermeté avec la rudesse. La faction qu'il construisait à Grenade était véritablement petite-bourgeoise. C'était le noyau d'une caste administrative formée à donner des ordres et à imposer son autorité, pas celui d'une avant-garde politique de la classe ouvrière qui s'appuie sur l'organisation, la mobilisation et l'éducation politique révolutionnaires des producteurs exploités.

Maurice Bishop, et non Bernard Coard, était l'éducateur communiste du peuple travailleur de Grenade. Les discours de Bishop ont permis aux travailleurs et aux agriculteurs d'acquérir une meilleure compréhension de la lutte des classes à Grenade, dans les Caraïbes et dans le monde entier. En s'efforçant d'accroître la participation des masses dans la révolution, Bishop a contribué à développer leur expérience de classe et leur conscience politique. Bernard Coard n'était pas un « stratège et un tacticien marxiste exceptionnel ». C'était un démagogue stalinien.

Même si le stalinisme continue d'être un obstacle considérable pour les luttes des ouvriers et des paysans, ainsi que l'ont démontré les événements de Grenade, son emprise sur le mouvement ouvrier international a été affaiblie de façon irréversible par les progrès de la révolution mondiale depuis la deuxième guerre mondiale. Et surtout, une étape historique a été franchie en 1959 avec la victoire de la révolution cubaine, sous la direction d'une équipe révolutionnaire et internationaliste. Les ouvriers, les paysans et les jeunes qui avaient un esprit révolutionnaire dans toute l'Amérique latine et dans de nombreuses autres régions du monde ont été attirés et influencés par l'exemple du Parti communiste cubain.

Depuis 1979, cet exemple a été renforcé par la révolution sandiniste au Nicaragua. Le gouvernement ouvrier et paysan du Nicaragua inspire les autres peuples à suivre son exemple en appliquant des mesures comme le plan d'autonomie de la Côte atlantique. Celui-ci vise à mettre fin à l'héritage d'oppression raciale et nationale des populations minoritaires indiennes et noire et à forger pour la première fois une nation nicaraguayenne unie. Le gouvernement sandiniste montre aussi de manière positive comment un gouvernement révolutionnaire peut approcher l'Église et les croyants. Sa volonté d'abolir la peine de mort, de construire un système carcéral humain et d'améliorer les droits humains ont établi de nouvelles normes en matière de moralité d'État qui mettent au défi tous les gouvernements dans le monde.

De tels progrès politiques ont amené un nombre croissant de démocrates, de militants anti-impérialistes et de communistes dans les Amériques et dans le monde entier à rejeter ceux qui, comme Bernard Coard et ses complices, justifient les idées et les pratiques staliniennes, y compris le mensonge et les méthodes sanglantes.

## VI. L'HÉRITAGE POLITIQUE DE MAURICE BISHOP

CONTRAIREMENT à ce qu'ont prétendu les partisans de Bernard Coard, les liens qui existaient entre Fidel Castro et Maurice Bishop ne reposaient pas sur une amitié personnelle. Cette explication confond la cause et l'effet. L'étroite amitié que ces deux hommes ont établie était le fruit de la perspective politique communiste qu'ils partageaient et des valeurs communes qui en découlaient.

Tout comme la direction de Cuba socialiste, Maurice Bishop était un révolutionnaire internationaliste. « Nous voyons donc l'importance de la solidarité et des efforts communs entre les forces progressistes à l'échelle internationale, a-t-il dit. Nous voyons ces luttes comme finalement *une* seule lutte, indivisible. Aussi considérons-nous que tout ce qui se passe à Grenade est important pour tous ceux et celles qui luttent de par le monde [172]. »

Bishop a compris que pour Grenade, l'internationalisme commençait avec la lutte pour renverser les obstacles érigés par l'impérialisme dans le but de maintenir les peuples des Caraïbes et de l'Amérique centrale divisés et faibles. Dans un discours prononcé à New York en juin 1983, il a expliqué : « Une des plus grandes malédictions du colonialisme, c'est d'avoir divisé la région en fonction de plusieurs centres métropolitains. Il nous a enseigné des langues différentes. Et ensuite il s'est beaucoup amusé du fait qu'ici on parle le néerlandais, là l'espagnol, là le français, là l'anglais ou, plus récemment, l'américain.

« Et s'appuyant sur cette absurdité linguistique, il nous a appris à nous haïr mutuellement. […]

« Nous considérons par conséquent comme l'une de nos tâches et responsabilités historiques de détruire ces barrières artificielles mises en place par le colonialisme et de développer cette unicité et cette unité que nous avons presque perdues[173]. »

FIDEL CASTRO ET MAURICE BISHOP ont tous les deux basé leur stratégie politique sur la reconnaissance que les révolutions sont faites par les travailleurs et les agriculteurs et qu'elles ne peuvent survivre et progresser qu'en développant la conscience de classe et la participation directe de ceux-ci à la vie politique de leur pays et du reste du monde.

Les défenseurs de Coard se trompent complètement quand ils essayent de dépeindre Bishop comme ayant été exclusivement un dirigeant de masse et un agitateur, alors que Coard aurait excellé dans le travail d'organisation du parti. Maurice Bishop *était* un constructeur de parti. Le Mouvement New Jewel, qui a dirigé la révolution de mars 1979, s'est construit autour de l'orientation politique qu'il préconisait. Après cette victoire, c'est la direction politique donnée par Bishop qui a contribué à créer le très large appui populaire parmi les travailleurs et les agriculteurs de Grenade sur lequel il aurait été possible de construire un parti communiste de masse.

Bernard Coard n'a pas construit un parti. Il a entretenu une minuscule faction secrète qui a *empêché* le NJM de se transformer en un parti révolutionnaire de masse. Bishop et Coard avaient des conceptions organisationnelles opposées, qui découlaient de leurs perspectives politiques opposées.

Comparons le développement du Mouvement New Jewel après la victoire du 13 mars 1979 à celui du Front sandiniste de libération nationale après le renversement de Somoza en juillet 1979.

Le FSLN a reconnu que l'établissement d'un gouvernement ouvrier et paysan au Nicaragua a créé à la fois la possibilité et la nécessité « d'effectuer des changements organisationnels qualitatifs, afin de procéder aux changements révolutionnaires requis dans toutes les sphères de la société : économiques, sociales et militaires[174]. » Après juillet 1979, le FSLN a commencé à chercher à intégrer en son sein ceux et celles qui dirigeaient sur de multiples fronts d'autres travailleurs et paysans nicaraguayens dans le but de défendre et de faire progresser le processus révolutionnaire. Le FSLN s'est adressé à ceux et à celles qui faisaient leurs preuves dans le feu de la lutte et qui étaient vus comme des dirigeants et dirigeantes politiques par le reste du peuple laborieux.

Les cadres du FSLN deviennent membres du parti au cours d'assemblées publiques qui réunissent leurs compagnons et compagnes de travail à l'usine, dans les champs, dans l'armée et la milice sandinistes, dans les écoles et les quartiers ouvriers. En août 1986, lors d'une assemblée qui inaugurait plusieurs mois de célébrations conduisant au vingt-cinquième anniversaire du FSLN, le commandant de la révolution Carlos Núñez a annoncé une campagne de recrutement qui visait à faire faire au FSLN « un saut qualitatif ». Il a expliqué que l'organisation « affirmera son caractère de classe avec les travailleurs, les paysans pauvres et les autres secteurs et exigera de tous ses membres les qualités propres à la classe ouvrière : le dévouement dans notre travail, un esprit combatif, la fraternité, l'initiative[175]. »

C'est là le cours politique que Maurice Bishop a cherché à poursuivre au cours de la révolution grenadienne. Dans son message radiodiffusé au peuple de Grenade pour marquer le début de 1983, il a souligné :

> Au cours de la nouvelle année, notre peuple doit apprendre à comprendre la vraie nature de la crise capitaliste internationale qui freine le progrès de notre révolution et le développement de tous les pays pauvres dans le monde. [...] Il doit voir clairement le lien [qui existe] entre la politique et l'économie, entre l'exploitation impérialiste et la pauvreté persistante, entre la croissance démente de l'armement impérialiste et la crise économique.
>
> En développant et en élargissant sa conscience politique, notre peuple comprendra mieux la nécessité de se joindre aux organisations de masse et aux syndicats qui existent déjà dans le but de les renforcer.
>
> L'éducation politique aidera à identifier dans les rangs de notre peuple travailleur les futurs dirigeants et dirigeantes de la révolution. Et elle aidera à préparer la classe ouvrière à assumer son rôle historique, qui est de sortir Grenade de son état d'arriération et de dépendance pour l'amener à une véritable indépendance économique [176].

C'est dans cet esprit que Maurice Bishop s'est efforcé de construire un parti révolutionnaire des masses laborieuses de Grenade durant les quatre ans et demi qu'a existé le gouvernement des travailleurs et des agriculteurs. Et c'est en direction des travailleurs et des agriculteurs mobilisés de Grenade que Bishop s'est tourné le 19 octobre 1983 pour restaurer le gouvernement révolutionnaire que Coard avait renversé.

Coard et ses partisans ont montré la peur et le mépris qu'ils éprouvaient envers les travailleurs et les agriculteurs de Grenade ce jour-là — en leur tirant dessus, en assassinant leurs dirigeants et en imposant à toute la population un couvre-feu continu avec ordre de tirer à vue. Ces crimes politiques étaient l'aboutissement du cours politique suivi par Coard tout au long de l'histoire du NJM et de la révolution grenadienne.

MAURICE BISHOP et Bernard Coard représentaient deux orientations politiques irréconciliables dans la révolution grenadienne. Maurice Bishop fait partie de la même continuité révolutionnaire que le Parti bolchevique dirigé par Lénine, le Parti communiste cubain sous la direction de Fidel Castro et la direction du Front sandiniste de libération nationale. Coard partage l'héritage de Staline, de Mao, d'Escalante, de Pol Pot, de Carpio et des adeptes de la « solution afghane ».

Devant le refus intransigeant de Maurice Bishop d'abandonner son orientation révolutionnaire, Coard devait inévitablement aller jusqu'à la mise en résidence surveillée et à l'assassinat. Ce sont là les méthodes que Staline, Mao, Pol Pot et Carpio ont utilisées. Si la faction d'Escalante avait triomphé, elle aurait eu recours aux mêmes mesures répressives contre Fidel Castro et les autres révolutionnaires cubains.

Cependant, ce qui est arrivé à Grenade n'était pas inévitable. Maurice Bishop et ses partisans ont eu raison de diriger une insurrection populaire le 19 octobre. C'était l'unique façon de pouvoir restaurer le gouvernement révolutionnaire.

La faction de Coard s'est décrite comme le courant communiste prolétarien au sein du NJM. Mais c'est le contraire qui était vrai. Dans la pratique, l'orientation politique de Bernard Coard rejetait ce que Lénine a appelé « une des thèses les plus profondes du marxisme, laquelle est en même temps la thèse la plus simple et la plus facile à comprendre.

« Plus grande est l'ampleur, plus grande est l'étendue des actions historiques, a déclaré Lénine en 1920, et plus nombreux sont ceux qui y prennent part. Inversement, plus profonde est la transformation que nous voulons opérer et plus il y faut de l'intérêt et une attitude consciente, plus il faut convaincre de cette nécessité de nouveaux et de nouveaux millions et dizaines de millions.

« En dernière analyse, si notre révolution a laissé loin derrière elle toutes les autres révolutions, c'est parce qu['...] elle a fait participer activement à la construction de l'État des dizaines de millions de ceux qui auparavant s'en désintéressaient[177]. »

C'est pour cette perspective communiste que Maurice Bishop a lutté et est mort.

## NOTES

*La vaste majorité des documents cités dans cet article n'existent qu'en anglais. Afin d'aider nos lecteurs et lectrices qui ne comprennent pas cette langue à avoir une meilleure appréciation de leur importance ou signification, nous avons traduit entre crochets les titres les plus significatifs la première fois qu'ils sont cités.*

1. La meilleure source pour connaître l'héritage politique de Maurice Bishop est un recueil de ses discours paru en anglais. Il s'agit de Bruce Marcus et Michael Taber (réd.), *Maurice Bishop Speaks: The Grenada Revolution 1979–83,* New York, Pathfinder Press, 1983.

2. Général Hudson Austin, transcription de la déclaration diffusée par Radio Free Grenada le 19 octobre 1983.

3. Département politique principal des Forces armées révolutionnaires populaires, « Revolutionary Soldiers and Men of

the People's Revolutionary Armed Forces » [Soldats et hommes révolutionnaires des Forces armées révolutionnaires populaires], 19 octobre 1983.

Comme de nombreux autres textes cités dans cet article, ce document fait partie de l'énorme masse de dossiers du parti et du gouvernement et d'archives personnelles que les troupes des États-Unis ont volés à la suite de l'invasion de Grenade. Une infime partie de ces documents a été distribuée en différentes occasions aux médias, entre la fin de 1983 et le début de 1984. Par la suite, plusieurs de ces documents ont été reproduits sous forme de microfilms, dans une importante collection du gouvernement des États-Unis intitulée Grenada Documents: An Overview and Selection [Les documents de Grenade : un survol et une sélection], Washington, D.C., département d'État et département de la Défense, septembre 1984. De nombreux autres documents volés sont entreposés à Washington et peuvent être consultés aux Archives nationales. Il est possible d'obtenir une liste des documents disponibles, longue de 533 pages, en envoyant 20 $ US à : National Archives, Machine-Readable Branch, Washington D.C., 20408, USA. Les procès-verbaux et les comptes rendus contenus dans ces archives ont servi de références à des auteurs qui avaient des opinions opposées sur les différents courants en conflit dans le NJM.

Le compte rendu le plus complet de l'histoire du Mouvement New Jewel (NJM) et du Gouvernement révolutionnaire populaire (GRP) de Grenade se trouve dans les archives personnelles de Maurice Bishop. Celles-ci ont toutes été saisies par les envahisseurs. La famille de Maurice Bishop a demandé que le gouvernement des États-Unis lui rende cette propriété personnelle qu'il lui a volée, ce que Washington a refusé de faire. Le Mouvement patriotique Maurice Bishop (MPMB) de Grenade a déclaré que le vol de ces énormes archives par Washington constitue une violation de la souveraineté nationale du pays. Le MPMB exige que ces documents soient retournés à Grenade et mis à la disposition du peuple grenadien.

De plus, lors du procès de Bernard Coard et de 17 autres personnes en 1986, les accusés se sont vus refuser l'accès aux documents contenus dans les archives personnelles de Maurice Bishop. Ils avaient demandé de les consulter pour préparer leur défense. Ce n'est là qu'un exemple des nombreuses violations des droits démocratiques commises lors de ce procès.

4. Département politique principal des Forces armées révolutionnaires populaires, « Their Heroism is an Example for Us » [Leur héroïsme est un exemple pour nous], 20 octobre 1983.

5. Bernard Coard, déclaration faite du banc des accusés pendant le procès qui s'est déroulé des 13 au 20 août 1986. Cette déclaration a été publiée aux États-Unis dans *Friends for Jamaica Caribbean Newsletter* [Bulletin antillais des amis de la Jamaïque]. Toutes les pages citées dans la suite du présent article se réfèrent à cette édition.

En décembre 1986, un tribunal imposé par les États-Unis a reconnu Coard et 13 de ses partisans coupables de meurtre et les a condamnés à mort pour leur rôle dans les événements d'octobre 1983.

Ce procès a été une pure parodie de justice. Les gouvernements des États-Unis et de Grenade ont voulu tirer avantage de l'impopularité des accusés parmi la population de Grenade pour faire accepter à cette dernière le viol de la souveraineté nationale et des droits démocratiques que représente leur « nouveau » système de justice. Les abus dont ont été victimes les prisonniers, la négation des droits juridiques les plus élémentaires et la barbarie des condamnations à mort imposées aux accusés n'avaient qu'un but : intimider tous ceux et toutes celles qui s'opposent, à Grenade et ailleurs dans les Antilles, à la domination impérialiste. Le résultat du procès a confirmé ce que Fidel Castro avait déjà déclaré : ceux qui ont jugé Coard et les autres « n'ont même pas le droit de garder en prison ce groupe d'extrémistes, ni de le juger, parce qu'aucune force d'invasion n'a le droit d'apporter avec elle les tribunaux et les lois. » Fidel Castro, *Nothing Can Stop the Course of History: Interview by Jeffrey M. Elliot and Mervyn M. Dymally*, New York, 1986, p. 167.

Au moment de publier la version française du présent article (été 1988), aucun des 14 condamnés n'avait été exécuté.

6. Au premier rang des apologistes de Coard aux États-Unis se trouvent l'ancien procureur général Ramsey Clark et Doris Kitson, la rédactrice en chef du *Friends for Jamaica Caribbean Newsletter*. En Grande-Bretagne, Richard Hart est un des plus fervents partisans politiques de Coard. Né en Jamaïque, Hart était le procureur général de Grenade en octobre 1983. Les rédacteurs du quotidien britannique *Morning Star*, qui reflète le point de vue d'une aile du Parti communiste de Grande-Bretagne, et les dirigeants de quelques-unes des organisations des pays anglophones des Caraïbes sont aussi demeurés de fermes partisans politiques de la faction de Coard. Parmi les plus connus, on retrouve des porte-parole du Workers Party of Jamaica (WPJ) [Parti des travailleurs de la Jamaïque], comme son secrétaire général Trevor Munroe.

7. B. Coard, déclaration du banc des accusés, p. 25-26.

8. Fidel Castro, *Nothing Can Stop the Course of History*, p. 165. Voir aussi Fidel Castro, *Une victoire militaire à la Pyrrhus et une profonde défaite morale*, La Havane, Editora Política, 1983. Reproduit dans le *Résumé hebdomadaire Granma*, La Havane, 20 novembre 1983 et dans le journal *Lutte ouvrière*, Montréal, 28 novembre 1983.

9. M. Bishop, « Three Years of the Grenada Revolution » [Trois années de la révolution grenadienne], *Maurice Bishop Speaks*, p. 490 [2025 tirage].

10. M. Bishop, « The Fighting Example of Sandino Lives! » [L'exemple combattant de Sandino vit toujours !], *Maurice Bishop Speaks*, p. 190.

11. M. Bishop, « Imperialism is Not Invincible » [L'impérialisme n'est pas invincible], *Maurice Bishop Speaks*, p. 162.

12. M. Bishop, « Two Years of the Grenada Revolution »

[Deux années de la révolution grenadienne], *Maurice Bishop Speaks,* p. 290.

13. M. Bishop, « Three Years of the Grenada Revolution », *Maurice Bishop Speaks,* p. 507.

14. F. Castro, *Nothing Can Stop the Course of History,* p. 164.

15. Richard Hart, « Introduction », dans Chris Searle (réd.), *In Nobody's Backyard: Maurice Bishop's Speeches, 1979–1983. A Memorial Volume,* Londres, Zed Books, 1984, p. xxi.

16. B. Coard, déclaration du banc des accusés, p. 6.

17. « Extraordinary Meeting of the Central Committee of the NJM, 14–16 September, 1983 » [Réunion extraordinaire du Comité central du NJM tenue du 14 au 16 septembre 1983], *Grenada Documents,* p. 112:44 et 112:45. La session du 17 septembre a été convoquée lors de cette réunion et son procès-verbal est inclus dans le même document.

18. À cet égard, Grenade et les autres îles des Caraïbes diffèrent de la plupart des îles du Pacifique Sud, tout comme le font le caractère et les tâches de la révolution dans ces deux parties du monde. En général, ceci reflète un degré de développement capitaliste différent pour toute l'Amérique latine et les Caraïbes, en comparaison avec celui de nombreux pays d'Asie et d'Afrique.

Manuel Piñeiro, un membre du Comité central du Parti communiste de Cuba, a abordé cette question plus générale dans un discours prononcé en avril 1982. Une traduction en anglais de ce discours est parue sous le titre « Imperialism and Revolution in Latin America and the Caribbean » [L'impérialisme et la révolution en Amérique latine et dans les Caraïbes], dans la revue *New International.* Piñeiro y explique :

« Les révolutions pour la libération nationale et sociale en Amérique latine et dans les Caraïbes [...] renferment des caractéristiques importantes pour le processus actuel de libération en Afrique et en Asie. Comme celles d'Afrique et d'Asie, nos révolutions avancent aussi sur la voie historique mondiale inaugurée en octobre 1917. Elles font partie des trois continents sous-développés qui affrontent l'impérialisme. Mais les prémisses matérielles créées par la domination capitaliste dans nos pays (un niveau de développement qui est en moyenne supérieur à celui de l'Asie et de l'Afrique) ont produit de meilleures conditions, qui permettent à nos révolutions de progresser de façon plus intense et plus radicale. Dans leurs cours dialectiques, ces révolutions abordent dans leur première étape des tâches qui ont un contenu démocratique, populaire et anti-impérialiste. À mesure qu'elles se développent, elles tendent à réaliser des tâches clairement socialistes, comme une partie indissoluble de leur propre processus et conformément à leur caractère historique général. » *New International,* Vol. 3, printemps-été 1984, p. 171-172 [2022 tirage].

19. « Forward to Socialism and Final Victory » [Vers le socialisme et la victoire finale], *New Jewel,* 11 mars 1983.

20. « Grenada's Revolution: An Interview with Bernard Coard » [La révolution de Grenade : une entrevue avec Bernard Coard], *Race and Class,* vol. XXII, no 2, 1979.

21. Cité dans « Bishop Trial Report » [Rapport sur le procès Bishop], *The Nation,* Barbade, décembre 1986.

22. Unison Whiteman, Kendrick Radix et George Louison ont été les dirigeants centraux du soulèvement populaire du 19 octobre qui a libéré Maurice Bishop et qui a essayé de stopper le coup d'État contre-révolutionnaire de Coard. Ce jour-là, Unison Whiteman et Jacqueline Creft ont été assassinés aux côtés de Maurice Bishop. Kendrick Radix et George Louison ont été emprisonnés, mais ont survécu aux jours de terreur imposés par Coard. Ils sont aujourd'hui des dirigeants centraux du Mouvement patriotique Maurice Bishop (MBPM) à Grenade. Austin et Strachan ont participé au coup d'État de Coard.

23. Le journaliste cubain Arnaldo Hutchison a écrit une courte histoire du Mouvement New Jewel intitulée « Le long chemin de la libération », *Résumé hebdomadaire Granma,* La Havane, 12 juillet 1981.

24. M. Bishop, « The Struggle for Democracy and Against Imperialism in Grenada » [La lutte pour la démocratie et contre l'impérialisme à Grenade], *Maurice Bishop Speaks,* p. 109.

25. « Manifesto of the New Jewel Movement for Power to the People and Achieving Real Independence for Grenada, Carriacou, Petit Martinique and the Grenadian Grenadines (1973) » [Manifeste du NJM pour donner le pouvoir au peuple et pour atteindre une véritable indépendance pour Grenade, Petit Martinique et les Grenadines de Grenade (1973)], dans Tony Martin (réd.), *In Nobody's Backyard: The Grenada Revolution in its Own Words—Volume I: the Revolution at Home,* Dover, Mass., The Majority Press, 1983, p. 3-46.

26. *George Louison and Kendrick Radix discuss . . . Internal Events Leading to the U.S. Invasion of Grenada* [George Louison et Kendrick Radix discutent [...] les événements internes qui ont conduit à l'invasion de Grenade], New York, Grenada Foundation Inc., 1984, p. 7.

27. Tous ces cadres fondateurs de l'OREL ont joué un rôle central dans le coup d'État contre-révolutionnaire de Coard en octobre 1983.

28. Entrevue avec Basil Gahagan, un dirigeant de l'OREL, réalisée en juin 1984 et publiée dans Tony Thorndike, *Grenada: Politics, Economics and Society,* Londres, Frances Pinter Publishers, 1985, p. 50.

29. Rapport présenté par Ewart Layne au nom du Comité central du NJM à l'assemblée des membres tenue le 25 septembre.

Dans une brochure parue en 1977, Trevor Munroe, le proche collaborateur politique de Coard en Jamaïque, a parlé du « Mouvement New Jewel, qui a une aile marxiste. » Voir Trevor Munroe, *The Marxist "Left" in Jamaica: 1940–1950,* Mona, Jamaica, University of the West Indies, Institute of Social and Economic Research, 1977, p. 71.

30. Entrevue avec Kendrick Radix et George Louison, réalisée par l'auteur à St-Georges (Grenade) le 29 mars 1985.

31. Ibid.

32. Maurice Bishop a rappelé ce conflit au cours de la réunion du Comité central tenue du 14 au 16 septembre 1983. La majorité en était alors acquise par les partisans de Coard. D'après le procès-verbal de la réunion, Maurice Bishop a fait remarquer qu'il s'était opposé à l'expulsion de Coard quand celui-ci avait été accusé de « vouloir arracher le pouvoir. »

33. Deux des partisans politiques de Coard, Trevor Munroe et Richard Hart, ont publiquement déclaré après l'assassinat de Maurice Bishop que celui-ci avait voté contre la proposition de lancer l'insurrection du 13 mars. Voir Trevor Munroe, *Grenada: Revolution, Counter-revolution,* Kingston, Jamaica, Vanguard Publishers, 1983, p. 133-34 ; et Hart, « Introduction », dans C. Searle (réd.), *In Nobody's Backyard,* p. xxiii. Ni Hart ni Munroe n'ont présenté l'ombre d'une preuve à l'appui de cette affirmation.

Dans l'entrevue qu'il m'a accordée en mars 1985, Kendrick Radix a souligné que cette histoire est fausse. Il l'a qualifiée de « fable élaborée par Bernard Coard pour faire croire que lui et sa poignée de partisans ont fait la révolution grenadienne. Ceci est complètement et totalement faux. »

34. À l'époque, l'opposition de Maurice Bishop à la fermeture du *Torchlight* n'était connue qu'à l'intérieur du NJM. Des références à ces divergences apparaissent dans les procès-verbaux subséquents du Comité central et du Bureau politique qui sont cités plus loin dans cet article.

35. Entrevue avec Lyden Ramdhanny, réalisée par l'auteur à Grenville (Grenade) le 27 mars 1985. Lyden Ramdhanny était un sympathisant de la révolution et un membre du GRP qui n'était pas membre du NJM. Originaire d'une des principales familles de la bourgeoisie grenadienne, il avait été président de la Chambre de commerce de Grenade. Peu après la victoire de mars 1979, les propriétaires du *Torchlight* lui ont demandé de se joindre au conseil d'administration du journal. Avec l'appui de Maurice Bishop, il a accepté. C'est lui qui a proposé d'inviter Maurice Bishop à prendre la parole lors d'une assemblée des actionnaires du *Torchlight.* Lyden

Ramdhanny est actuellement un sympathisant du Mouvement patriotique Maurice Bishop à Grenade.

36. M. Bishop, « Organize to Fight Destabilization » [Il faut s'organiser pour combattre la déstabilisation], message diffusé sur les ondes de Radio Free Grenada le 8 mai 1979, dans C. Searle (réd.), *In Nobody's Backyard,* p. 19.

37. Voir par exemple M. Bishop, « Beat Back Destabilizers » [Repoussez les déstabilisateurs], message diffusé sur les ondes de Radio Free Grenada le 18 septembre 1979, dans C. Searle (réd.), *In Nobody's Backyard,* p. 28.

38. Commentaire de Coard sur l'affaire du *Torchlight,* fait deux ans plus tard au cours d'une réunion du Bureau politique du NJM. Voir « Minutes of Political Bureau, Meeting on Wednesday, 24th June, 1981 » [Procès-verbal de la réunion du Bureau politique tenue mercredi le 24 juin 1981], *Grenada Documents.*

39. « Out the Torchlight » [Éteignez le Flambeau], *Free West Indian,* 20 octobre 1979.

40. En décembre 1979, 37 détenus ont été libérés. Certains d'entre eux avaient été arrêtés pour leur rôle dans l'affaire de la cache d'armes et du complot pour meurtre. Aucune accusation formelle n'a été portée avant juillet 1981. Deux des détenus, Teddy Victor et Wilton De Raviniere, ont alors été poursuivis en vertu de la Loi contre le terrorisme. Les autres personnes arrêtées au cours de l'automne 1979 ont été détenues sans accusation jusqu'à leur libération, en 1981 et 1982.

41. En novembre 1982, quatre personnes ont été condamnées à mort pour leur implication dans l'attentat à la bombe. En octobre 1983, leur sentence n'avait toujours pas été exécutée. Un des accusés a été acquitté.

42. Entrevue avec K. Radix et G. Louison réalisée par l'auteur.

43. Entrevue avec Lyden Ramdhanny réalisée par l'auteur. Cet incident est aussi brièvement mentionné dans T. Thorndike, *Grenada: Politics, Economics and Society,* p. 73. La référence

de T. Thorndike provient d'une entrevue avec Bobby Clarke, un militant politique de la Barbade.

44. « Interview with George Louison », *Intercontinental Press,* 16 avril 1984, p. 217.

45. M. Bishop, « Freedom of Press and Imperialist Destabilization » [Liberté de presse et déstabilisation impérialiste], *Maurice Bishop Speaks,* p. 315-340.

46. « Minutes of Political Bureau, Meeting on Wednesday, 24th June, 1981 », *Grenada Documents,* p. 57:1 et 57:2.

47. « Minutes of the Central Committee Meeting Held on Wednesday, 24th June, 1981 » [Procès-verbal de la réunion du Comité central tenue mercredi le 24 juin 1981], *Grenada Documents,* p. 97:1 et 97:2.

48. D'après un rapport publié en décembre 1982, près de 100 détenus avaient été libérés au cours de l'année précédente. Rien n'indique combien d'entre eux avaient été arrêtés lors de la rafle effectuée contre les rastafaris en juin et juillet 1981. Cet incident soulève la question plus générale de la politique suivie par la direction du NJM sur les détentions politiques.

Le Gouvernement révolutionnaire populaire (GRP) avait sans conteste le droit et le devoir de prendre les mesures qui s'imposaient contre la résistance armée des anciens policiers et des escouades paramilitaires du dictateur Gairy. Il lui fallait aussi combattre les crimes contre-révolutionnaires comme l'attentat à la bombe de juin 1980 à Queens Park et les autres actes terroristes. Dans les jours et les semaines qui ont suivi la révolution de mars 1979, quelques centaines de policiers, d'officiers de l'armée et de fiers-à-bras de Gairy ont été arrêtés. À la mi-juin 1981, seulement une vingtaine d'entre eux étaient encore détenus.

Toutefois, certains aspects de la politique de détention du GRP étaient injustifiables et ont inutilement nui à l'autorité politique de la révolution et à sa réputation, tant au niveau national qu'international.

La loi réactionnaire sur la prévention du terrorisme imposée par l'impérialisme britannique à sa colonie d'Irlande du

Nord a par exemple servi de modèle explicite à la Loi d'urgence sur le terrorisme qui a été adoptée à Grenade en 1980. Un article paru en première page du *Free West Indian* a expliqué : « L'expérience d'autres pays a montré que la vie des jurés impliqués dans les procès de terroristes était mise en danger. Par conséquent, comme dans la loi britannique qui s'applique en Irlande du Nord, les procès se dérouleront devant un juge de la Cour supérieure, qui siégera seul. [...] Le rapport présenté en 1972 par la Commission britannique sur les activités terroristes en Irlande du Nord déclare : 'L'intimidation est le principal obstacle qui nuit au traitement efficace des crimes de nature terroriste devant les tribunaux réguliers.' La vie des témoins a été menacée et ceux-ci avaient peur de venir témoigner ou de se présenter en cour. » En déclarant publiquement que ses mesures d'urgence s'inspiraient de celles des oppresseurs coloniaux britanniques, le GRP cherchait évidemment à prévenir les condamnations hypocrites de la part de Londres et des autres gouvernements impérialistes. Mais le GRP a payé en retour un prix politique élevé en agissant ainsi. Son système judiciaire a été identifié à la répression sanglante et arbitraire menée par Londres contre ceux et celles qui luttent pour la libération de l'Irlande du Nord. Cette politique répressive est un objet de haine pour les travailleurs et les agriculteurs du monde entier.

Maurice Bishop a abordé la politique de détention préventive du GRP dans un discours intitulé « Line of March of the Party » [La voie stratégique du parti], qu'il a prononcé devant les membres du NJM au cours de l'automne 1982. « Regardez comment les gens sont emprisonnés dans ce pays. Nous ne demandons pas aux gens de voter. Vous êtes détenu quand je signe un ordre que j'ai discuté avec le Comité de sécurité national ou une instance supérieure du parti. Une fois que je l'ai signé, que vous aimiez ça ou non, c'est la prison. »

Néanmoins, plus d'un an avant, Maurice Bishop avait commencé à prendre des mesures pour essayer de résoudre les problèmes évidents que la politique de détention et la lenteur des procédures judiciaires créaient pour la révolution. Dans l'entrevue qu'il m'a accordée en mars 1985, Lyden Ramdhanny a dit qu'il avait exprimé ses inquiétudes à Maurice Bishop devant « le nombre de détenus que nous avons dans nos prisons. »

Vers le milieu de l'année 1981, Maurice Bishop a mis sur pied un comité spécial pour examiner la situation des détenus et lui faire des recommandations. L'arrestation sans accusation de 61 rastafaris au moment même où le comité amorçait ses travaux a cependant clairement retardé la solution de ce problème.

Un rapport soumis à Maurice Bishop en septembre 1981 recommandait la libération de près de 50 détenus :

- dix-neuf d'entre eux étaient détenus pour des crimes de nature non politique, comme des cambriolages ;
- dix-neuf étaient détenus depuis « les débuts de la révolution, » mais on ne disposait contre eux pas « de preuves suffisantes pour que les tribunaux les condamnent » ; et
- dix étaient détenus « pour avoir présumément participé au complot de novembre 1979, » mais il n'y avait contre eux « absolument aucune preuve pouvant les incriminer. Il [était] donc difficile de porter des accusations contre eux. »

Un article paru le 9 janvier 1982 dans le *Free West Indian* a fait état de la création du comité spécial mis sur pied par Bishop en annonçant la libération de 24 détenus. D'après l'article, Miles Fitzpatrick, un membre du comité, a expliqué que le GRP étudiait la situation des détenus autant d'un point de vue collectif qu'individuel. Il a ajouté : « Auparavant, il y avait des problèmes parce que des accusations n'étaient pas portées rapidement contre les détenus. » Mais « ce problème est maintenant réglé et près de 40 détenus ont été officiellement inculpés depuis juin 1981. »

Selon un rapport de fin d'année présenté à Maurice Bishop, une centaine de détenus ont été libérés au cours de l'année 1982. Ce rapport indiquait qu'il n'y avait pas dans ces cas « de preuves suffisantes pour procéder à des poursuites judiciaires. » En 1982, 31 personnes de plus ont été détenues. Au début de 1983, quelque 118 personnes étaient détenues.

Il est clair que le GRP a détenu des dizaines de Grenadiens pour des périodes indéterminées uniquement à cause de leurs opinions politiques. Certains d'entre eux ont été libérés après quelques mois ou quelques années. Mais plusieurs sont restés en prison.

Le gouvernement nicaraguayen offre à cet égard un contraste frappant. Le gouvernement des États-Unis et les contre-révolutionnaires nicaraguayens ont cherché tous les prétextes possibles pour discréditer le gouvernement sandiniste. Ils n'ont jamais réussi à affirmer de manière crédible que les adversaires politiques du régime, autant de la droite que de l'extrême gauche, avaient disparu de leur domicile ou végétaient sans procès ou sans accusation dans les prisons du Nicaragua. Au cours de la première année de la révolution, certains adversaires gauchistes du gouvernement ont été détenus pendant de courtes périodes. Mais tous ont été relâchés et des arrestations de ce genre ne se sont pas reproduites. Apparemment, les Sandinistes ont jugé que ces mesures constituaient une erreur.

Dans les années qui ont suivi, ceux qui ont été arrêtés et détenus au Nicaragua l'ont été parce qu'ils étaient soupçonnés sur la base de preuves solides d'avoir participé à des activités illégales contre le peuple et le gouvernement nicaraguayens. Ils ont été jugés et condamnés ou libérés sur la base de preuves. Cette politique a été poursuivie malgré la guerre des *contras* soutenue par les États-Unis et malgré la suspension temporaire de l'*habeas corpus* dans le cadre de la Loi de l'état d'urgence décrétée en 1985 par le gouvernement. On a remédié aux inévitables cas d'abus qui ont pu être commis par la police ou d'autres agents du gouvernement et ceux qui les ont commis ont été punis.

49. Le Comité ouvrier du NJM était chargé des activités du parti dans les syndicats et parmi les travailleurs.

50. Coard était passé maître dans la pratique stalinienne de la « critique » et de l'« autocritique » individuelles. Il s'en

servait pour promouvoir les objectifs de sa faction secrète dans la direction du NJM. Pour justifier cet usage, Ewart Layne, un partisan de Coard, a cité le passage suivant de Lénine lors d'une réunion des membres du NJM en septembre 1983 :

« L'attitude d'un parti politique en face de ses erreurs est un des critériums les plus importants et les plus sûrs pour juger si ce parti est sérieux et s'il remplit *réellement* ses obligations envers sa *classe* et envers les *masses* laborieuses. Reconnaître ouvertement son erreur, en découvrir les causes, analyser la situation qui lui a donné naissance, examiner attentivement les moyens de corriger cette erreur, voilà la marque d'un parti sérieux, voilà ce qui s'appelle, pour lui, remplir ses obligations, éduquer et instruire la *classe* et puis les *masses.* » La citation est extraite de l'article « Le gauchisme : la maladie infantile du communisme », écrit par Lénine en 1920 et publié dans ses *Oeuvres complètes,* Moscou, Éditions du progrès, 1976, vol. 31, p. 52.

Lénine était convaincu de la nécessité pour un parti ouvrier révolutionnaire d'être autocritique. Mais ainsi que le montre la citation qui précède et contrairement au mauvais usage qu'en fait Layne, la conception de Lénine n'avait rien à voir avec la confession par des membres individuels de leurs défauts ou échecs personnels au cours de réunions du parti, le tout étant suivi d'une punition (ou d'une absolution si vous êtes chanceux). Au contraire, Lénine parle de la responsabilité *collective* du parti d'évaluer ses erreurs, de les corriger et d'aller de l'avant sur cette base. Ceci exige évidemment que chaque membre et dirigeant agisse objectivement pour évaluer et corriger ses propres erreurs. Dans ce cadre, tous les révolutionnaires sont responsables de leur conduite et sont tenus par le parti d'agir d'une manière loyale et disciplinée.

Sous Lénine, le parti bolchevique n'a jamais eu d'institutions du type de la « critique » et de l'« autocritique » personnelles. La pratique institutionnalisée de la « critique » et de l'« autocritique » a été initiée sous Staline. C'était une des méthodes que celui-ci a utilisées pour éliminer du parti les membres qui résistaient à son abandon brutal de la perspective internationaliste et communiste de Lénine. Mao Zedong l'a perfectionnée par la suite. Cette méthode est celle d'une direction qui se perpétue sans rendre de comptes, de façon démocratique, à ses membres et aux masses laborieuses.

La faction de Coard a utilisé la « critique » et l'« autocritique » de façon semblable dans le NJM. Le Comité d'organisation présidé par Coard et son sous-comité, le Comité de discipline que présidait Selwyn Strachan, avaient la responsabilité de voir à l'application de cette mesure. Les membres de la faction de Coard reconnaissaient parfois l'existence chez eux de petites faiblesses inoffensives et ils recevaient occasionnellement de légères réprimandes. Par contre, d'autres membres et dirigeants étaient impitoyablement « critiqués », forcés de se rabaisser et finalement sévèrement punis, ce qui pouvait aller jusqu'à leur expulsion des instances du parti.

51. « Central Committee Minutes Held on 22nd July, 1981 » [Procès-verbal de la réunion du Comité central tenue le 22 juillet 1981], *Grenada Documents,* p. 99:3.

52. « Minutes of the Political Bureau Meeting Held on Wednesday, 23rd Sept. 1981 » [Procès-verbal de la réunion du Bureau politique tenue mercredi le 23 septembre 1981], *Grenada Documents,* p. 67:1. Voir aussi la référence que Coard fait à ce débat lors de la réunion du Comité central du NJM tenue le 17 septembre 1983, dans « Extraordinary Meeting », *Grenada Documents,* p. 112:43. Voir aussi l'entrevue avec Einstein Louison réalisée par l'auteur le 5 avril 1987.

53. En 1983, trois autres cadres de l'OREL (Basil Gahagan, Leon Cornwall et Chris Stroude) et d'autres qui avaient été recrutés par la faction de Coard (comme Tan Bartholomew, Ian St. Bernard et Keith Roberts) avaient été promus au grade de major. En octobre 1983, Einstein Louison est le seul officier supérieur de l'ARP qui n'a pas soutenu le coup d'État de Coard. Le 12 octobre, la faction de Coard l'a arrêté lorsqu'il s'est opposé à la mise en résidence surveillée de Bishop.

54. Entrevue avec Don Rojas réalisée par l'auteur en mai 1987.

55. « Meeting of the Central Committee of the New Jewel Movement Held on the 21st April 1982 » [Réunion du Comité central du NJM tenue le 21 avril 1982], *Grenada Documents,* p. 102:7.

56. Ibid., p. 102:8.

57. « Line of March for the Party, presented by Comrade Maurice Bishop, chairman, Central Committee, to General Meeting of Party on Monday 13th September 1982 » [La voie stratégique du parti, présentée par le camarade Maurice Bishop, président du Comité central, lors de l'assemblée générale du parti tenue lundi le 13 septembre 1982], *Grenada Documents,* p. 1:1-1:49.

58. Ibid., p. 1:2.

59. Ibid., p. 1:10-1:11.

60. Ibid., p. 1:9.

61. Ibid., p. 1:33-1:34.

62. Ibid., p. 1:37.

63. Ibid., p. 1:48.

64. Thorndike, *Grenada: Politics, Economics and Society,* p. 79.

65. « Line of March for the Party », *Grenada Documents,* p. 1:42.

66. *George Louison and Kendrick Radix discuss,* p. 32 ; « Louison in London » [Louison à Londres], dans *Grenada Update* no 4, printemps 1985, p. 6.

67. Don Rojas, « Il y a six ans, naissait une nouvelle Grenade », 1985. Cette lettre ouverte a été largement diffusée. Dans les Caraïbes, elle est parue en plusieurs tranches à partir du 20 mars 1985 dans *The Vanguard,* le journal du syndicat des ouvriers du pétrole de Trinité et Tobago. Aux États-Unis, et la liste est partielle, elle a été publiée dans le *City Sun* du 20 mars, le *Guardian* du 27 mars et dans l'édition du 1er avril d'*Intercontinental Press.* En Grande-Bretagne, elle est parue dans le numéro de novembre 1986 de la *New Beacon Review.*

Cette lettre a été traduite en français par l'hebdomadaire *Haïti Progrès,* qui l'a publiée en deux tranches dans ses éditions des 27 mars et 3 avril 1985. Cette traduction a été reproduite en France dans *Épices,* un bulletin de solidarité avec Grenade.

68. Entrevue avec George Louison réalisée par l'auteur à St-Georges (Grenade) le 29 mars 1985.

69. Dans le Parti communiste (bolchevique) de Russie par exemple, la proportion des paysans est passée de 7,5 pour cent au moment de la révolution en 1917 à un peu plus de 25 pour cent vers 1921-1922. Voir Marcel Leibman, *Le léninisme sous Lénine,* tome 2 : *L'épreuve du pouvoir,* Paris. Éditions du Seuil, 1973, p. 145-146.

70. Cette question est complètement distincte de la nécessité de former des organisations de masse séparées pour les travailleurs salariés de la ville et de la campagne (syndicats) et pour les paysans (y compris pour les paysans les plus exploités).

71. Entrevue avec George Louison réalisée par l'auteur.

72. V. I. Lénine, *Oeuvres Complètes,* vol. 31, p. 153-166. Voir aussi la version amendée adoptée par le deuxième congrès de l'Internationale communiste et reproduite dans *Nouvelle Internationale,* no 2, 1986, 1991, p. 239-252 [2011 tirage].

73. V. I. Lénine, *Oeuvres complètes,* vol. 31, p. 258.

74. Ibid., p. 257.

75. « Central Committee Minutes Held on 22nd July, 1981 » [Procès-verbal de la réunion du Comité central tenue le 22 juillet 1981], *Grenada Documents,* p. 99:1-99:2. Le procès-verbal de la réunion de septembre 1983 du Comité central rapporte les propos suivants d'Ewart Layne : « Dans la pratique, [Coard] a assumé la direction idéologique et organisationnelle et a élaboré la stratégie et les tactiques [...], sur la question agraire par exemple. »

76. « Minutes of Central Committee Meeting Held on Wednesday, 19th August, 1981 » [Procès-verbal de la réunion du Comité central tenue mercredi le 19 août 1981], *Grenada Documents,* p. 100:1 et 100:3.

77. « Central Committee Resolution on Agriculture » [Résolution du Comité central sur l'agriculture], janvier 1983.

78. Toute propriété n'est pas du capital. Dans le *Manifeste du Parti communiste,* Marx et Engels opposent « la propriété, fruit du travail, de l'effort et du mérite personnel [...] du petit artisan et du petit paysan » au « capital, c'est-à-dire ce type de propriété qui exploite le travail salarié, et qui ne peut s'accroître qu'à la condition de produire une nouvelle réserve de travail salarié à exploiter de nouveau. » Karl Marx et Friedrich Engels, New York, Pathfinder, 2009, p. 49 [2023 tirage]. Aussi dans Karl Marx et Friedrich Engels, *Le Manifeste du Parti communiste,* New York, Pathfinder, 2009, p. 49 [2023 tirage].

79. Toutes ces citations sont tirées de « Minutes of Extra-Ordinary Meeting of the Central Committee of NJM From Tuesday 12th-Friday 15th October, 1982 » [Procès-verbal de la réunion extraordinaire du Comité central du NJM tenue du mardi 12 au vendredi 15 octobre 1982], *Grenada Documents,* p. 105:1-105:9.

80. Juste avant cette réunion du Comité central de septembre 1982, les agents du service de l'Immigration du GRP ont ordonné de quitter l'île à deux correspondants de la revue *Intercontinental Press,* Flax Hermes et Baxter Smith. *Intercontinental Press* était la publication de langue anglaise qui avait le plus régulièrement publié des reportages sur la révolution et ses acquis depuis 1979. Elle avait aussi publié le plus grand nombre d'entrevues de dirigeants du NJM et du GRP.

En plus d'écrire des reportages sur la révolution pour *Intercontinental Press,* Flax Hermes et Baxter Smith avaient travaillé comme volontaires sur le chantier de construction de l'aéroport. Malgré ce travail de solidarité avec la révolution, le service de l'Immigration a refusé de prolonger leurs visas et, sans aucune explication, leur a ordonné de quitter l'île. Lorsqu'ils sont retournés à Grenade pour couvrir le premier congrès de l'Organisation nationale des femmes, au début du mois de décembre de la même année, on les a à nouveau forcés de quitter l'île quelques jours seulement après leur arrivée.

Après la destruction de la révolution, des partisans de Bishop et de Coard ont révélé que des membres de la faction de Coard s'étaient souvent livrés à la « chasse aux trotskystes, » surtout contre le Parti socialiste des travailleurs (SWP) des États-Unis et les publications rédigées par les dirigeants du SWP. Ces informations permettent d'éclairer les motifs politiques qui ont conduit à l'expulsion des correspondants d'*Intercontinental Press,* un geste qui paraissait inexplicable à l'époque.

81. M. Bishop. « Maurice Bishop Speaks to U.S. Working People » [Maurice Bishop s'adresse aux travailleurs et aux agriculteurs des États-Unis], *Maurice Bishop Speaks,* p. 533-572.

82. « Minutes of Emergency Meeting of N.J.M. Central Committee Dated 26th August, 1983 » [Procès-verbal de la réunion d'urgence du Comité central du NJM tenue le 26 août 1983], *Grenada Documents,* p. 111:1-111:7.

83. Bishop avait proposé que les principaux points à l'ordre du jour soient les suivants : Réactions des membres, des comités de travail et des masses ; Évaluation du travail collectif du Comité central ; Évaluation du travail individuel des membres du Comité central ; Application des décisions antérieures du Comité central (travail régional, programme d'alphabétisation, milice) ; et Propositions sur les responsabilités nouvelles, les tâches et l'horaire des réunions du Comité central.

L'ordre du jour et les citations portant sur cette réunion sont tirés de « Extraordinary Meeting of the Central Committee NJM, 14-16 September, 1983 » [Réunion extraordinaire du Comité central du NJM, 14-16 septembre 1983], *Grenada Documents,* p. 112:1-112:47.

84. Ces déclarations de James et d'autres membres du Comité central du NJM réfutent le mensonge éhonté commis par Bernard Coard à son procès d'août 1986, lorsqu'il a affirmé

que George Louison était « le seul membre du CC à avoir dit que Maurice Bishop est le principal problème. »

85. « Interview with George Louison », *Intercontinental Press,* 16 avril 1984, p. 210.

86. Ces citations de la réunion du 17 septembre et les autres qui sont mentionnées plus loin proviennent de « Extraordinary Meeting of the Central Committee NJM, 14-16 September, 1983 », *Grenada Documents,* p. 112:38-112:47.

87. « Extraordinary General Meeting of Full Members, Sunday 25th of September » [Assemblée générale extraordinaire des membres titulaires, dimanche le 25 septembre], *Grenada Documents,* p. 113:9.

88. Ibid., p. 113:12.

89. Rapport présenté par Ewart Layne au nom du Comité central du NJM à l'assemblée des membres du 25 septembre, p. 10.

90. F. Castro, *Rien ne pourra freiner la marche de l'histoire,* p. 94 et 104.

91. « Extraordinary General Meeting », *Grenada Documents,* p. 113:5.

92. « Extraordinary Meeting of Full Members of the NJM » [Réunion extraordinaire des membres titulaires du NJM], *Caribbean Review,* vol. 12, no 4, automne 1986, p. 58.

93. D'après les notes manuscrites d'un participant à l'assemblée des membres du NJM tenue le 13 octobre, Bishop a déclaré qu'il « était bouleversé lorsqu'il avait accepté la proposition [de direction conjointe] à la réunion du 25 septembre. [...] Il était préoccupé par la faisabilité [d'une direction conjointe]. Mais il a voté pour la résolution à cause de la position des m[embres] t[itulaires]. Il s'est résigné à l'accepter. »

94. Munroe a fait part de ce voyage en octobre 1983. Ses commentaires ont été reproduits dans l'édition du 11 novembre 1983 du journal du WPJ, *Struggle.* Munroe a déclaré avoir reçu deux appels téléphoniques le 23 septembre : « Un du camarade Bernard disant de prendre le prochain vol, que nous avons de sérieux problèmes que nous devons discuter avec

toi pour avoir ton opinion. Et l'autre, du camarade Maurice me demandant aussi de venir. J'ai dit à Maurice : « Écoute, si c'est si sérieux que ça et que tu ne peux pas m'en parler au téléphone, envoie ton avion personnel à la Barbade pour que je puisse arriver dimanche [le 25 septembre]. » Il a accepté.

« Pour des raisons qui ne me sont pas encore claires, l'avion n'est pas venu et je suis arrivé à Grenade dans la matinée du 26, au moment même où Maurice partait pour la Hongrie et la Tchécoslovaquie. Personne ne regrette plus que moi de ne pas avoir eu une discussion complète avec lui. Cela aurait été possible si j'avais pu arriver le dimanche soir. Lundi matin, ce n'était pas possible. »

Munroe a déclaré que pendant les deux jours qu'il est resté à Grenade en l'absence de Bishop, il a pris connaissance de « l'ampleur de la crise » dans le NJM et il a offert son « avis sur la façon dont la crise devait être résolue. » Il a fait des suggestions « pour surmonter les faiblesses qu'on prêtait au camarade Maurice et que celui-ci reconnaissait, notamment qu'il n'était pas assez organisé pour respecter ses rendez-vous et accomplir les tâches et le travail qui étaient établis. Étant donné que la faiblesse de Coard était de ne pas avoir suffisamment de contacts avec les gens ordinaires, j'ai proposé qu'il s'occupe d'une partie du travail lié aux visites des lieux de travail. »

On trouve le même récit dans la brochure de Trevor Munroe, *Grenada: Revolution, Counter-revolution,* p. 100-102. Celle-ci a été publiée en décembre 1983.

95. « Interview with George Louison », *Intercontinental Press,* 16 avril 1984, p. 211-212.

96. D'après les notes manuscrites d'un participant à la réunion des membres du NJM tenue le 13 octobre 1983. Ces notes ont été rendues publiques en même temps que les procès-verbaux du NJM et d'autres documents saisis par le gouvernement des États-Unis. Elles correspondent aux versions données par d'autres personnes qui ont assisté à la réunion, dont George Louison, Vincent Noel et Don Rojas.

97. « Comrades of the Central Committee and Party » [Camarades du Comité central et du parti], lettre de Vincent Noel datée du 17 octobre 1983. Noel a rédigé cette lettre deux jours avant son assassinat, pour protester contre sa mise en résidence surveillée par la faction de Coard. Cette lettre contient beaucoup d'informations importantes sur les dernières semaines de la révolution grenadienne.

98. Ibid., p. 1.

99. George Louison, cité dans l'introduction de *Maurice Bishop Speaks,* p. 50 ; voir aussi « Interview with George Louison », *Intercontinental Press,* 16 avril 1984, p. 212. Bishop a mentionné cette mesure inquiétante dans les commentaires qu'il a faits lors de la réunion des membres du NJM, le 13 octobre.

100. « Resolution of the People's Revolutionary Armed Forces Branch of the New Jewel Movement » [Résolution de la branche du NJM dans l'Armée révolutionnaire populaire], le 12 octobre 1983.

101. « Déclaration du parti et du gouvernement révolutionnaire de Cuba sur les événements de Grenade », *Résumé hebdomadaire Granma.* La Havane, 30 octobre 1983.

102. Lettre de Vincent Noel, p. 3.

103. Ibid. Les gardes du corps de Coard avaient permis à Vincent Noel de rendre visite à Maurice Bishop le 13 octobre, après l'assignation de ce dernier à son domicile. Mais au moment où Noel a quitté la résidence de Bishop, il a lui-même été saisi par les gardes et emmené chez lui où il a été placé en détention.

104. Lettre de Vincent Noel, p. 9.

105. B. Coard, déclaration du banc des accusés, p. 49 et 92. Coard et ses partisans nient maintenant de manière catégorique que Bishop ait jamais été placé en résidence surveillée. À une réunion tenue à New York en février 1987 par exemple, Weldon Brewer, un associé de Ramsey Clark, a souligné que Bishop avait simplement été mis « en détention protectrice » pour sa propre sécurité. Voir Steve Clark, « New York Meeting Covers Up Truth About Grenada » [New York : une réunion couvre la vérité sur Grenade], *The Militant,* New York, 20

février 1987. Dans une déclaration faite en novembre 1986, Ramsey Clark a lui-même fait référence avec euphémisme à la « réclusion temporaire dans sa résidence du populaire premier ministre [de Grenade]. » Voir « Statement of Ramsey Clark, former U.S. Attorney General, on the Illegal Trial of the Grenada 18, November 24, 1986 » [Déclaration de Ramsey Clark, ancien procureur général des États-Unis, sur le procès illégal des 18 de Grenade, le 24 novembre 1986].

106. Cette citation et celles qui suivent proviennent des notes manuscrites déjà mentionnées d'un participant à la réunion des membres du NJM tenue le 13 octobre 1983.

107. « Extraordinary General Meeting », *Caribbean Review,* p. 53. Pour Cornwall, le dirigeant politique modèle serait plutôt Trevor Munroe du WPJ que Maurice Bishop ou Fidel Castro. Des étudiants grenadiens qui vivaient alors à Cuba rapportent que Cornwall avait une photo de Munroe sur son bureau à l'ambassade du GRP à La Havane.

108. « Interview with George Louison », *Intercontinental Press,* 16 avril 1984, p. 212.

109. Cité dans l'introduction de *Maurice Bishop Speaks,* p. 54.

110. Lettre de Vincent Noel, p. 5.

111. Le gouvernement cubain a fourni une aide substantielle à Grenade. Le projet le plus important était l'aéroport international de Point Salines. Le gouvernement cubain a aussi envoyé des médecins et des dentistes à Grenade. Il a accordé des bourses permettant aux jeunes Grenadiens d'étudier dans les universités cubaines et il a aidé la révolution de nombreuses autres façons.

112. F. Castro, « A Miserable Piece of Slander » [Une misérable calomnie], *Intercontinental Press,* 16 avril 1984, p. 214.

113. F. Castro, *Nothing Can Stop the Course of History,* p. 175-176.

114. « Interview with George Louison », *Intercontinental Press,* 16 avril 1984, p. 213.

115. R. Hart, « Introduction », dans C. Searle (réd.), *In Nobody's Backyard,* p. xxxvi ; voir aussi le rapport de Trevor Munroe au troisième congrès du WPJ, en décembre 1984.

116. « NJM (Grenada): An Appeal to the International Community » [NJM (Grenade) : un appel à la communauté internationale], diffusé par le London Committee for Human Rights in Grenada [Comité londonien pour les droits humains à Grenade].

117. *George Louison and Kendrick Radix discuss,* p. 11-12.

118. Cité dans l'introduction de *Maurice Bishop Speaks,* p. 58.

119. Ibid., p. 58.

120. Cité dans Gordon Lewis, *Grenada: The Jewel Despoiled* [Grenade : le bijou pillé], Baltimore, The Johns Hopkins University Press, 1987, p. 58.

121. B. Coard, déclaration du banc des accusés, p. 20.

122. Cité dans *Grenada: Whose Freedom?* [Grenade : la liberté pour qui ?], Londres, Latin America Bureau, 1984, p. 74. Voir aussi Hugh O'Shaugnessy, *Grenada: Revolution, Invasion and Aftermath* [Grenade : la révolution, l'invasion et les conséquences], Londres, Sphere Books, 1984, p. 130-131.

Coard tenait aussi à ce que Bishop reconnaisse « la subordination de l'État au parti. » Ceci est un indice révélateur de la déformation imposée par Coard au léninisme. Il concevait le parti comme un appareil étroitement contrôlé ayant pour rôle d'administrer l'État de haut en bas. Mais pour Bishop, le parti représentait une avant-garde politique en développement, qui a pour but de *diriger* les masses en développant *leur* participation et *leur* contrôle dans l'administration de toutes les institutions et agences de l'État. Coard exigeait l'asservissement de l'État au parti. Bishop voulait mettre l'État au service des travailleurs et des agriculteurs, dirigés par un parti communiste d'avant-garde qui implique activement les masses laborieuses dans la politique et développe leur niveau de conscience politique. La différence entre les deux approches est fondamentale.

123. Cité dans l'introduction de *Maurice Bishop Speaks,* p. 54-55. Rojas a présenté cette version des faits à de nombreuses occasions. Voir aussi « Behind the Revolution's Overthrow » [Derrière le renversement de la révolution], *Intercontinental Press,*

26 décembre 1983. Et « Open Letter by Don Rojas on Slander Campaign », publiée aux États-Unis et aux Antilles dans le *City Sun* de la semaine du 3 au 9 décembre 1986, le *Carib News* du 9 décembre 1986, le *Guardian* du 3 décembre 1986, le *Militant* du 12 décembre 1986, le *News* (Aruba) du 8 décembre 1986 et l'*Outlet* (Antigua) du 19 décembre 1986. Une traduction française partielle de cette lettre est parue en France sous le titre « Lettre ouverte de Don Rojas, ancien attaché de presse de Maurice Bishop », *Épices*, no 13-14, hiver 1986.

Dans sa déclaration du banc des accusés en août 1986, Coard attache beaucoup d'importance à la présence dans la foule le 19 octobre de quelques individus brandissant des pancartes anticommunistes. Coard suggère que ceci « prouve » que c'est la CIA qui a provoqué le soulèvement ce jour-là. Mais Coard lui-même reconnaît que Vincent Noel et d'autres dirigeants de la manifestation ont été scandalisés par ces pancartes et les ont fait enlever.

George Louison a accusé avec raison la faction de Coard d'avoir provoqué en 1983 la renaissance de l'agitation anticommuniste à Grenade. « Leur gauchisme a stimulé les pires sentiments anticommunistes au pays, » a déclaré Louison dans une interview en 1984. « Je pense que la clique de Coard doit endosser la pleine responsabilité pour tous les sentiments anticommunistes qui sont apparus. La propagande des États-Unis les a renforcés.

« Des gens allaient partout en se proclamant des communistes durs. Ventour et les autres allaient partout en disant que Maurice Bishop était un petit-bourgeois qui ne pouvait pas supporter le marxisme. [...] Cela a créé de sérieux problèmes au sein du peuple et a affecté son niveau de conscience. Comment pouvait-on assassiner le dirigeant de ce pays, comment pouvait-on assassiner un certain nombre de personnes sans le moindre préavis, comment pouvait-on interdire les activités de toute la société et mettre toute la nation en résidence surveillée [...] et ensuite se retourner et déclarer l'avoir fait au nom d'une idéologie qui veut le bénéfice du peuple. » Voir

« Interview with George Louison », *Intercontinental Press,* 16 avril 1984, p. 215.

124. Entrevue avec Sylvia Belmar parue dans le *Trinidad Guardian* du 12 novembre 1983, p. 8. Belmar était avec Bishop au fort Rupert. Son compte rendu est confirmé par Peter Thomas dans une entrevue qui est parue dans le *Sunday Sun* de la Barbade, le 6 novembre 1983, p. 9. Thomas indique que Bishop avait aussi ordonné au détachement de débrancher les lignes téléphoniques de Bernard Coard et des autres participants au coup d'État contre-révolutionnaire.

125. D'après le compte rendu de Sylvia Belmar, lorsque Bishop est arrivé au fort Rupert, il « a demandé à voir le plus haut responsable de l'armée, qui était le major Christopher Stroude, et lui a dit : « Bon, les masses sont là et je ne voudrais pas que les soldats leur tirent dessus. Je suis venu ici parce que, comme vous le savez, Radio Free Grenada n'émet plus. Le téléphone ne marche pas non plus et je voudrais m'adresser à mon peuple de Grenade et au reste du monde. Et lorsque j'aurai fini de leur parler, je pourrai mourir. » Il a ensuite demandé à Christopher ce qu'il en pensait : les soldats allaient-ils tirer sur la foule ? Christopher l'a assuré que cela ne se produirait pas. Il a alors répondu : « Christopher, c'est peut-être ce que tu souhaites, mais je crains qu'ils ne tirent sur les masses et je n'aimerais pas ça. »

126. Dépêche de l'agence de presse Reuter, 10 novembre 1983.

127. Général Hudson Austin, transcription d'une déclaration diffusée sur les ondes de Radio Free Grenada le 19 octobre 1983.

128. *George Louison and Kendrick Radix discuss,* p. 35-36.

129. L'énormité de ces crimes contre-révolutionnaires explique pourquoi de nombreuses personnes ont été scandalisées lorsque Ramsey Clark a dit que Bernard Coard « me rappelle Nelson Mandela, » lors d'une réunion tenue à New York en février 1987. Clark a dit de Coard : « Vous regardez cet homme et vous pensez : « Mon Dieu, quelle grâce, quelle

beauté. » Voir Steve Clark, « New York Meeting Covers Up Truth About Grenada », *The Militant,* 20 février 1987, p. 3.

La révolution grenadienne a certes produit un personnage dont la stature politique est comparable à celle de Nelson Mandela pour ceux et celles qui luttent contre l'oppression et l'exploitation partout dans le monde. Il s'agit de Maurice Bishop, dont l'assassinat a été organisé par Bernard Coard.

130. B. Coard, déclaration du banc des accusés, p. 85-86 et 106.

131. Ibid., p. 25.

132. Ibid., p. 47 et 69.

133. Ibid., p. 81.

134. Ibid.

135. Ibid., p. 83-84.

136. La solution pacifique proposée par Coard a été décrite plus haut.

137. B. Coard, déclaration du banc des accusés, p. 27.

138. Ibid., p. 42-43.

139. Ibid., p. 34.

140. « Grenada 1983: Whose Struggle? » [Grenade 1983 : qui luttait ?], p. 35. Il s'agit d'un texte dactylographié qui est diffusé par le groupe Friends for Jamaica, basé à New York.

141. B. Coard, déclaration du banc des accusés, p. 37-38.

142. Dépêche de la Caribbean News Agency, 19 octobre 1983.

143. Ibid.

144. B. Coard, déclaration du banc des accusés, p. 32 et 79.

145. « Lettre ouverte de Don Rojas », *Épices,* hiver 1986.

146. Cité dans « New Jewel Leaders Speak to Press » [Des dirigeants du Mouvement New Jewel s'adressent à la presse], *Intercontinental Press,* 14 novembre 1983, p. 654.

147. « Déclaration du parti et du gouvernement révolutionnaire de Cuba sur les événements de Grenade », *Résumé hebdomadaire Granma,* 30 octobre 1983.

148. D'après les comptes rendus manuscrits de deux des participants à la réunion du 21 octobre 1983 du Comité central du NJM.

À cette époque, cette accusation a été lancée publiquement par Trevor Munroe, l'apologiste jamaïcain de Coard. Le 11 novembre, *Struggle,* le journal du WPJ, a publié les commentaires faits par Munroe en octobre 1983 : « Rétrospectivement, je crois que [le gouvernement et le Parti communiste cubains] ont donné le signal aux impérialistes lorsqu'ils ont indiqué qu'ils allaient réexaminer leurs relations politiques avec les dirigeants au pouvoir à Grenade, à la suite de l'assassinat de Bishop. [...]

« Une grave erreur a été commise [par les Cubains], » a déclaré Munroe. « Pendant trois jours, surtout les vendredi et samedi 28 et 29 octobre, il était possible d'envoyer des renforts. Mais cela n'a pas été fait. Les impérialistes des États-Unis en ont profité et ont envoyé leurs sous-marins le dimanche. À ce point-là, il était impossible pour les camarades cubains d'envoyer des renforts.

« Quand tu pleures la mort de quelqu'un, pleure-la. Mais comprends aussi quand une attaque est imminente, » a déclaré Munroe. « Fais quelque chose pour venir en aide à ceux qui vont être attaqués. [...] Nous avons le sentiment que nos camarades de la direction cubaine ont commis une erreur, dont la conséquence aurait été que les camarades [à Grenade] n'ont pas pu tenir plus longtemps qu'ils ne l'ont fait jusqu'à maintenant. » Reproduit dans Munroe, *Grenada: Revolution, Counter-revolution.*

Un an plus tard, en décembre 1984, Trevor Munroe a déclaré dans son rapport au troisième congrès du Parti des travailleurs de Jamaïque que le WPJ « et sa direction ont commis des erreurs sur la crise grenadienne. En particulier, ils ont fait une critique erronée de Cuba et l'ont publiée ; et plus généralement, ils ont fait une évaluation, une analyse et une critique insuffisantes de la majorité du NJM. » Toutefois, Munroe a encore refusé de placer clairement sur la faction de Coard la responsabilité d'avoir détruit la révolution. Il a déclaré : « La révolution a été mortellement blessée par les très graves erreurs commises par toute la direction du processus révolutionnaire. »

Alors qu'il répète sans hésiter les accusations du groupe de Coard contre le « culte de la personnalité » de Bishop, Trevor Munroe est moins porté à extirper les manifestations d'admiration servile qui existent au sein de sa propre organisation face à ses dirigeants. La brochure rédigée par Munroe en 1983 sur les événements à Grenade commence par une biographie de trois pages et demie sur l'auteur. On peut y lire : « Trevor Munroe, boursier Rhodes pour la Jamaïque en 1966, représente dans notre pays et notre région un des meilleurs exemples de ces intellectuels qui ont poursuivi leurs études grâce au dur labeur et aux sacrifices du peuple et qui ont mis leur éducation et leur formation au service du peuple et contre l'impérialisme. [...] En tant que secrétaire général [du WPJ], Trevor Munroe a dirigé le Parti à travers les tournants, les détours et les difficultés rencontrés par les luttes de notre peuple. »

Un des articles centraux dans le numéro du 19 décembre 1983 de *Struggle* portait le titre « Bonne fête Trevor ». L'article a décrit la réception surprise organisée pour l'anniversaire de Munroe. On peut y lire : « Les permanents du parti, les organisateurs urbains et ruraux du parti et des membres du parti ont fait parvenir de nombreuses cartes d'anniversaire exprimant leurs salutations chaleureuses et fraternelles au camarade Trevor. « Continue d'être un communiste dévoué », « Bonne santé et surtout, longue vie », « En reconnaissance de ton engagement, de ton dévouement et de ta contribution désintéressée à la cause des travailleurs », « À une personne charmante et gentille », « J'attends avec impatience le plaisir renouvelé de tes prochaines conférences politiques » : voilà quelques-uns seulement des sentiments exprimés sur ces cartes de souhaits. [...] La surprise-partie en l'honneur du camarade Trevor s'est terminée au chant de l'Internationale. »

149. F. Castro, *Nothing Can Stop the Course of History,* p. 179-180.

150. « Déclaration du parti et du gouvernement de Cuba sur l'intervention impérialiste à Grenade », *Résumé hebdomadaire Granma,* 30 octobre 1983.

151. Ibid.

152. F. Castro, *Nothing Can Stop the Course of History,* p. 178.

153. Ibid., p. 165-166.

154. Cité dans Marta Harnecker, *Fidel Castro's Political Strategy: From Moncada to Victory,* New York, Pathfinder Press, 1987, p. 70 [2005 tirage]. Prononcé le 26 mars 1962, ce discours est paru dans *Historia de la revolución cubana (Selección de discursos sobre temas históricos),* La Havane, Editora Política, 1980.

155. Ibid.

156. F. Castro, « Against Bureaucracy and Sectarianism » [Contre la bureaucratie et le sectarisme], dans *Selected Speeches of Fidel Castro,* New York, Pathfinder Press, 1979, 1992, p. 100 [2023 tirage].

157. Ibid., p. 84.

158. Ibid., p. 89.

159. Carlos Rafael Rodríguez, *Four Years of Agrarian Reform* [Quatre années de réforme agraire], La Havane, ministère des Affaires étrangères, 1963, p. 18 ; cité dans Jack Barnes, « The Workers' and Farmers' Government in the United States: An Alliance of the Exploited Producers » [Le gouvernement des travailleurs et des agriculteurs aux États-Unis : une alliance des producteurs exploités], *New International,* vol. 4, printemps 1985, p. 271 [2023 tirage], qui décrit cet épisode.

160. F. Castro, « Against Bureaucracy and Sectarianism », *Selected Speeches of Fidel Castro,* p. 80.

161. Ibid., p. 95.

162. Ibid., p. 97.

163. Le rapport de Fidel Castro au deuxième congrès du Parti communiste de Cuba en décembre 1980 a souligné les progrès accomplis dans l'intégration au parti et à sa direction d'un plus grand nombre de travailleurs, de paysans, de femmes et de vétérans des missions internationalistes : « Autrement dit

[notre parti] est devenu plus prolétaire et donc plus marxiste-léniniste et plus révolutionnaire. » *Résumé hebdomadaire Granma,* La Havane, 28 décembre 1980.

164. F. Castro, discours dans *Cuba Socialista,* mai 1962 : cité dans Barnes, « The Workers' and Farmers' Government ».

165. F. Castro, « Against Bureaucracy and Sectarianism », *Selected Speeches of Fidel Castro,* p. 92.

166. F. Castro, discours dans *Cuba Socialista,* mai 1962.

167. Raúl Castro, « Meeting of the Central Committee of the Communist Party of Cuba, January 24, 1968 » [Réunion du Comité central du Parti communiste de Cuba, 24 janvier 1968], *Information from the Central Committee of the Communist Party of Cuba on Microfaction Activities* [Informations du Comité central du Parti communiste de Cuba sur les activités de la microfaction], La Havane, Ediciones Políticas, 1968, p. 9-10.

168. Dans son rapport au Comité central du PC cubain en janvier 1968, Raúl Castro a dit que les membres de la faction d'Escalante « se portaient toujours à la défense de l'URSS chaque fois que des sujets comme la crise du Moyen-Orient, les relations avec les pays latino-américains ou l'aide au Viêt-nam étaient discutés. » Ibid., p. 25-26.

169. Ibid., p. 13-14 et 157.

170. « Prosecutor's speech before the Revolutionary Tribunals » [Plaidoyer du procureur devant les Tribunaux révolutionnaires], *Information from the Central Committee,* p. 153.

171. On trouvera un recueil d'articles écrits par Lénine durant cette période dans *Lenin's Final Fight: Speeches and Writings, 1922–23,* New York, Pathfinder, 1995, 2010.

172. « La lutte des classes à Grenade, dans les Caraïbes et aux États-Unis », entrevue avec Maurice Bishop publiée ailleurs dans ce numéro de *Nouvelle Internationale.*

173. M. Bishop, « Maurice Bishop Speaks to U.S. Working People », *Maurice Bishop Speaks,* p. 562-563.

Un pas important a été franchi dans cette direction avec la formation en juin 1984 à La Havane des Organisations anti-impérialistes des Caraïbes et de l'Amérique centrale. La création de cette coalition est en grande partie attribuable à l'impact de la révolution grenadienne et de la contribution politique de Maurice Bishop.

Les Organisations anti-impérialistes des Caraïbes et de l'Amérique centrale regroupent aujourd'hui quelque 41 partis et mouvements politiques d'origine et d'orientation politique diverses. Ces organisations proviennent de 26 pays des Antilles et de l'Amérique centrale où se parlent l'anglais, le français, l'espagnol, le néerlandais et le créole. La nouvelle organisation a été formée à la suite d'une discussion parmi les organisations politiques des Antilles sur les causes du renversement de la révolution à Grenade et sur la nécessité de riposter à l'agression croissante de l'impérialisme des États-Unis dans la région.

En juin 1988, sept partis ont été élus au comité de coordination de la coalition. Il s'agit du Mouvement socialiste de Curaçao, du Mouvement patriotique Maurice Bishop de Grenade, du Parti progressiste populaire de Guyane, du Parti communiste de Guadeloupe, du Parti socialiste de Porto Rico, du Front Farabundo Martí de libération nationale du Salvador et du Mouvement populaire uni de Saint-Vincent.

Les Organisations anti-impérialistes des Caraïbes et de l'Amérique centrale ont tenu une deuxième assemblée plénière en 1986 à Managua, au Nicaragua, et une troisième en juin 1988 dans la ville de Panamá, au Panamá. Elles ont aussi organisé une conférence à Kingston, dans l'île de Saint-Vincent, en 1987.

174. Voir l'article rédigé par la responsable du département de l'organisation du FSLN, Lea Guido, « The Sandinista National Liberation Front's 25th Anniversary: At the forefront of change » [Le vingt-cinquième anniversaire du Front sandiniste de libération nationale : au premier rang du changement], *Barricada International,* 6 novembre 1986, p. 8.

175. Harvey McArthur, « Sandinista Party Launches Recruitment Drive », *The Militant,* 17 octobre 1986, p. 9.

Dans la région de Managua par exemple, 705 stagiaires sont devenus membres titulaires le 7 novembre 1986. La plupart étaient des travailleurs et des travailleuses. D'autres ont été admis comme stagiaires. Tous ont été intégrés dans le parti au cours de cérémonies publiques auxquelles assistaient leurs compagnons et compagnes de travail. À l'usine de textile Cotexma où travaillent 260 personnes, 5 stagiaires sont devenus des membres titulaires. L'usine compte 21 stagiaires, dont 6 ont été intégrés ce jour-là. À l'usine de métallurgie UMEP, 15 stagiaires ont été intégrés au FSLN, pour un total de 2 membres titulaires et 22 stagiaires dans une usine d'environ 280 travailleurs et travailleuses. Voir Cindy Jaquith, « FSLN Admits Hundreds of New Workers » [Le FSLN admet dans ses rangs des centaines de nouveaux travailleurs et nouvelles travailleuses], *The Militant,* 21 novembre 1986, p. 7.

176. M. Bishop, « The Year of Political and Academic Education » [L'année de la formation politique et académique], *Maurice Bishop Speaks,* p. 515.

177. V. I. Lénine, « Le VIIIe Congrès des soviets de Russie », *Oeuvres complètes,* vol. 31, p. 518.

# LECTURES SUPPLÉMENTAIRES

## Nous sommes les héritiers des révolutions du monde

Discours de la révolution au Burkina Faso, 1983-1987

THOMAS SANKARA

En 1983, les paysans et les travailleurs de ce pays d'Afrique de l'Ouest ont établi un gouvernement révolutionnaire populaire et commencé à lutter contre la faim, l'analphabétisme et l'arriération économique imposés par la domination impérialiste, et contre l'oppression des femmes héritée de millénaires de société de classe. Cinq discours du dirigeant central de cette révolution. 10 $ US. Aussi en anglais, espagnol, farsi.

## Maurice Bishop parle

La révolution de Grenade et son renversement, 1979-1983

La victoire de la révolution de 1979 dans l'île antillaise de Grenade a été d'une « grande importance pour toutes les luttes à travers le monde », a déclaré Maurice Bishop, son dirigeant central. Les leçons inestimables issues de ce gouvernement des travailleurs et des agriculteurs, renversé dans un coup d'État dirigé par des staliniens en 1983. 20 $ US. En anglais.

## Malcolm X parle aux jeunes

« La jeune génération de blancs, de Noirs, de bruns, de toute autre couleur, vous vivez une époque de révolution, a dit Malcolm en 1964. Quant à moi, je me joindrai à quiconque, je me fiche de votre couleur, veut changer la condition misérable qui existe sur cette terre. » Quatre discours et un entretien dans les derniers mois de la vie de Malcolm X. 12 $ US. Aussi en anglais, espagnol, farsi, grec.

# PLUTÔT QUE DE NOUS AGENOUILLER, NOUS GARDERONS TOUJOURS LA TÊTE HAUTE

## Entrevue avec Maurice Bishop

GRACE DANA : À la veille du 13 mars 1979, quelles étaient les conditions qu'affrontait le peuple de Grenade et qui vous ont conduit, avec le Mouvement New Jewel (New Jewel Movement — NJM), à renverser Eric Gairy par la force ?

MAURICE BISHOP : Il existait une situation de banqueroute totale sur le plan politique, social et économique, qui avait tout naturellement uni le peuple, qui l'avait uni dans son désir de renverser la dictature de Gairy. Cinquante pour cent de la force de travail du pays était sans emploi. Environ 70 pour cent des femmes qui cherchaient du travail n'en trouvaient pas, et les chiffres n'étaient pas moins dramatiques en ce qui concerne la jeunesse.

L'économie stagnait. Le rapport de la Banque mondiale concernant l'année immédiatement antérieure à la Révolution indiquait même que l'économie était en régression depuis cinq ans. Comme vous le savez, il n'existait

---

*Cette entrevue a été accordée à Grace Dana par Maurice Bishop, alors qu'il était premier ministre de Grenade. Elle est parue dans le* Résumé hebdomadaire Granma *du 12 juillet 1981, publié à La Havane.*

ici aucune industrie, aucune usine, aucun secteur manufacturier. Il ne se passait absolument rien, pas le moindre signe de développement économique.

D'autre part, les acquis sociaux s'étaient depuis longtemps perdus dans l'oubli. Les conditions matérielles qui régnaient dans le principal hôpital étaient alarmantes. Aux yeux de la population, l'hôpital était devenu une sorte de succursale de l'entreprise des pompes funèbres parce qu'en fait, on y allait pour mourir, pas pour guérir : pas de pansements, pas de médicaments. Les femmes enceintes accouchaient à même le sol. Les conditions étaient vraiment sordides.

De la même façon, il n'y avait aucun programme de construction de logements, d'installation d'eau courante, d'électrification. L'enseignement ne progressait pas. Depuis plusieurs années, le nombre de bourses d'études au primaire et au secondaire ne changeait pas, et Gairy avait suspendu tout versement à la University of the West Indies [Université des Antilles]. Autrement dit, les jeunes Grenadiens ne pouvaient plus partir à l'étranger poursuivre des études universitaires à un coût réduit.

Il y avait bien dix ans que les ouvriers agricoles n'avaient pas vu augmenter leurs salaires. Tous ces facteurs, d'un poids considérable, avaient convaincu les masses populaires, toutes les couches sociales, qu'elles n'avaient rien à attendre de la dictature de Gairy.

Sur le plan des droits sociaux, politiques et économiques, la situation s'était détériorée au point que nous étions en passe de devenir une sorte de Chili des Caraïbes. Le droit à la vie a été suspendu. Personne n'a jamais été poursuivi ou arrêté pour les nombreux crimes commis pendant les dernières années de la dictature. Il n'y a jamais eu de procès. Les assassins demeuraient en liberté et souvent, dans le cas des policiers par exemple, ils avaient droit à de l'avancement. La violence, celle de la police, celle des soldats de Gairy, s'imposait dans le pays et affectait tout particulièrement la jeunesse. Les « disparitions » à la chilienne se faisaient de plus en plus fréquentes. Pendant la dernière année, sept personnes ou plus ont disparu et à ce jour, on n'a pas encore retrouvé leur trace.

GAIRY A AUSSI FAIT PASSER une série de lois répressives qui tendaient toutes à restreindre les droits du peuple. La loi sur l'ordre public de 1974 lui permettait d'empêcher la population, et tout particulièrement les partis et les organisations d'opposition, de tenir des réunions publiques. Selon la loi en question, il fallait obtenir une autorisation pour installer des haut-parleurs, et celle-ci n'était naturellement jamais accordée. La loi sur la presse rendait pratiquement impossible toute publication de journaux dans le pays. En même temps, une loi datant de l'époque coloniale, en vertu de laquelle il était interdit d'importer toute forme de littérature progressiste ou socialiste, fut appliquée avec la plus grande rigueur par Gairy, qui cherchait ainsi à maintenir le peuple à l'écart de toute idée progressiste.

La loi sur les principaux services publics de 1978 privait du droit de grève 11 des plus importantes catégories de travailleurs, ce qui a naturellement suscité la plus profonde indignation parmi la classe ouvrière. Les agriculteurs n'étaient pas moins insatisfaits. Il existe à Grenade une forte tradition coopérativiste. C'étaient des associations de coopératives qui contrôlaient depuis 1946 les 3 principales cultures d'exportation : la noix muscade, le cacao et la banane. Dès 1969, Gairy a tout fait pour que ces coopératives se désagrègent en assumant le contrôle de leurs conseils de direction, qui jusqu'alors étaient élus et devaient rendre des comptes chaque année. Il supprima ces élections et l'obligation de rendre des comptes.

La politique étrangère du pays n'était pas moins négative et contribua à l'isolement total de Gairy, aussi bien à l'intérieur du pays qu'à l'étranger. La politique étrangère reposait essentiellement sur les liens avec la mafia ou avec d'autres forces du même genre et avec les régimes les plus répressifs du monde. Gairy a établi des relations diplomatiques avec le Chili et s'est appliqué à les resserrer en développant l'aide militaire, au moment précis où la plupart des pays du monde rompaient leurs relations avec la dictature fasciste. Il a aussi entretenu des relations très étroites avec la Corée du Sud et Haïti.

Gairy voyait dans notre politique extérieure le moyen de promouvoir ses croyances superstitieuses. Chaque fois qu'il allait à l'ONU [Organisation des nations unies] par exemple, il passait son temps à parler d'OVNI [objets volants non identifiés]. C'est ainsi que notre pays n'a pas tardé à passer pour le clown de la communauté internationale.

Sa façon de gouverner reflétait aussi ce style très personnel et ses croyances mystiques. Il en résultait notamment une absence totale de planification. Gairy, qui ne savait jamais ce qu'il allait faire dans les cinq minutes suivantes, était encore plus incapable de faire un plan sur une période de cinq ans. C'est pourquoi les statistiques, les mécanismes de planification que l'on avait tenté d'implanter auparavant furent relégués aux oubliettes, ce qui constitue aujourd'hui un grave problème pour la révolution.

Par dessus le marché, Gairy était aussi profondément corrompu. Au triomphe de la révolution, il avait amassé une fortune personnelle considérable pour un pays comme Grenade. D'autre part, l'exploitation sexuelle à laquelle il soumettait nos femmes en quête d'emplois suscitait beaucoup de ressentiment, non seulement parmi les femmes qui en étaient victimes mais aussi parmi toute la population.

Tous ces facteurs rendaient évidemment la dictature de Gairy de plus en plus impopulaire. Le peuple avait d'ailleurs très sérieusement essayé de le renverser en 1973-74. Plusieurs organisations du pays, les organisations clés, étaient parfaitement unies : les organisations de travailleurs, les corps professionnels, la Chambre de commerce, les Églises, les clubs comme le Rotary et le Jaycee, etc. Tous se réunirent pour former le Comité des 22. Ils appelèrent à la grève générale. En janvier 1974, tous les jours et pendant trois semaines, il y eut des manifestations de masse auxquelles participait souvent un quart de la population. Les manifestants demandaient à Gairy de partir. Gairy répondit en envoyant sa police secrète, sa Bande de la mangouste [un groupe paramilitaire], ses soldats et sa police pour réprimer une manifestation, le 21 janvier à St-Georges. Il écrasa ainsi cette tentative d'action révolutionnaire, ce qui ne fit que contribuer à jeter les bases de la révolution du 13 mars 1979.

Il faut encore mentionner qu'un facteur décisif et un bon nombre des raisons subjectives qui ont préparé le succès de la révolution ont résidé dans la confiance et le respect qu'avaient les masses pour notre parti, le NJM, et qui faisaient sa force. Au fil des années, notre parti avait toujours défendu les droits du peuple, il avait toujours lutté pour ces droits. Logiquement, un bon nombre de nos camarades ont été assassinés, d'autres ont été roués de coups. Beaucoup d'entre nous ont été emprisonnés et passés à tabac à plusieurs reprises. Cela ne servait qu'à convaincre les masses que notre parti était réellement décidé à renverser la dictature de Gairy. Les masses savaient qu'elles pouvaient compter sur nous. C'est pourquoi lorsque nous avons lancé notre appel le 13 mars 1979, elles ont été promptes à répondre.

Il faut comprendre aussi que notre peuple s'était rendu compte que la voie électorale était totalement fermée. Il était évident que ce n'était pas par cette voie que Gairy pouvait être écarté du pouvoir. Les élections de 1976, auxquelles notre parti s'est présenté au sein de l'Alliance du peuple qui réunissait trois partis, ont sans aucun doute été gagnées par l'Alliance. C'est un fait qui a été largement reconnu aussi bien à Grenade que dans la région. Gairy n'est resté au pouvoir qu'en vertu d'un coup d'État électoral. Les Grenadiens l'ont compris, ce qui a contribué à créer des conditions favorables à l'action révolutionnaire.

JE DIRAIS DONC que pratiquement toutes les forces du pays souhaitaient le renversement de la dictature. Et l'ensemble de la population comprenait que le pays n'avancerait jamais sous Gairy. Sur le plan régional et international, Gairy se trouvait aussi totalement isolé. C'est pour toutes ces raisons, qui se conjuguaient, qu'il nous a été possible de faire la révolution au moment où nous l'avons faite.

GRACE DANA : Le gouvernement populaire a toujours proclamé que son premier objectif était d'améliorer les conditions de vie du peuple de Grenade. Pouvez-vous nous dire quels sont les principaux acquis de la révolution dans ce domaine ?

MAURICE BISHOP : Je pense que l'un de nos principaux acquis est d'avoir su mobiliser notre peuple autour de la reconstruction du pays. J'irais même jusqu'à affirmer que c'est là notre principal acquis, car il ne s'agit pas d'une tâche facile. Peu de pays en ont été capables.

Le second exemple que je pourrais vous donner, et c'est aussi celui que vous donnerait l'homme de la rue, c'est le fait que notre peuple a acquis un nouveau sens de la fierté, de la dignité, de l'appartenance nationale, du patriotisme. Je crois que c'est définitivement là une conséquence directe de la révolution.

Dans le domaine de l'éducation, nous avons réussi à doubler le nombre de bourses au primaire et au secondaire, à réduire les frais d'études, qui sont passés dans certains cas de 26 à 4,50 $ [US] par trimestre. Et à partir de septembre prochain, l'enseignement secondaire sera totalement gratuit. Nous avons construit une nouvelle école secondaire, l'école Bernadette Bailey. C'est la deuxième école secondaire construite par l'État en 350 ans. En ce qui concerne les bourses d'études supérieures, nous sommes passés de 3 en 1978, la dernière année du régime de Gairy, à plus de 220, dont nos étudiants bénéficient actuellement à l'étranger. Ce qui revient à dire que l'enseignement supérieur est également gratuit, puisque nous avons plus de bourses d'études disponibles que d'étudiants en mesure d'en bénéficier.

Sur le plan de la santé, nous sommes passés de 17 médecins à plus de 37, ce qui signifie que l'assistance médicale dispensée à notre peuple s'est considérablement améliorée, tant du point de vue qualitatif que quantitatif. Nous avons maintenant sept cliniques dentaires, il y en avait une seule avant la révolution. Les gens n'ont donc plus besoin de quitter leur province pour un plombage ou une extraction. Alors qu'il y a peu de temps, il fallait payer pour toute visite dans un hôpital, un centre médical ou une clinique, l'assistance médicale dans toutes les institutions médicales d'État est complètement gratuite depuis octobre 1980.

Nous avons ouvert un nouveau centre de radiographie, une nouvelle salle de chirurgie, un service d'urgence ainsi qu'un nouvel hôpital ophtalmologique, de sorte que les Grenadiens n'ont plus à se rendre à la Barbade ou à Trinité pour subir une opération de la vue.

Toujours du point de vue de la santé, la distribution gratuite de lait, en particulier aux mères d'enfants en bas âge, a revêtu une grande importance.

Absolument toutes les réalisations dans ce domaine ont été impressionnantes et figurent parmi les acquis les plus importants de notre peuple.

Pour ce qui est de l'infrastructure, il faut naturellement situer au tout premier plan le projet de construction du nouvel aéroport international. La construction de nouvelles voies secondaires est aussi une réalisation d'une grande portée. Et signalons que huit centres de loisirs et de réunions ont été créés au niveau de la communauté depuis le triomphe de la révolution. Ce chiffre englobe ceux que nous sommes en train de terminer. Le nouveau château d'eau, inauguré récemment à Mardi Gras, et un autre actuellement en chantier apporteront l'eau courante à un nombre considérable de foyers grenadiens.

Notre programme de réparation de logements s'adresse aux plus pauvres parmi les pauvres : les ouvriers agricoles, les employés des travaux publics et les travailleurs de bananeraies, de plantations de noix muscade et de cacao, c'est-à-dire à une catégorie de travailleurs qui sans cette initiative n'auraient jamais été en mesure de réparer leurs maisons délabrées. Ils ne rembourseront que les deux tiers des prêts, sans intérêts. En fait, ils ne versent que deux dollars par mois, pendant dix ans. Nous avons aussi commencé à appliquer un programme de construction de logements à loyer modique, qui prendra davantage d'ampleur dans les prochaines années.

Nous pensons avoir avancé également dans le domaine de l'agriculture, tant en ce qui concerne la diversification de nos produits que l'obtention de nouveaux marchés. Et surtout, nous avons réduit les subsides considérables que le gouvernement Gairy allouait aux fermes d'État. Ces subsides sont tombés de plus de 750 000 dollars à moins de 185 000 et nous espérons même les éliminer totalement à la fin de cette année.

En ce qui concerne l'industrie agricole, signalons que nous avons ouvert une usine de torréfaction du café, une usine de fabrication de confitures et de jus et un centre de traitement du poisson, où notre propre capture est fumée, salée, séchée et découpée en filets. Peut-être cela a-t-il l'air d'une réalisation bien modeste, mais le fait est que la révolution a fait en 2 ans ce qui n'avait pas été fait en 400 ans.

Des progrès ont été également réalisés en matière de tourisme. En ce moment, nous nous efforçons d'utiliser plus pleinement notre potentiel touristique. Pour la première fois, nous avons lancé une campagne publicitaire qui devrait nous permettre d'utiliser pleinement nos installations et aussi de diversifier notre marché touristique, spécialement en Europe occidentale. Des pourparlers sont actuellement en cours avec plusieurs pays et particuliers, en vue de construire conjointement de nouveaux hôtels sur une base contractuelle.

Des négociations ont été également amorcées avec des compagnies aériennes en ce qui concerne les droits d'atterrissage et d'escale, et nous espérons que plusieurs établiront une liaison avec Grenade aussitôt que notre aéroport international sera achevé. Plusieurs propositions concernant la création d'une compagnie Air Grenada sont aussi à l'étude. Par ailleurs, nous venons d'acheter un avion, le seul qui appartienne à notre pays. Par la suite, nous l'avons loué à la LIAT, une compagnie régionale, afin d'assurer une capacité supérieure de transport de passagers à destination de notre pays. Ajoutons à cela que le vol hebdomadaire de Cubana de Aviación à Grenade constitue un facteur de premier plan dans la solution de nos problèmes de communication. Nous espérons que d'ici quelque temps ces vols deviendront plus réguliers.

NOUS AVONS DÉFINI notre conception du tourisme. Nous prônons le développement de ce que nous appelons le « tourisme de travail ». Nous entendons par là que le secteur touristique doit s'intégrer, par des liens verticaux et horizontaux, au reste de l'économie. Nous envisageons de faire en sorte que les secteurs de l'agriculture, de l'industrie agricole et de la pêche produisent les aliments et autres denrées nécessaires à l'industrie du tourisme.

Ceci signifie pour notre pays une importante économie de devises, davantage d'emplois pour notre peuple, des prix plus raisonnables et un marché sûr pour nos agriculteurs et nos pêcheurs. Par ailleurs, nous remplacerons par les produits de notre artisanat et les meubles fabriqués sur place, les articles traditionnellement importés de Taïwan et Hong Kong. Signalons que ces secteurs ont fait l'objet d'une attention soutenue cette année.

Par « tourisme de travail », nous entendons un tourisme davantage axé sur l'aspect sociologique. À notre avis, l'organisation de voyages destinés aux personnes s'intéressant aux différents aspects de notre processus de développement peut y contribuer largement. Ainsi, des enseignants, par exemple, peuvent souhaiter venir à Grenade et se pencher sur nos programmes d'alphabétisation et d'éducation des adultes, de formation d'enseignants, de conjugaison de l'étude et du travail et d'écoles dans la communauté. De cette façon, tout en profitant de leurs vacances et en jouissant de tout ce que notre pays peut leur offrir, ils feront une expérience qui leur sera utile dans leur travail. Il existe des possibilités similaires dans d'autres secteurs, y compris le sport et la culture.

Un certain nombre de ces voyages ont déjà été organisés, dont plusieurs par des Comités d'amitié et de solidarité à l'étranger. Nous pensons aussi que les voyages touristiques peuvent contribuer à la paix et qu'ils donnent aux peuples l'occasion de voir comment d'autres peuples vivent. Dans notre situation particulière, alors que nous sommes la cible d'une propagande impérialiste massive, il est bon que des touristes venus d'autres pays puissent voir par eux-mêmes notre processus de développement. C'est l'une des meilleures façons de contrer les plans de l'impérialisme tendant à l'agression, à l'isolement et à la déstabilisation.

Finalement, je dois dire que le secteur d'État du tourisme se développe. Les hôtels et les night-clubs qui faisaient partie des biens mal acquis de Gairy sont maintenant aux mains du peuple et bien sûr, nous avons de nouveaux plans d'expansion.

Je pense également que des progrès ont été faits en ce qui concerne l'approfondissement de la conscience individuelle et collective de notre peuple, sa compréhension de ce que nous essayons de faire, des problèmes que nous affrontons, de nos possibilités.

Le centre pour l'éducation populaire, chargé de la première phase de la campagne contre l'analphabétisme, s'est pratiquement acquitté de sa mission. Un peu moins de 1 000 personnes y apprennent à lire et à écrire. Ce centre s'apprête à amorcer la deuxième phase, qui inclura l'enseignement de la langue, des arts et des mathématiques.

Pour conclure, je voudrais faire allusion aux 9 programmes de formation mis sur pied par la Révolution. Par exemple, grâce à l'un de ces programmes, nous formerons plus de 500 enseignants au cours des 3 prochaines années. Ces enseignants seront appelés à exercer leurs fonctions dans le pays. Sous l'ancien système, une cinquantaine de professeurs étaient formés tous les 2 ans, dont la moitié abandonnaient le pays aussitôt diplômés. Ce programme nous a permis d'obtenir de très bons résultats et la clé de son succès a résidé indubitablement dans la qualité et le dévouement du personnel que nous avons recruté pour mener à bien cette tâche.

D'AUTRES PROGRAMMES du même genre comprennent notamment la formation d'agents de police, d'ouvriers pour le traitement du poisson, de personnel hôtelier et d'agents de services publics. Tous revêtent une importance fondamentale car ils tendent à élever le niveau de connaissance de notre peuple. En effet, si notre peuple ne reçoit aucune formation, s'il reste étranger aux nouvelles spécialités, il nous sera impossible de bâtir l'économie de notre pays et d'impulser la révolution.

GRACE DANA : Comment se caractérise à votre avis l'étape actuelle de la révolution ?

MAURICE BISHOP : Je parlerais d'étape démocratique nationale, de l'étape anti-impérialiste du processus que nous essayons de construire. Nous le voyons sous différents rapports. À commencer par l'économie. Nous considérons que notre première tâche est de jeter les bases qui nous permettront de résorber l'incroyable retard technologique et économique dont nous avons hérité. Ceci implique pour le moins quatre objectifs bien définis. Le premier est de mettre en place de toute urgence un secteur d'État fort qui permette pour la première fois d'obtenir des profits grâce auxquels la qualité de la vie de la population s'améliorera. Comme je l'ai déjà signalé, le secteur d'État s'est développé jusqu'à présent dans le domaine de l'agriculture. Citons les différentes fermes d'État, le combinat agro-industriel, l'usine de torréfaction du café, le secteur de la pêche et de l'industrie, où nous recevons l'aide de Cuba, et le domaine du tourisme.

Au niveau des institutions financières, nous avons créé pour la première fois une Banque commerciale nationale qui est d'ores et déjà la troisième banque de Grenade.

Nous avons aussi créé un Bureau de marketing et d'importation nationale qui est chargé non seulement de la manutention des exportations et du marketing de nos produits, mais aussi de la réduction du coût de la vie grâce à l'importation de certains articles de première nécessité.

En second lieu, nous considérons que parallèlement à la mise en place du secteur d'État, nous devons stimuler le secteur privé afin de développer la production. À lui seul, le secteur d'État ne peut pas développer l'économie en raison de notre niveau technologique très bas, de nos ressources humaines limitées, de notre manque de capitaux, de notre manque d'expérience en matière de marketing et de nos faibles capacités de promotion. Nous devons donc encourager le secteur privé dans le domaine des affaires en général et naturellement dans celui de l'agriculture, et en particulier les petits et moyens agriculteurs.

Grenade, pendant la révolution. À gauche : une des nombreuses femmes qui se sont jointes aux milices populaires. À droite : la foule applaudit le plus jeune enseignant de la campagne d'alphabétisation.

Le troisième point consiste à créer davantage d'organismes d'État afin d'élargir les possibilités d'exportation de notre pays grâce à l'essor de la production agricole et des industries.

Et le quatrième objectif est bien évidemment de nous dégager le plus rapidement possible de l'emprise impérialiste. Sur le plan international, cela signifie que nous devons lutter avec d'autres pays comme le nôtre, des pays du « tiers monde », pour de meilleurs prix, pour la création d'un nouvel ordre économique international. Cela implique également un contrôle plus strict de nos ressources, le développement de nos institutions et de nos ressources financières, ainsi qu'un contrôle fiscal plus sévère permettant de jeter les bases d'une économie dirigée et planifiée. Ce processus doit nous amener à diversifier nos mécanismes commerciaux et à trouver de nouveaux partenaires commerciaux, sans rompre toutefois avec nos partenaires traditionnels, afin d'améliorer les conditions de vie de notre peuple, d'obtenir de meilleurs prix et de sortir de l'économie primitive dont nous avons hérité. C'est là une des raisons pour lesquelles nous avons cherché à développer les meilleures relations possibles avec le monde socialiste, avec le monde orienté vers le socialisme et avec les pays qui ont mené à bien leur lutte de libération nationale.

Dans cette tentative de nous dégager de toute dépendance vis-à-vis de l'impérialisme, le rôle de Cuba a été décisif et les transferts de technologie qui se sont opérés sur une base volontaire et désintéressée ont revêtu une importance considérable. Nous avons reçu le genre d'assistance qui nous permettait de continuer à développer notre économie par nos propres moyens. Je vous donnerai deux exemples révélateurs : la fourniture de bateaux de pêche et la collaboration à la construction de l'aéroport international, l'ouvrage d'infrastructure le plus important que notre pays ait jamais entrepris.

Le dernier point que je tiens à soulever en ce qui concerne l'économie est naturellement que nous nous proposons de construire progressivement des coopératives agricoles. Ce processus est déjà amorcé même s'il n'avance pas aussi vite que nous le souhaiterions.

Nous estimons en tout cas que les coopératives doivent constituer, après le secteur d'État et le secteur privé, le troisième secteur clé de l'économie nationale.

Au niveau de l'appareil d'État, l'armée de Gairy dont nous avons hérité a été complètement démantelée. Nous sommes maintenant en train de construire une armée d'un type radicalement nouveau : une armée issue du peuple, une armée en grande partie formée jusqu'à présent de jeunes qui se trouvaient sans emploi lors du triomphe de la révolution, une armée qui a une échelle de valeurs tout à fait neuve, une nouvelle conception du rôle qui lui incombe. Nous avons créé parallèlement une milice populaire qui revêt une importance considérable. L'idée de cette milice est née en partie de la constatation que nous ne pouvions pas compter exclusivement sur l'armée en cas d'invasion, que nous devions pouvoir compter sur la population, elle-même organisée sous forme de réserve ou d'« armée de temps de guerre » si vous préférez, une armée qui puisse être mobilisée d'une minute à l'autre pour défendre le pays.

La police de Gairy n'a pas été démantelée. Dans ce cas, nous avons entrepris un processus de démocratisation sous une nouvelle direction. Nous avons réorganisé les forces et établi un nouveau système d'entraînement. Nous pensons que de cette façon le moment viendra où le Service de police de Grenade, comme on l'appelle maintenant, deviendra, à l'instar de l'armée, de la milice et d'autres éléments de nos forces armées, un genre de force armée entièrement nouveau qui comprendra que son rôle est de défendre la révolution, de défendre les droits du peuple et non plus d'être l'instrument de la répression.

La bureaucratie dont nous avons hérité était extrêmement corrompue et inefficace. Dans ce domaine également, un processus de réorganisation et de formation a été amorcé.

LA DERNIÈRE REMARQUE que je tiens à faire pour expliquer ce que nous entendons par étape démocratique nationale concerne notre conception de la démocratie. Nous estimons que nous devons créer dans notre pays une démocratie d'un type nouveau, une démocratie orientée vers le peuple, du village jusqu'au niveau national. Nous comprenons que nous avons besoin de construire des organisations de masse nationales, issues du peuple, qui signifient quelque chose pour la vie du peuple et ses problèmes réels et lui assurent une participation quotidienne au fonctionnement de cette démocratie révolutionnaire. Il s'agit là du stade actuel, le stade de la démocratie révolutionnaire.

Maintenant que les fonctions législatives et exécutives sont dûment institutionnalisées dans le cadre du Gouvernement révolutionnaire populaire, la révolution a aussi le devoir de mettre en place un système qui permette de consulter le peuple sur toutes les questions primordiales. C'est ce que nous avons fait par exemple dans le cas de la loi sur l'impôt sur le revenu, qui a été adoptée après neuf mois de consultations à tous les niveaux, et de la loi sur les congés de maternité, qui a été discutée pendant trois ou quatre mois. Dans le domaine du tourisme, une compagnie à majorité canadienne nous avait fait une proposition de très grande envergure. Nous avons invité la population à en débattre de façon à avoir son opinion avant de prendre une décision quelconque.

De la même façon, la population a été consultée sur le projet de l'aéroport. Dans la bataille qu'il a suscitée, nous avons dû lutter lorsque les Nord-Américains ont voulu nous empêcher d'obtenir des fonds de la Communauté économique européenne. Nous avons alors résolu de mettre la population parfaitement au courant de ce qui arrivait, de lui expliquer pourquoi les États-Unis cherchaient, à notre avis, à bloquer la construction du seul aéroport international de notre pays. Résultat : le meeting organisé pour défendre la construction de l'aéroport a réuni des milliers de personnes et un comité pour le développement de l'aéroport international a été créé. Ce comité représente toutes les organisations de masse et permet à celles-ci de jouer un rôle actif dans la bataille pour la construction de l'aéroport.

NOUS CONSIDÉRONS qu'au cours de cette période, il est très important de garantir que le peuple bénéficie de plus de mesures sociales. Ceci explique que nous soyons allés relativement vite dans les domaines de la santé, de l'éducation, de la création d'emplois, de l'approvisionnement en eau, bref tous les domaines critiques. Car nous avons décidé que les maigres ressources naturelles et nationales dont nous disposons doivent être affectées avant tout et en priorité à la satisfaction des besoins élémentaires de la population.

GRACE DANA : Parlez-nous davantage des secteurs de la population grenadienne qui participent activement au processus révolutionnaire. De quelle façon le font-ils ?

MAURICE BISHOP : À l'heure actuelle, la plupart des secteurs de la population participent activement à la révolution et la soutiennent. Je dirais que 90 pour cent des Grenadiens sont aujourd'hui favorables à la révolution. J'ajouterais même que 90 pour cent des Grenadiens acceptent d'être organisés par le parti et la révolution. Il s'avère que même les forces qui étaient relativement hostiles à la révolution avancent aujourd'hui des arguments qui ne sont pas contraires à ce que nous faisons dans tel ou tel secteur. Elles se plaignent souvent de ne pas voir assez la direction, de ne pas sentir suffisamment la présence du parti. C'est ce genre d'argument qu'elles utilisent maintenant. Les masses éprouvent un désir profond de recevoir une éducation politique et d'être organisées. Je crois qu'il s'agit d'un point important qui donne une idée du climat qui règne dans notre pays.

La jeunesse est de plus en plus active. Mis à part les organisations qui existaient déjà, plusieurs ont surgi depuis le triomphe de la révolution et un bon nombre d'entre elles l'ont fait spontanément. La principale organisation de masse pour la jeunesse est l'Organisation nationale de la jeunesse qui progresse en dépit de graves problèmes objectifs, comme le chômage qui n'a pas encore été résorbé et qui donne un sentiment de frustration, l'insuffisance des transports, le manque de cadres ayant une compétence suffisante pour mener à bien le travail quotidien. Vous devez comprendre que la plupart des jeunes qui dirigeaient l'organisation avant le triomphe de la révolution se trouvent maintenant dans des sphères de travail très importantes. Plus de 200 d'entre eux font des études supérieures à l'étranger et beaucoup ont assumé des responsabilités au sein du parti, de l'État ou de l'économie. Mais le fait est que dans notre pays, l'organisation d'avant-garde des jeunes est l'Organisation nationale de la jeunesse.

Les femmes elles aussi sont de plus en plus organisées, en particulier depuis l'attentat à la bombe du 19 juin 1980 à Queen's Park, où trois de nos femmes ont été tuées et plusieurs autres blessées. Aujourd'hui, l'Organisation nationale des femmes est la principale organisation de femmes de Grenade.

Si les femmes s'organisent, c'est en grande partie parce que nous nous sommes attaqués consciemment aux difficultés objectives et subjectives qui sont traditionnellement leur lot. Une des dirigeantes de notre parti, une membre du Comité central et la présidente de l'Organisation nationale des femmes, a été nommée secrétaire de la Condition féminine [Women's Affairs]. À ce titre, elle s'occupe des questions concernant les femmes au ministère de l'Éducation et des Affaires sociales. Ceci a donné un nouvel élan, au niveau de l'État, au travail concernant les femmes.

Un point final a été mis à l'exploitation sexuelle et à la discrimination au niveau du travail. Nous avons proclamé qu'à travail égal correspondait un salaire égal et ce principe a commencé à être mis en pratique dans le secteur d'État. Tout ceci a conduit la femme à participer à tous les aspects de la vie et du travail dans le pays. Beaucoup ont trouvé du travail dans des secteurs auxquels elles n'avaient jamais eu accès. Elles sont nombreuses à travailler dans nos coopératives, un secteur en plein essor. Plusieurs sont entrées dans l'Armée révolutionnaire populaire et plus encore dans les milices. Plusieurs dizaines font gratuitement des études universitaires à l'étranger. Des centaines reçoivent une formation professionnelle qui leur permettra de travailler dans la métallurgie, l'agriculture, l'enseignement, l'artisanat, la pêche, etc. Et naturellement, elles sont des milliers à étudier ou à enseigner dans le cadre des programmes d'alphabétisation du Centre d'éducation populaire. La loi de 1980 sur la maternité a aussi garanti à nos femmes le droit aux congés de maternité et à la sécurité d'emploi. Les femmes de notre pays proclament maintenant non sans fierté qu'elles deviennent « les égales de l'homme dans la production et la défense. »

Aussi bien l'Organisation nationale de la jeunesse que l'Organisation nationale des femmes se sont fixées des objectifs élevés pour 1981 : augmenter le nombre de leurs membres, donner une meilleure préparation à leurs cadres, rendre plus intéressant et varié le travail avec la base et orienter celui-ci vers l'action. Les jeunes se consacreront cette année plus que jamais à la construction de coopératives de jeunes, en particulier dans l'agriculture, et ils organiseront davantage d'activités sportives et culturelles. De leur côté, les femmes centreront leurs efforts sur la réparation et l'ouverture de jardins d'enfants et de maternelles. Et elles participeront plus activement aux programmes des communautés concernant l'installation d'égouts, le ramassage des ordures ménagères, l'installation de l'eau courante et ainsi de suite dans les villages les plus défavorisés.

Cette année, l'Organisation nationale de la jeunesse pense quadrupler le nombre actuel de ses membres. L'Organisation des femmes pense tripler ses effectifs. Ce sont des objectifs ambitieux, mais réalisables.

Le Conseil national des élèves, né lui aussi avec la révolution, a fait de grands pas en avant dans la démocratisation du système scolaire. Les élèves sont de plus en plus nombreux à participer aux programmes de surpassement, aux plans de conjugaison de l'étude et du travail et à plusieurs projets des communautés. De la même façon, l'Organisation des pionniers du NJM, elle aussi créée par la révolution, a fait du bon travail en ce qui concerne l'organisation des enfants grenadiens. On peut dire qu'elle a commencé à leur inculquer des qualités très nécessaires comme la discipline, la confiance en soi, la créativité, l'engagement, le patriotisme, etc.

La classe ouvrière urbaine a bénéficié largement de la loi sur les syndicats qui a été adoptée dès les premiers mois de la révolution. Pour la première fois, les travailleurs ont pu se donner les syndicats de leur choix et y adhérer librement. Au triomphe de la révolution, 40 pour cent environ de la classe ouvrière était syndicalisée et elle l'est maintenant à 85 pour cent. Les ouvriers agricoles ont aussi leur syndicat et bon nombre d'entre eux font du travail volontaire le dimanche au sein des brigades de travail de la communauté.

Les petits et moyens agriculteurs font partie des conseils provinciaux qui se réunissent en moyenne une fois par mois et qui regroupent tous ceux qui souhaitent travailler pour la révolution. Ils font aussi partie des brigades de travail de la communauté, des conseils d'éducation de la communauté, etc.

LES COUCHES MOYENNES du pays participent aussi aux conseils provinciaux et dans une moindre mesure aux brigades de travail de la communauté. Beaucoup adhèrent à de nouvelles organisations telles que les Comités locaux pour l'aéroport. Par exemple, le Comité de Saint-Georges a fait un travail exemplaire au cours des deux dernières années en contribuant activement à la collecte de fonds pour la construction de l'aéroport international.

Il faut s'attendre à ce que les couches moyennes et les professions libérales en général jouent un rôle dirigeant au Comité national pour le développement de l'aéroport, de création récente.

Notre parti veille naturellement à ce que ses membres et aussi ses sympathisants, qui constituent une large part de la population, participent à toutes sortes d'activités tendant à développer la conscience politique, telles que la vente de journaux, l'organisation des collectes de fonds, les séminaires, les débats, les séances de cinéma, les cours d'éducation politique dispensés par le parti, etc. Les sympathisants du parti ont aussi une participation active au Comité national pour le développement de la communauté, qui a pour principale responsabilité de veiller à l'amélioration des conditions de vie dans chaque village grenadien.

En tant que Gouvernement révolutionnaire populaire, notre rôle consiste à appuyer les organisations qui existent déjà et à stimuler la formation de nouvelles organisations. [Nous le faisons] en garantissant la base légale de la participation, comme avec la loi sur les syndicats et celles tendant à promouvoir l'égalité de la femme, et en continuant d'améliorer les conditions de vie des pauvres et des travailleurs. Car en dernière analyse, si les conditions de vie ne s'améliorent pas, les possibilités de participation ne seront que théoriques.

GRACE DANA : Malgré le large soutien dont bénéficie le Gouvernement révolutionnaire populaire, certains vous reprochent à l'étranger d'avoir des prisonniers politiques, de bâillonner la presse, de ne pas présenter de nouvelle constitution. Qu'en pensez-vous ?

MAURICE BISHOP : Voyons d'abord la question des prisonniers politiques. Tout le monde sait, et même la réaction et l'impérialisme le reconnaîtront s'ils sont honnêtes, que les prisonniers politiques sont une conséquence nécessaire de toute révolution. La seule façon d'éviter d'avoir des prisonniers politiques, c'est de les aligner et de les fusiller. Une chose est significative : tous ceux qui sont venus dans notre pays ont commenté le caractère humanitaire de notre révolution. Le jour même du triomphe de la révolution par exemple, les jeunes chômeurs qui subissaient jour après jour la brutalité du régime de Gairy sont ceux-là mêmes qui ont arrêté les membres de la Bande de la mangouste et de la police secrète, les éléments criminels de l'armée et de la police. Or ces camarades nous ont amené tout ce beau monde sous bonne garde mais sans une égratignure. C'est tout de même étonnant quand on y pense.

Il faut aussi signaler que dans les heures, les journées et les semaines qui ont suivi le triomphe de la révolution, des centaines de personnes ont été arrêtées et il ne reste aujourd'hui que 14 prisonniers politiques. Cela vous donne une idée de la façon dont la révolution a choisi de traiter ce problème. Chaque fois et partout où cela a été possible, à la condition que cela ne compromette pas les intérêts de la population et en particulier la sécurité nationale, les personnes arrêtées ont été relâchées. L'arbitraire n'est ni permis ni encouragé. Personne n'est jamais arrêté par ouï-dire. Tout renseignement est soumis à de doubles, à de triples vérifications. De plus, aucun effort n'est épargné pour redresser l'attitude d'un détenu. Des analyses sérieuses sont faites pour déterminer s'il est prudent ou non de le relâcher à tel ou tel moment. Il faut aussi signaler que parmi les collaborateurs de Gairy, directeurs, ministres et autres grands personnages, il n'y en a que 2 qui demeurent en prison depuis le 13 mars 1979.

Les autres détenus, et il y en a quelques dizaines de plus, le sont parce qu'ils ont commis un délit quelconque depuis le triomphe de la révolution. Par exemple, des gens qui ont participé aux deux plus grands complots contre-révolutionnaires et terroristes, ceux du 19 juin et du 17 novembre 1980. Sur ce point, notre position est irrévocable : tous ceux qui menacent ainsi la révolution seront arrêtés. Mais nous estimons que partout et chaque fois que cela est possible, des chefs d'accusation spécifiques doivent être réunis contre les accusés. Nous n'avons pas créé de nouveaux tribunaux ni de tribunaux spéciaux pour juger ces prisonniers, mais nous avons adopté une loi sur le terrorisme qui prévoit des peines spéciales pour ce genre de délits. Enfin, dans des circonstances où il semble raisonnable de les relâcher, nous estimons que cela doit être fait.

En ce qui concerne la presse : d'abord, il n'existe aucune restriction à la presse dans notre pays. Le journal *Torchlight* a été fermé en 1979 pour des raisons très spécifiques. Il avait commencé à inciter une importante minorité de la population, le mouvement *rasta*[fari], à la contre-révolution. Il avait appelé à prendre les armes contre l'État. Personne n'aura jamais le droit de faire cela ici, qu'il s'agisse d'un journal ou d'autre chose. Quiconque s'engagera dans une voie de ce genre sera implacablement écrasé, et c'est pourquoi il n'y a plus de *Torchlight.*

Il y a par contre un journal national, le *Free West Indian,* qui est un journal objectif et qui exprime le point de vue des masses. Le point de vue des masses est d'ailleurs beaucoup mieux exprimé maintenant qu'il ne l'était à l'époque où paraissait le *Torchlight.* Les masses ont aujourd'hui le moyen de s'exprimer sur toute question importante et elles critiquent même le gouvernement sur des points spécifiques.

L'Organisation nationale des femmes édite son propre journal, de même que l'Organisation nationale de la jeunesse, le syndicat des ouvriers agricoles et plusieurs syndicats de la ville, notamment le syndicat des employés de banque. Autrement dit, notre pays ne manque pas de journaux. La presse est libre et fonctionne librement. On peut en dire autant de la radio et de la télévision, bien qu'on puisse difficilement parler de la télévision, puisque ses émissions viennent à peine de reprendre. Lors d'un conflit salarial qui nous a opposés récemment au syndicat des employés publics, ils ont pu imprimer leurs tracts, les distribuer et organiser des réunions pendant les horaires de travail. Et ils ont pu s'exprimer sur les ondes de *Radio Free Grenada.* C'est la première fois que notre pays connaît une telle liberté. Et bon nombre de pays qui se plaisent à parler de liberté de la presse et de liberté des médias ne pourraient sans doute pas se flatter de jouir d'autant de liberté.

DANS LA RÉGION, il existe des journaux tels que l'*Express* de la Trinité, l'*Advocate* de la Barbade et le *Gleaner* de la Jamaïque, qui poussent l'hypocrisie à des sommets inusités. Ce ne sont pas les dépêches que nous leur envoyons qu'ils publient. Ils ne s'intéressent qu'aux fausses rumeurs. D'ailleurs, quand notre journal, le *Free West Indian,* parvient à plusieurs de ces pays, il est immédiatement saisi à son entrée à l'aéroport ou brûlé. Par contre, leurs journaux nous parviennent tous les jours et circulent librement. *Time* et *Newsweek,* qui mettent leurs rubriques au service de la critique et de la calomnie contre des pays comme le nôtre, arrivent aussi à Grenade.

Il est évident que lorsque ces gens-là parlent de liberté de la presse, ils veulent parler de la liberté qu'ont des minorités exiguës pour exposer leurs propres points de vue sous le prétexte qu'ils sont très responsables et fidèles à la nation. En fait, ils ne colportent que le point de vue d'une minorité qui est toujours la même et souvent, celui des mêmes individus. Un homme comme Ken Gordon à la Trinité par exemple, qui possède plusieurs journaux de la région ou y détient des actions, est aussi un des dirigeants de la Caribbean Publishers and Broadcasters Association [Association des éditeurs et radiodiffuseurs des Caraïbes] et de la Caribbean News Agency [Agence de presse des Caraïbes — CANA]. Son poids se fait sentir dans tous les médias de la région. Et c'est cela qu'ils appellent la « liberté ».

Quant à la constitution, celle que nous avons héritée de l'indépendance nous fait l'effet d'une farce. Des droits très importants comme le droit au travail ont été parfaitement ignorés. Et même pour les droits qui figuraient sur papier, aucune mesure n'était prévue pour les faire respecter. Les libertés et les droits fondamentaux figurant au chapitre 1 n'étaient appuyés par aucune mesure concrète. Il n'y avait que de belles paroles. Les masses ne peuvent pas vivre de belles paroles.

Quant aux responsabilités et aux devoirs de la population, ils ne sont pas clairement spécifiés. Je dirais même qu'ils ne sont pas spécifiés du tout.

Nous estimons que la nouvelle constitution doit entériner tous les idéaux et valeurs politiques, sociaux, culturels, spirituels et économiques de la société. Elle doit indiquer très explicitement quels sont les droits, les devoirs et les responsabilités de la population. Elle doit prévoir les mesures à prendre en cas de violation de ces droits et devoirs. Elle doit aussi définir concrètement les voies par lesquelles les masses pourront exercer une démocratie qui aura un sens pour elles et qui les aidera à résoudre leurs problèmes quotidiens. Je ne veux pas parler d'une démocratie axée sur un parlement que personne n'écoute, dont personne ne sait rien. Nous avons le sentiment très net que les nouvelles organisations populaires qui ont surgi dans notre pays ont leur place et leur rôle dans la constitution.

Il s'impose donc de doter le pays d'une nouvelle constitution au cours des prochains mois ou années. Nous pensons d'abord examiner quelques-uns des modèles qui sont appliqués aujourd'hui dans le monde, mettre au point un projet et le soumettre à une assemblée de consultation populaire, formée de toutes les organisations du peuple. De telle sorte que le projet soit discuté en détail pendant plusieurs mois, que les critiques, les amendements, les idées et les suggestions soient recueillis. Cela nous permettrait de rédiger un nouveau projet qui contiendrait les principaux changements recommandés et que la population approuverait ou rejetterait par plébiscite ou référendum.

GRACE DANA : Au cours des deux dernières années, les attaques terroristes contre les dirigeants de la révolution et leurs partisans ont coûté la vie à plusieurs jeunes Grenadiens, y compris des enfants. Quel danger représentent actuellement ces éléments contre-révolutionnaires pour le peuple et le processus révolutionnaire de Grenade ?

MAURICE BISHOP : Il est évident que même un seul contre-révolutionnaire peut causer des dommages substantiels. Et dans la mesure où un tel contre-révolutionnaire existe dans notre pays — et je suis sûr qu'il y en a plus d'un — il peut occasionner de sérieux dégâts, des dégâts matériels sans aucun doute, mais aussi des pertes en vies humaines.

Mais je dois aussi dire à cet égard que les terroristes sont totalement isolés, que les masses sont devenues les yeux et les oreilles de notre révolution et que ce sont elles qui dénoncent toute trace d'activité terroriste ou contre-révolutionnaire. En effet, l'expérience a montré que chaque fois qu'une action terroriste ou contre-révolutionnaire a été détectée dans notre pays, l'initiative est venue non pas des forces de sécurité, mais des masses. C'est grâce à leurs informations que nos forces de sécurité ont pu intervenir et procéder à des arrestations et garantir l'échec de l'action et la neutralisation des terroristes. Aujourd'hui, les milices participent activement à ce processus, auquel veillent aussi plusieurs organisations de masse.

JE PENSE ÉGALEMENT que nous avons su utiliser les activités terroristes perpétrées au cours des deux dernières années pour élever le degré de conscience politique de notre peuple. En effet, après tout, le terrorisme n'est que l'aveu de l'échec. Ce que le terroriste avoue implicitement, c'est son incapacité de se rallier le peuple. Il est incapable d'organiser, de mobiliser, de convaincre le peuple qu'il lui apporte la solution à ses problèmes ou que son organisation peut faire quelque chose pour lui. Et dans son impuissance, il se retourne alors contre le peuple qu'il cherchait à se rallier. Par contre, nous avons été capables de faire parvenir ce message au peuple.

Naturellement, dans les conditions qui prévalent dans notre pays et dans les pays comme le nôtre, les terroristes sont toujours encouragés et soutenus par l'impérialisme, toujours. Et il est important que les masses comprennent qu'il existe un lien entre le terrorisme local et l'impérialisme. Il est important qu'elles comprennent pourquoi l'impérialisme, tout en tenant de beaux discours sur les droits de l'homme et même en condamnant de prétendus terroristes, encourage, soutient, oriente et dirige les terroristes qui agissent dans d'autres pays. Les manifestations de terrorisme qui ont eu lieu dans notre pays nous ont fourni l'occasion d'expliquer une fois de plus à notre peuple pourquoi l'impérialisme, et en particulier l'impérialisme nord-américain, attaquait notre révolution : à cause des bénéfices que nous avons apportés au peuple et à cause de sa peur endémique de tout processus progressiste dans la région et dans le monde.

GRACE DANA : Pour en revenir aux relations internationales, Grenade fait partie du CARICOM [Caribbean Community — Communauté des Caraïbes], de l'OÉA [Organisation des États américains], du Commonwealth, du Mouvement des pays non alignés et de l'Organisation des nations unies. Et le NJM est membre de l'Internationale socialiste. Pouvez-vous nous dire quels sont les principaux objectifs de la politique extérieure du gouvernement sur ces différents fronts ?

MAURICE BISHOP : Sur tous ces fronts, nous préconisons de toutes nos forces la lutte pour la paix dans notre région et dans le monde, la coexistence pacifique, le désarmement, la fin de la course aux armements, la détente et la reprise des négociations SALT II. Nous considérons toutes ces questions, qui en réalité constituent une seule question de fond, comme fondamentales pour notre politique extérieure. En premier lieu, parce que nous pensons que la question de la paix et de la coexistence pacifique est à l'heure actuelle le problème numéro un dans le monde. Et en second lieu, parce que nous savons que notre pays — en fait aucun pays — ne peut se développer en temps de guerre.

Notre ferme opposition à l'impérialisme, au colonialisme, au néo-colonialisme et au racisme est aussi un point sur lequel nous insistons.

En dernier lieu, nous défendons un certain nombre de principes auxquels nous sommes profondément attachés. Le droit de notre pays, et de tous les pays, d'exploiter ses propres ressources dans l'intérêt de son propre peuple, le droit de tracer notre propre voie, le droit de choisir nos amis et celui de mettre en oeuvre un développement pacifique et progressif adapté à notre pays.

Nous reconnaissons bien entendu qu'aucune des organisations que vous avez mentionnées n'est monolithique. Ceux qui en font partie ont des vues différentes sur le monde et sur toutes les grandes questions qui réclament une solution ainsi qu'une conception différente du développement d'un pays. Nous définissons donc aussi clairement que possible notre position, une position conséquente, au sein de chacune de ces organisations. Nous cherchons par ailleurs à trouver un terrain d'entente aussi large que possible avec toutes les forces représentées. Nous pouvons donner un certain nombre d'exemples tirés de notre expérience des deux dernières années qui illustrent cette volonté.

LE PREMIER EXEMPLE concerne le projet de faire des Caraïbes une zone de paix. Cette idée nous a toujours été très chère. Lors de la conférence de l'OÉA qui s'est tenue en Bolivie en 1979, six ou sept mois après le triomphe de la révolution, nous avons soumis à la considération des participants une résolution dans ce sens et nos représentants ont dû insister pendant quatre ou cinq jours et rédiger plusieurs projets pour la faire adopter. Mais le jeu en valait la chandelle. Finalement, nos délégués ont réussi à faire adopter cette résolution par l'OÉA et à l'unanimité de surcroît, même par les États-Unis. C'est pour le moins paradoxal, mais les faits sont là.

Le second exemple est l'intérêt que nous avons porté aux problèmes qui se posent aux petits États insulaires et à d'autres États également désavantagés. Nous avons soulevé cette question dans tous les forums auxquels nous avons participé.

Un autre exemple est la position que nous avons adoptée vis-à-vis du Front Polisario [qui lutte pour la libération nationale du Sahara occidental]. Nous avons reconnu et soutenu ce mouvement de libération nationale en lutte pour récupérer sa souveraineté et son territoire. Dès le moment où nous avons décidé de soutenir le Front Polisario et de le reconnaître, nous avons contacté nos amis du CARICOM pour essayer d'élaborer une position commune à cet égard. Lorsque cela s'est avéré impossible, nous avons passé outre et agi pour notre compte. Mais pour ce faire, nous avons choisi le moment et la manière qui, à notre avis, permettraient aux autres pays de la région de nous imiter. Et c'est bien ce qui s'est passé.

La bataille de l'aéroport que nous avons livrée récemment est un nouvel exemple. Comme vous le savez, Cuba nous a prêté une aide exceptionnelle dans la construction de l'aéroport international. En fait, si la construction de l'aéroport a pu démarrer, c'est avant tout grâce à l'aide que nous avons reçue de nos soeurs et de nos frères révolutionnaires de Cuba. Cuba nous a envoyé des travailleurs internationalistes, les machines et les équipements les plus indispensables, les experts dont nous avions besoin. Elle nous a fait don du ciment et de l'acier requis. Les Nord-Américains se sentent « concernés », comme à l'accoutumée, par cet aéroport international car ils ont bien compris qu'il s'agit là d'un projet d'une importance exceptionnelle qui doit assurer l'essor économique de notre pays. Voilà pourquoi ils s'évertuent à faire échouer ce projet d'aéroport. Nous avons pu malgré tout obtenir un large soutien international. Nous avons reçu par exemple une aide précieuse des Algériens, des Irakiens, des Libyens et des Syriens, sous forme de dons et de prêts à intérêts modérés. Nous avons aussi reçu du diesel des Vénézuéliens. Nous nous sommes ensuite adressés aux pays de la Communauté économique européenne et une commission de cette Communauté a décidé de tenir une conférence qui a eu lieu à Bruxelles en avril dernier, en vue d'un financement conjoint.

Les Américains ont réagi en lançant une campagne massive et grossière destinée à empêcher ces pays de participer au financement de l'aéroport. Autrement dit, ils essayaient de dicter à l'Europe sa politique extérieure et de dire aux Européens comment ils devaient gérer leurs ressources nationales. Nous avons contre-attaqué en soulevant la question à l'OÉA et devant le Mouvement des non alignés et, d'autre part, en alertant les partis membres de l'Internationale socialiste, nos partenaires du CARICOM et plusieurs États membres du Commonwealth. Enfin, nous avons saisi de l'affaire le secrétaire général des Nations unies et lui avons demandé d'en informer les pays membres de l'organisation.

Notre projet a ainsi reçu un soutien extraordinaire au niveau régional et international, à différents niveaux. Nous avons obtenu par exemple le soutien du groupe des pays d'Afrique, des Caraïbes et du Pacifique. Lors d'une réunion tenue à Bruxelles en avril dernier, 61 d'entre eux ont adopté une résolution condamnant sévèrement l'ingérence des États-Unis et soutenant sans réserve notre droit de construire notre aéroport international. De même, 27 pays du SÉLA [Système économique latino-américain] réunis au Venezuela ont adopté une résolution de soutien.

En d'autres termes, notre méthode a été de tirer parti de notre appartenance à ces organisations en informant leurs membres de ce qui était en train de se passer, tout en demandant de soutenir concrètement le projet.

GRACE DANA : Vous venez de faire allusion aux relations entre Grenade et les États-Unis. Depuis le triomphe de la révolution, on a assisté à une détérioration marquée de ces relations. À quoi cela est-il dû ?

MAURICE BISHOP : Je pense que ceci tient à plusieurs raisons. Historiquement et traditionnellement, les États-Unis ont considéré cette région comme leur arrière-cour. Ils ont toujours cru que leurs transnationales ont le droit d'exploiter les ressources de cette région, et même du monde, à leur guise et impunément. Ils ont toujours estimé qu'ils avaient le droit de décider du cours que doit suivre le développement économique de pays comme le nôtre. En fait, ils ont toujours cru qu'ils avaient le droit de nous condamner à un sous-développement permanent.

Du point de vue historique, cet état de choses remonte au moins à l'époque de la Doctrine Monroe en 1823, qui donna aux différents gouvernements des États-Unis le droit d'intervenir à leur gré en Amérique latine. Et comme vous le savez, en vertu de cette doctrine, pratiquement tous les pays de cette région ont été envahis à un moment ou à un autre. Au dix-neuvième siècle, entre la fin des années 30 et le début des années 40 par exemple, les Mexicains se sont vus dépouillés de la plus grande partie de leur territoire national. Les 2,1 millions de kilomètres carrés qui leur ont été enlevés représentent plus que la superficie du territoire mexicain actuel.

Donc, il y a eu cette longue histoire d'annexions, d'invasions et plus tard de déstabilisation et de pressions diplomatiques utilisées par les Nord-Américains au fil des années. Je pense également que nous devons tenir compte du fait que des pays comme le nôtre, qui assument une attitude donnée, qui ont adopté une position de non-alignement, qui entretiennent avec différents pays des relations basées sur des principes, qui ont d'excellentes relations avec des pays comme Cuba et le Nicaragua, qui ne pensent pas que l'impérialisme est invincible, qui n'acceptent pas que leur pays soit l'arrière-cour de personne, qui croient fermement en leur droit de mener à leur guise le processus de leur choix, sans admettre aucune forme de pression et d'ingérence ; des pays comme le nôtre, qui a eu l'honneur de faire la première révolution dans les Caraïbes anglophones : de tels pays doivent s'attendre tout particulièrement à des pressions et des attaques.

EN RÉALITÉ, nous avons eu des problèmes avec les Nord-Américains dès les premiers jours de la révolution. Les États-Unis ont été la dernière des grandes puissances occidentales ayant des intérêts dans la région à reconnaître notre gouvernement. Ils savaient pourtant que la révolution jouissait d'un soutien populaire formidable, pratiquement total, que nous contrôlions complètement le pays, que nous avions fermement promis — et nous avons tenu toutes nos promesses — de respecter nos engagements internationaux ainsi que les droits et la sécurité de tous les non-Grenadiens et des Grenadiens dans notre pays.

C'est ainsi qu'au cours des premières semaines de la révolution, en échange de la promesse de nous accorder 5000 $ à titre d'« aide », Ortiz, l'ambassadeur nord-américain, a essayé de nous dicter notre politique et il a même poussé l'audace jusqu'à nous mettre en garde contre l'établissement de « liens étroits » avec Cuba. Bien sûr, nous lui avons répondu que nous n'étions pas à vendre et que notre politique intérieure et étrangère relevait entièrement de notre souveraineté et ne pouvait en aucun cas se négocier ou être soumise à des diktats.

Un peu plus tard, dans le courant des trois premiers mois, nous avons découvert que la CIA avait mis sur pied un « plan pyramidal » en forme de trident, axé sur la propagande déstabilisatrice, le sabotage économique et la déstabilisation, et enfin sur le terrorisme, les activités contre-révolutionnaires et les assassinats, en vue de liquider la révolution. Cette découverte eut lieu après que *Newsweek* ait annoncé au monde que le Conseil national de sécurité avait envisagé un blocus contre notre pays. Je dois dire que tous les aspects de ce plan pyramidal de la CIA ont été mis en pratique dans notre pays — quelquefois avec succès — au cours des deux dernières années. Le fait est que quelques-uns des contre-révolutionnaires impliqués dans le complot d'octobre 1979 ont reconnu avoir reçu l'assurance que des mercenaires devaient arriver par bateau du territoire nord-américain pour les aider.

LES NORD-AMÉRICAINS ont également refusé l'extradition de Gairy, qui devait être jugé à Grenade sous l'inculpation de complot et de tentative d'assassinat, entre autres chefs d'accusation, bien que nous ayons procédé à toutes leurs formalités légales. Depuis San Diego et Brooklyn, Gairy utilise encore aujourd'hui le territoire et les médias des États-Unis ainsi que toute une série d'autres moyens que ce pays met à sa disposition pour l'aider à réaliser son rêve impossible : reprendre le pouvoir à Grenade.

Les États-Unis ont d'autre part refusé d'accréditer notre représentant permanent à l'OÉA en tant qu'ambassadeur à Washington et ont interdit à leur ancien ambassadeur à Grenade de venir en janvier dernier à Saint-Georges, où il avait été invité à participer à des conversations officielles en vue de la reprise du dialogue.

Récemment aussi, un sondage réalisé parmi les agences de voyages de la région de Washington, de New York et du Maryland a révélé que plus de 90 pour cent de la quarantaine d'agences consultées au sujet de Grenade avaient averti [leurs clients] qu'il s'agissait d'une destination « peu sûre ». La plupart ont déclaré que ce conseil absolument malhonnête leur avait été donné par le département d'État.

D'autre part, l'année dernière, après que l'ouragan « Allen » ait sérieusement compromis notre récolte de bananes, le plan d'aide aux pays sinistrés de la Windward Islands Banana Association [Association de la banane des îles du Vent], qui comprenait Grenade, St-Vincent, Sainte-Lucie et la Dominique, ne pouvait être appliqué que si Grenade n'en bénéficiait pas. Depuis lors, les États-Unis ont essayé à plusieurs reprises — et ils y sont parfois parvenus — de nous empêcher de recevoir une aide de différents organismes financiers internationaux tels que le FMI [Fonds monétaire international] et de pays tels que ceux de la Communauté économique européenne, auxquels nous avions fait appel pour mener à bien notre projet de construction de l'aéroport international.

À présent, ils réalisent des vols d'espionnage illégaux au-dessus de notre territoire. Ils intensifient leur campagne de propagande mensongère et massive. Et qui sait quels autres plans sont en cours d'élaboration ou viennent tout juste d'être approuvés.

Il semble que la vulgarité et la grossièreté des puissants États-Unis ne connaissent pas de limites lorsqu'il s'agit d'essayer de freiner le développement pacifique et progressiste de nations comme Grenade, petites et pauvres mais résolues à être indépendantes. Pendant la campagne électorale, ils ont dit qu'ils avaient l'intention de nous donner une leçon. Notre plan à nous, c'est de garantir que notre révolution poursuive sa marche et devienne chaque jour plus forte.

Je pense que nous devons aussi comprendre que cette période est à beaucoup d'égards la plus dangereuse des derniers temps. L'administration Reagan a mis à l'ordre du jour de nouveaux concepts extrêmement dangereux, en particulier ceux de l'« interrelation » et du « terrorisme international. » Le concept du terrorisme, qui dit qu'il ne vaut plus la peine de condamner les pays qui détiennent des records de violation des droits de l'homme comme le Chili, doit remplacer celui de Carter sur les droits de l'homme. Les Nord-Américains ont alors tout le loisir d'appeler « terroristes » ceux qui ne partagent pas leur façon de penser. Ainsi, ils cherchent à récrire l'histoire récente et à faire faire marche arrière aux processus de développement progressistes dans le monde. Ils cherchent à créer un climat d'hostilité contre les pays qui se sont battus avec succès pour leur libération, comme Cuba et le Nicaragua, le Mozambique et l'Angola.

Le concept de l'« interrelation » est aussi très dangereux. Selon cette doctrine, s'il se produit quelque part dans le monde quelque chose qui n'est pas de leur goût, ils se réservent le droit d'entreprendre une action similaire n'importe où ailleurs, en Amérique latine par exemple. Ce qui signifie que si un événement qui leur déplaît survient en Europe, cela leur donne le droit d'envahir Cuba ou le Nicaragua, le Salvador ou Grenade.

L'administration nord-américaine veut jouer le rôle de gendarme dans le monde au nom de l'impérialisme et du capitalisme. Les Nord-Américains croient qu'ils ont le droit de diriger le monde. Et il semble qu'ils ne se limitent pas à dominer et à exploiter des nations petites et pauvres comme la nôtre, à essayer de remettre en cause les progrès survenus dans le monde socialiste, mais qu'ils vont même jusqu'à dicter à leurs soi-disant alliés européens ce qu'ils doivent faire. Leur tentative de stopper l'aide humanitaire que les pays de la Communauté économique européenne essaient d'apporter aux victimes de guerre du Salvador en est un exemple récent et très révélateur. Nous en avons un autre, dont j'ai déjà parlé, dans les pressions qu'ils ont exercées sur ces mêmes pays pour les empêcher d'aider Grenade à construire son aéroport international.

VOILÀ L'AMPLEUR DU RÊVE des gens de la Maison-Blanche, du Pentagone, du département d'État et du complexe militaro-industriel des États-Unis. Ils voudraient refaire la carte du monde. Ils voudraient qu'il n'y ait plus jamais de Mozambique, de Nicaragua ou de Cuba. Ils ont accordé leur soutien ouvert et total au régime raciste d'apartheid en Afrique du Sud. Ils s'opposent à la lutte de libération nationale et au mouvement de libération nationale en Namibie. Ils ont accepté une fois de plus d'apporter leur aide à la dictature chilienne. Ils l'ont invitée à participer prochainement à des manoeuvres militaires aux côtés des forces armées nord-américaines. Et ils proclament que le peuple de Panama n'a aucun droit sur son canal, violant ouvertement le traité Carter-Torrijos.

Réellement, cette administration Reagan, avec sa politique, ses positions, ses visées bellicistes évidentes, représente un très grand danger pour la paix mondiale. Elle a créé de nouvelles tensions tant au niveau régional qu'international et sera certainement la cause d'une catastrophe régionale ou mondiale si elle n'abandonne pas au plus tôt son attitude belliqueuse et agressive.

À Grenade, nous avons toujours proclamé notre désir et notre intérêt d'entretenir les meilleures relations possibles avec tout gouvernement en place aux États-Unis. Et nous n'avons pas changé d'avis. Nous reconnaissons que plusieurs Grenadiens vivent aux États-Unis et que plusieurs Américains vivent dans notre pays, qu'il vient chaque année à Grenade plus de touristes de leur pays qu'il n'y a d'habitants à Grenade. C'est pourquoi nous n'avons absolument aucune raison de vouloir entretenir de mauvais rapports avec eux. Mais nous avons toujours dit et nous continuerons de dire que ces relations doivent se baser sur les principes normaux et bien établis concernant les relations entre États souverains ; c'est-à-dire des principes d'égalité légale, de respect mutuel de la souveraineté, de pluralisme idéologique et de non-ingérence mutuelle. Si les États-Unis acceptent ces principes, je suis certain que bon nombre des problèmes qui séparent actuellement nos deux pays seront immédiatement et automatiquement résolus. Quant à nous, il est hors de doute que nous continuerons d'oeuvrer à la poursuite de cet objectif.

GRACE DANA : « En avant toujours, en arrière jamais. » Tel est le slogan de la Révolution grenadienne. Quelles sont à votre avis les principales difficultés à surmonter dans la période actuelle pour que le processus révolutionnaire continue d'avancer ?

MAURICE BISHOP : Je pense que les principales difficultés sont d'ordre économique et nous devons être capables de faire quelque chose au plus tôt pour transformer notre économie et développer ses capacités de production. Nous affrontons à l'heure actuelle d'énormes problèmes du fait du manque de ressources humaines, du manque de moyens technologiques, du manque de capitaux et de compétence.

Il y a par ailleurs le sempiternel problème, commun à tous les pays producteurs de matières premières comme le nôtre, des prix très bas auxquels nous devons vendre nos récoltes. En 1979, la vente de notre production de noix muscade, de cacao et de bananes nous a rapporté 21 millions de dollars. En 1980, nous avons obtenu 17 millions de dollars pour une quantité équivalente, soit une perte de 4 millions de dollars. Ceci explique en grande partie la chute du prix du cacao, qui est passé en quelques mois d'environ 4 400 à environ 2 400 dollars la tonne. Naturellement, nous ne pouvions pas y faire grand-chose. À long terme, cette question fait partie de la lutte que nous livrons pour l'instauration d'un nouvel ordre économique international et pour diversifier notre commerce et nos marchés.

Signalons aussi le problème de l'inflation importée à laquelle nous devons faire face chaque année. Il est évident que dans un pays comme le nôtre, doté d'une économie de si faible envergure, si ouverte et si dépendante, c'est là un problème crucial. En 1979, nous avons dépensé près de 43 millions pour importer des pays impérialistes les articles manufacturés dont nous avions besoin. En 1980, nous avons dû en dépenser 50 millions pour acquérir approximativement la même quantité de biens. Cela prouve qu'alors que le prix de nos produits dégringole d'année en année, celui que nous devons payer pour leurs articles n'arrête pas de grimper. C'est un grave problème.

Comme si cela n'était pas suffisant, Grenade s'est vu récemment déclarer une guerre économique sans merci par trois grandes compagnies transnationales qui ont essayé de paralyser le pays en coupant le courant, en plongeant notre peuple dans l'obscurité. Elles espéraient bien sûr que le chaos qui s'ensuivrait convaincrait les Grenadiens de leur incapacité à mener à bien la révolution et qu'ils ne feraient plus confiance à leur gouvernement pour résoudre les problèmes les plus brûlants du pays.

Après plus de 20 ans de profits juteux arrachés à notre peuple, 20 ans de tarifs croissants que même le gouvernement n'était pas en mesure de contrôler, après 20 ans de détérioration progressive des services, qui ont abouti à de nombreuses coupures de courant au cours des derniers mois, voilà que la CDCE [Commonwealth Development Corporation of England — Société britannique de développement du bien-être collectif] ne pouvait plus obtenir aucun crédit d'Esso pour l'achat de pétrole, pas plus d'ailleurs que de ses banquiers de la Barclay. Dans l'après-midi du 21 mai, notre gouvernement reçut des 3 transnationales l'ultimatum suivant : remboursez les dettes considérables contractées par le CDCE ou les générateurs du pays arrêteront de tourner à 20 heures.

ELLES IGNORAIENT SIMPLEMENT que depuis plusieurs semaines, nous étions parfaitement au courant de leur projet de chantage, que nous savions même qu'elles avaient ourdi des manoeuvres pour empêcher les pièces de rechange destinées aux générateurs de quitter les quais. Devant cet exemple classique d'agression économique, notre gouvernement racheta la majorité des actions de la compagnie d'électricité et put ainsi la contrôler. Il désigna deux nouveaux directeurs et un nouvel administrateur. Enfin, il réunit les travailleurs de la compagnie qui promirent de redoubler de vigilance pour éviter tout nouveau sabotage. Toutefois, les générateurs sont actuellement dans un état déplorable. Il nous faudra du temps pour effacer dans ce service fondamental les séquelles de 21 ans d'exploitation et nous devrons y investir une bonne partie de nos ressources économiques.

Notre plan principal a également été la cible d'une agression économique. Rien que cette année, un tiers de ce plan a failli être compromis à la suite de manoeuvres de dernière minute ourdies par les représentants nord-américains au Conseil d'administration du FMI, qui ont tenté de bloquer un prêt très important pour notre pays provenant de cette organisation. De son côté, la Banque mondiale a essayé d'entraver nos efforts pour obtenir des fonds des pays européens lors de la conférence tenue à Bruxelles, au mois d'avril.

Le deuxième point que je tiens à souligner à ce propos concerne la façon dont nous envisageons la construction de notre pays. Tout ce que nous avons fait au cours des deux dernières années repose sur trois piliers principaux qui doivent nous permettre de développer notre économie nationale et de faire avancer la révolution. Nous devons en premier lieu continuer d'oeuvrer au bien-être de notre peuple en consolidant notre économie, en développant au plus vite la capacité de production de notre peuple et les forces productives de notre pays.

En second lieu, nous devons continuer à faire en sorte que notre peuple se sente concerné, se mobilise et s'organise en vue d'une participation révolutionnaire, démocratique et populaire à la gestion du pays et à la construction de la révolution. Je pense que nous avons bien commencé.

Troisièmement, nous devons développer notre capacité de défendre la révolution. Nous avons la ferme conviction qu'aucune révolution qui se respecte ne peut négliger sa défense. Voilà pourquoi l'armée de Gairy a été démantelée et une nouvelle armée, l'Armée révolutionnaire populaire, a vu le jour. Voilà pourquoi nous mettons sur pied la Milice révolutionnaire populaire. Ainsi, le peuple de Grenade participe à la défense de ce pour quoi il a lutté et de ce qu'il s'efforce de construire.

Je pense que si nous trouvons les moyens de poursuivre notre essor économique et ainsi d'augmenter le bien-être de notre peuple et de bâtir sur ces trois piliers, nous serons capables de surmonter tous les obstacles. De plus, « un peuple organisé, conscient, uni, productif et vigilant ne sera jamais vaincu, » comme le proclame un de nos mots d'ordre nationaux.

Et nous lançons cet avertissement à ceux qui cherchent à nous faire revenir en arrière : aussi longtemps que ce gouvernement, que notre parti et notre peuple fier seront là, aussi longtemps que la révolution existera, plutôt que de nous agenouiller, nous garderons toujours la tête haute.

GRACE DANA : Merci M. le premier ministre pour tout le temps que vous avez bien voulu consacrer au *Résumé hebdomadaire Granma.* Une dernière question. Comment nos lecteurs peuvent-ils en apprendre davantage sur Grenade et comment peuvent-ils manifester activement leur soutien au peuple de Grenade et à sa révolution ?

MAURICE BISHOP : Si vos lecteurs veulent en savoir plus sur Grenade, nous leur conseillons de s'abonner au *Free West Indian,* notre journal national, qui est actuellement un hebdomadaire et que nous espérons pouvoir sortir bientôt deux fois par semaine avant d'en faire à plus long terme un quotidien. C'est une des meilleures manières d'être régulièrement informés sur ce qui se passe dans notre pays. Ceux qui vivent dans des régions où notre station de radio peut être captée ont aussi la possibilité de se mettre à l'écoute de *Radio Free Grenada,* sur les ondes courtes et moyennes.

Troisièmement, des comités de solidarité et des associations d'amitié avec Grenade se constituent un peu partout dans le monde. Là où ces organisations existent, les personnes intéressées peuvent y adhérer, ce qui leur donnerait accès à davantage d'information et leur permettrait éventuellement de participer aux voyages que ces sociétés organiseront. J'en arrive ainsi au quatrième point qui est, naturellement, le voyage. Ceux qui auront l'occasion de se rendre à Grenade verront ce qui s'y passe et seront à même d'en juger. Nous leur garantissons, au minimum, des vacances très agréables, un paysage dont la beauté naturelle n'a pas été détruite, des plages extraordinaires, un climat idéal et bien sûr, la chaleur humaine et l'hospitalité de notre peuple. Mais les touristes qui le souhaitent pourront aussi découvrir une nouvelle société qui naît, l'adhésion consciente de notre peuple à la révolution.

En ce qui concerne le soutien actif dont vous parlez, il y a un moyen que nous trouvons particulièrement efficace : que les forces progressistes de quelque pays que ce soit diffusent à la radio, à la télévision, dans les journaux ou par tout autre moyen la vérité sur Grenade ; qu'elles s'adressent à la conscience de leurs peuples et expliquent les véritables motifs des attaques de l'impérialisme contre notre révolution.

Le soutien matériel peut se manifester de plusieurs façons. Ainsi, nous avons reçu une aide précieuse sous forme d'équipements et de matériel pour les hôpitaux, les centres de réunions et de loisirs des communautés, les cliniques, le Centre d'éducation populaire et le programme de réforme agraire. Nombreux aussi sont ceux qui ont acheté des bons pour la construction de l'aéroport international. Beaucoup de Grenadiens résidant à l'étranger ont commencé à déposer leurs économies à notre Banque nationale de commerce. Nos ambassades et les sociétés d'amitié sont à même, bien entendu, d'apporter des renseignements plus spécifiques sur ce que je viens de dire.

Enfin, je voudrais ajouter que si quelques-uns de vos lecteurs vivent dans un pays — je pense surtout à un pays particulier — qui est tout spécialement hostile à Grenade et qui pourrait même projeter d'envoyer des mercenaires ou ses propres forces armées envahir notre île, si ces lecteurs ont des raisons de croire que de tels plans se préparent, il serait très utile qu'ils s'organisent pour manifester leur mécontentement et leur opposition. Ce genre d'aide internationale a été de la plus haute importance pour plusieurs pays par le passé. Je pense en particulier au Viêt-nam, où elle a constitué un des facteurs décisifs qui ont permis de mettre un terme à la guerre. Je pense aussi au Nicaragua et pour le présent immédiat, au Salvador. Nous estimons que si ce genre d'opposition se poursuit dans les métropoles, cela peut être de la plus grande importance pour la défense des droits de tous les pays et peuples progressistes en lutte dans le monde pour acquérir leur indépendance et leur libération nationale ou pour continuer de construire ou de consolider leur propre développement. C'est sans aucun doute par cette forme d'action que les forces éprises de paix, les forces démocratiques et progressistes peuvent contribuer à l'avance des mouvements progressistes du monde.

Grenade, 19 octobre 1983. Une énorme manifestation populaire vient de libérer Maurice Bishop (dont on voit la tête devant la portière du camion).

# LA LUTTE DES CLASSES À GRENADE, DANS LES CARAÏBES ET AUX ÉTATS-UNIS

## Entrevue avec Maurice Bishop

ANDREW PULLEY : Que peuvent faire les militants et militantes qui soutiennent la révolution grenadienne, les militants et militantes du mouvement contre la guerre et les militants et militantes noirs aux États-Unis contre la course à la guerre du gouvernement des États-Unis et sa campagne de calomnies contre Grenade ? Comment pouvons-nous vous aider ?

MAURICE BISHOP : Je pense qu'il y a plusieurs types d'actions [possibles. Il y a] bien sûr la mobilisation de la population sur des questions aussi importantes que la

---

*Voici de larges extraits d'une entrevue accordée le 15 juillet 1980 à Grenade par Maurice Bishop, le premier ministre du pays, à Andrew Pulley, Steve Clark et Diane Wang. Andrew Pulley était alors candidat du Socialist Workers Party (Parti socialiste des travailleurs — SWP) à la présidence des États-Unis ; Steve Clark, rédacteur de la revue* Intercontinental Press/ Inprecor ; *et Diane Wang, une travailleuse de la métallurgie et une membre du SWP.*

*Le texte complet de l'entrevue a été publié en anglais dans l'édition du 4 août 1980 d'*Intercontinental Press/Inprecor. *Une première version française du texte qui suit a été publiée dans l'édition du 11 septembre 1980 d'*Inprecor/Intercontinental Press.

paix dans le monde et la détente — en particulier la mobilisation des Noirs, des minorités opprimées, des forces progressistes et de la classe ouvrière.

Il y a des façons simples et concrètes de le faire. On peut certainement prendre l'exemple du Viêt-nam et ce qu'il a signifié pour les gens — pas seulement les morts, mais aussi ceux qui sont revenus handicapés pour la vie et les « héros » qui aujourd'hui encore n'ont pas trouvé de travail.

DEUXIÈMEMENT, je pense qu'il serait très important de tenter de mobiliser les gens sur un ou deux mots d'ordre fondamentaux qui permettent d'attirer l'attention de façon concrète et spectaculaire sur cette course à la guerre. Voici un exemple de ce que je veux dire.

Tout le monde le sait et pourtant la plupart des gens n'arrivent pas tout à fait à l'exprimer : les causes de la guerre, les raisons qui expliquent l'actuelle hystérie militariste découlent essentiellement de la crise croissante du système capitaliste international et, plus encore, des problèmes économiques que connaissent les États-Unis.

Il n'y a qu'à voir les 142 milliards de dollars attribués au budget de la Défense, alors que les subventions allouées aux repas dans les écoles sont réduites de 50 millions de dollars. Il y a des restrictions budgétaires sur l'ensemble des programmes sociaux.

Il est bien évident que pendant qu'ils suppriment les crédits destinés à ces secteurs, ils augmentent le budget de la Défense. Et ils poussent les gouvernements des pays de l'OTAN [Organisation du traité de l'Atlantique Nord] à faire la même chose.

Aujourd'hui, il nous semble possible de faire passer ce message de façon concrète, de montrer qu'en réalité la course à la guerre est un moyen pour les compagnies multinationales, l'élite en Amérique, d'essayer de restaurer leurs surprofits qui ont baissé de façon dramatique. Et toujours, le meilleur moyen pour le faire, c'est de mettre en branle une économie de guerre — en augmentant les dépenses en armements et les dépenses militaires en général.

Voici par exemple un mot d'ordre qui exprime ce point : « C'est General Motors qui veut la guerre, pas nous ! Que General Motors aille se battre ! » Ce que je veux dire, c'est qu'il devrait être possible de mettre de l'avant ce genre de message sous une forme très concrète pour que les gens puissent comprendre.

J'ai eu l'impression en effet la dernière fois que je suis allé aux États-Unis, l'an dernier, que la campagne de propagande guerrière commençait à avoir un impact parmi la population en général. Je ne suis pas resté assez longtemps et je n'ai pas parlé à un nombre ou à un éventail suffisants de personnes pour être sûr de ce que j'avance ici. Mais en regardant la télévision et en écoutant la radio, en discutant au hasard avec les gens, c'est nettement l'impression que j'ai eue.

Je pense qu'il est possible d'empêcher cela d'arriver aux États-Unis. J'ai le sentiment très net [qu'on pourrait lancer avec succès] une campagne bien formulée qui vise à expliquer que la guerre n'est *pas* dans l'intérêt des masses américaines et que seule une très petite minorité veut la guerre, avant tout pour des raisons économiques. Donc s'ils veulent la guerre, qu'ils aillent eux-mêmes se battre. Pourquoi devrions-nous aller mourir pour eux ? Cela ne nous aide pas.

Troisièmement, je pense à ce que votre organisation [le SWP] et votre presse [*The Militant, Perspectiva Mundial* et *Intercontinental Press/Inprecor*] ont fait et que nous apprécions beaucoup : mettre l'accent sur la réalité de cette région et sur les efforts des pays progressistes et révolutionnaires pour améliorer les conditions de vie du peuple. Et le faire aussi concrètement que possible, en mettant l'accent sur les besoins fondamentaux de la population comme l'emploi, la santé, le logement, l'alimentation et l'habillement. [En rapportant aussi] les efforts concrets qui sont faits pour répondre à ces besoins et, sur cette base, la prise de conscience qui se développe parmi les masses des Caraïbes que c'est vraiment là une façon de mesurer les progrès accomplis. Non pas en termes du nombre d'industries ou d'hôtels que vous avez quand les profits ne vont qu'à une très petite élite, mais en termes de ce qui profite réellement aux masses.

En faisant savoir aussi que nous tous qui tentons de trouver de nouvelles voies et de développer de nouveaux processus dans les Caraïbes, nous n'avons rien contre les États-Unis. Nous n'avons aucune rancune à assouvir. Tout ce que nous voulons, c'est vivre en paix, avoir l'opportunité de développer nos propres solutions, sans ingérence extérieure, sans intimidation, sans crainte d'invasions, sans détachements spéciaux et sans [manoeuvres militaires du genre] « Solid Shield » ou je ne sais quoi d'autre. C'est vraiment là la seule chose que demandent les peuples de notre région. C'est notre droit de faire ce que nous voulons dans nos propres pays.

Je pense, je le répète, que votre presse et votre organisation ont fait là une contribution importante. Pour nous, c'est une tâche essentielle : [vous devez] continuer ce travail.

Le quatrième point qui me vient à l'esprit, c'est la question des liens d'amitié entre Grenade et les États-Unis, entre Cuba et les États-Unis, entre le Nicaragua et les États-Unis. Il existe des comités d'amitié dans les trois cas que je viens de citer.

En ce qui concerne Grenade, c'est une expérience assez récente mais qui commence à se développer. Il y a aujourd'hui des comités jusque sur la côte Ouest [des États-Unis]. Et je sais qu'il y a des projets pour étendre encore plus le mouvement. L'important, c'est de convaincre les forces démocratiques — pas nécessairement [les seules forces] progressistes — des États-Unis à joindre des organisations comme celles-là, afin de leur donner l'occasion d'apprendre par elles-mêmes ce qui se passe réellement, de connaître le point de vue [qui prévaut] de l'autre côté et de comprendre la façon de voir des peuples de ces pays. Ainsi elles pourront avoir accès à un point de vue différent et n'auront pas à continuer d'être saturées par la propagande officielle des États-Unis.

PARCE QU'UNE FOIS DE PLUS, une des choses qui m'a le plus frappé quand j'étais aux États-Unis — je n'y étais pas allé depuis trois ou quatre ans — c'est la façon dont l'information est mise en conserve et ce sur quoi on insiste. Si réellement le monde a accès uniquement à ce qu'on peut lire dans le *New York Times,* à ce qu'on entend à la radio, à ce qu'on voit à la télévision, c'est impossible de se faire un autre point de vue.

En effet, *tout* est fait en fonction de leur point de vue. Et ce sont justement ces gens-là qui vantent la liberté de presse, le droit d'avoir un point de vue indépendant, la liberté pour tous de savoir ce qui se passe dans la réalité. Vraiment, je ne connais pas de presse, de médias qui soient moins libres que ceux des États-Unis.

ANDREW PULLEY : Un des mensonges les plus flagrants qui circulent actuellement aux États-Unis, c'est que Grenade serait un camp retranché où chaque habitant se promène avec sa carabine. La conséquence, c'est que si vous craignez pour votre sécurité, il vaut mieux ne pas y aller en touriste. En vérité, on voit plus de gens armés dans un quadrilatère de deux rues à Chicago, des policiers en particulier, que je n'en ai vus à Grenade. Avez-vous quelque chose à dire en réponse à cette propagande ?

L'autre mensonge, c'est que le nouvel aéroport international que vous êtes en train de construire serait en fait une base militaire.

Que pensez-vous de l'idée que plus de Noirs américains ou d'autres citoyens des États-Unis viennent voir de leurs propres yeux ce qui arrive ici ?

MAURICE BISHOP : Sur le premier point, à savoir que Grenade serait un camp retranché, que chaque habitant se promènerait avec une arme, qu'il y aurait la guerre civile, des émeutes, des barricades et tout le reste : visiblement, cela fait partie de toute la propagande qui vise à déstabiliser le pays.

On entend cela depuis le premier jour. Ça vise à décourager les touristes, à leur faire peur. Depuis 16 mois, ils sont allés très loin sur ce terrain.

Pendant les premières semaines, ils ont dit que nous avions abattu les forêts du centre de l'île, dans la région de Grand Étang, et que nous y avions installé des missiles pointés en direction des îles voisines. Ensuite, on a eu droit à une autre histoire : que nous avions creusé tout le sol en dessous de l'île pour y installer des pontons et des bases [pour des avions] U2 en vue de préparer une attaque soviétique. On a aussi dit qu'il y avait une base navale soviétique sur l'île voisine de Carriacou.

Bien évidemment, ce genre de propagande ne peut pas avoir d'impact sur notre peuple. L'île est si petite qu'en un quart de seconde, tout le monde sait qu'il s'agit là d'une plaisanterie et d'un mensonge. Mais cela peut avoir un effet sur les gens qui vivent à l'extérieur du pays. Et c'est ce qui s'est produit.

C'est la même chose pour l'histoire du camp retranché. Ce n'est que la dernière trouvaille de cette campagne de propagande et de déstabilisation. Nous en avons vu beaucoup du même genre. Tout cela a bien sûr été accompagné d'une campagne de déstabilisation économique visant à détruire notre économie.

Pour en revenir au tourisme, deux événements récents vous intéresseront peut-être. En février, le propriétaire de l'hôtel Calabash a reçu une lettre d'une agence de voyage de New York lui annonçant que toutes les réservations à son hôtel avaient été annulées parce que le département d'État lui avait dit qu'il était interdit de se rendre à Grenade. Nous avons publié cette lettre. Mais l'ambassade des États-Unis bien entendu a tout nié.

PLUS RÉCEMMENT, quelqu'un a mené une enquête pour nous dans la région de Washington. On s'est rendu compte que sur les 25 agences de voyage de la région, *19* déconseillaient d'aller à Grenade sous prétexte que c'est dangereux. C'est toujours la même rengaine.

Cela montre que la déstabilisation de l'économie a certainement continué.

Comme vous le savez, ils mettent de plus en plus en oeuvre aujourd'hui le troisième volet de leur programme de déstabilisation : la déstabilisation violente et en particulier les assassinats et la terreur. Tout cela est prévisible.

Nous pensons bien sûr qu'il est important que les Noirs des États-Unis viennent à Grenade, plus généralement que les autres Américains viennent, que les travailleurs des États-Unis, le peuple travailleur en général viennent dans notre pays *voir par eux-mêmes* [ce qui s'y passe]. Nous pensons qu'en dernière analyse, c'est la meilleure preuve. N'attendez pas et n'écoutez pas la propagande ! Venez voir par vous-mêmes !

Un peu plus tôt ce matin, j'ai ouvert la Conférence des ministres de la Santé du CARICOM [Communauté des Caraïbes]. J'ai parlé avec quelques ministres, juste après la séance d'ouverture. Tous insistaient pour dire qu'ils ne peuvent pas croire qu'ils sont à Grenade, quand ils pensent à la propagande qu'ils ont entendue à *tous* les postes de radio et à ce qu'ils ont lu dans *tous* les journaux au cours des derniers mois.

UNE CONSOEUR DE LA BARBADE nous a raconté qu'il y a deux semaines, elle avait entendu à la radio une émission qui expliquait que les travailleurs cubains de la construction [qui aident à bâtir l'aéroport international] se promènent en tenue complète de combat, avec des AK-47 sur le dos, et que les ministres du gouvernement sont eux aussi vêtus de cette manière. On disait que des enfants de huit, neuf et dix ans se promènent dans les rues avec des armes, que ces enfants vont à l'école avec leurs armes, que le pays était déchiré par la guerre civile, qu'une barricade avait été dressée dans une partie de l'île près de l'aéroport et que les gens disaient qu'ils ne la lèveraient pas tant que les Cubains ne seraient pas renvoyés chez eux et que tous les prisonniers ne seraient pas libérés.

Bien sûr, toutes ces histoires sont une pure invention. Et cette camarade de la Barbade était tellement heureuse de pouvoir le constater par elle-même.

Donc, un de nos principaux mots d'ordre a été : « Venez voir par vous-mêmes. » Nous sommes convaincus que c'est très important que de plus en plus de gens viennent voir par eux-mêmes. Pour nous, c'est là une des meilleures façons de contrer la propagande déstabilisatrice.

STEVE CLARK : Quels sont les aspects politiques les plus importants de la révolution à Grenade ?

MAURICE BISHOP : Je dirais qu'il y a trois piliers essentiels de la révolution.

D'abord, l'organisation et la mobilisation des masses. C'est essentiel. Nous devons toujours essayer d'impliquer totalement les masses dans tout ce que nous tentons de faire. Nous devons les maintenir pleinement impliquées, leur donner les moyens de comprendre quels sont les problèmes et où nous voulons en arriver.

Deuxièmement, la question de la sécurité nationale et de la défense — la consolidation de ces secteurs.

Troisièmement, la construction d'une véritable économie nationale, qui soit bénéfique pour le peuple et qui améliore ses conditions d'existence.

Ce sont là les trois piliers essentiels. Et nous croyons que les trois doivent être érigés en même temps. Nous ne pouvons pas nous permettre d'en laisser tomber un ou d'en laisser un prendre du retard sur le reste.

Dans toute situation révolutionnaire, dans toute période où des progrès sont accomplis, le problème de trouver un équilibre correct au sein de la population du pays est essentiel. Le peuple sans les fusils, après tout, c'est Allende, et nous savons ce qui est arrivé à Allende. De l'autre côté, les fusils sans le peuple, c'est Pinochet, et nous savons ce qui va arriver à Pinochet.

C'est donc important de trouver cet équilibre. Il faut s'assurer que notre peuple comprenne pourquoi nous devons être prêts à défendre notre pays contre une attaque extérieure, qu'il comprenne pourquoi l'impérialisme *est obligé* de nous attaquer et par conséquent qu'il comprenne que les assassinats, le terrorisme, la déstabilisation, les invasions de mercenaires *font partie* de ses projets.

Dans le contexte de notre situation particulière, ce n'est pas chose facile. En général, la tradition historique des Caraïbes de langue anglaise n'a pas été marquée par une violence systématique de la part de l'État ou même par d'autres formes de violence sérieuse contre le peuple. Il est plus facile, je crois, pour les peuples du continent latino-américain de comprendre ces réalités.

De plus, rappelez-vous de quelle manière nous avons pris le pouvoir. Même s'il y avait eu toute une politique de répression par l'État et par Gairy durant la période qui a précédé la révolution, le peuple n'a généralement pas vécu cette violence à un niveau personnel.

En d'autres termes, nous n'avons pas connu une situation comme celle du Nicaragua. Depuis 1935, le peuple là-bas a lutté les armes à la main à différentes occasions pour tenter de renverser les Somoza.

Nous n'avons pas non plus connu une situation comme à Cuba, avec l'amendement Platt en 1902 [1] et la lutte permanente depuis, année après année, qui a culminé avec les années de lutte dans la Sierra Maestra. Ici vous n'avez rien eu de semblable.

Autrement dit, la conscience du peuple n'a pas été forgée par ce type de situation objective, qui permet facilement de comprendre ce que l'impérialisme est capable de faire.

De plus, nous n'avons pas eu ici une situation semblable à Cuba ou au Nicaragua. Là, une grande partie de la terre était accaparée par quelques *latifundias* [grandes propriétés foncières], [elle était] dans les mains d'un ou deux grands exploiteurs. Vous pouviez la confisquer et la redistribuer, ce qui créait plus facilement la base objective pour agir au niveau subjectif. Ce n'était pas notre cas.

Lorsque vous parlez d'un grand propriétaire à Grenade, vous parlez de quelqu'un qui possède 75 acres [39 hectares] de terre.

Donc dès le départ, nous avons été confrontés à cette difficulté énorme de communiquer à notre peuple, de lui faire comprendre au plus profond de lui-même le fait que nous *allions* être attaqués, que la déstabilisation économique *allait* continuer, que la propagande hostile *allait* continuer et que les assassinats et les invasions de mercenaires *allaient* rapidement devenir une réalité. Ce qui est arrivé dans le passé n'a pas créé les bases objectives pour qu'un tel message soit compris et assimilé. La population n'a pas connu une telle expérience collective et par conséquent, en prendre conscience n'était pas la chose la plus facile.

EN CE SENS, les récents événements [du 19 juin], malgré leur caractère dramatique en termes de pertes de vies, ont joué un rôle considérable dans le développement de la conscience. Le peuple peut dire aujourd'hui : « Dès le premier jour, les camarades nous ont parlé de cela. » Il peut maintenant voir que si l'objectif [des terroristes] était d'éliminer toute la direction le 19 juin, ceux-ci ont préparé leur action sans se soucier du fait qu'ils pourraient en même temps faucher des centaines de femmes et d'enfants innocents.

Cela a produit un changement qualitatif dans la perception qu'a le peuple de ce que l'impérialisme et la contre-révolution veulent vraiment dire.

De ce point de vue, cela a donc été une expérience extrêmement importante. C'est certainement là l'un des plus grands défis que nous devons affronter : essayer de transmettre ce message, essayer de faire comprendre à notre peuple que nous devons rester constamment en alerte, *constamment* vigilants, que les menaces ne sont pas théoriques, mais concrètes. Nous devons être prêts à affronter cela.

Vous lisez l'histoire d'Allende et vous apprenez que la dernière tentative d'assassinat contre lui a eu lieu trois mois seulement avant le coup d'État du 11 septembre 1973. Le dernier attentat était donc le prélude à un vrai coup d'État. C'est pourquoi nous expliquons qu'il est donc tout à fait possible que, de la même manière, une tentative d'assassinat soit ici le prélude à une invasion de mercenaires.

CE QUE L'IMPÉRIALISME reconnaît maintenant en recourant à des tactiques terroristes, en recourant à des tentatives d'assassinat, c'est qu'il a échoué. Toutes les tentatives de constituer une base populaire [pour la contre-révolution] ont échoué. Ils ont essayé de mettre en selle Winston Whyte et son soi-disant UPP [United People's Party — Parti unifié du peuple]. Ils ont essayé de ressusciter Herbert Blaize et son GNP [Grenada National Party — Parti national de Grenade]. Les masses les ont littéralement chassés de la rue parce qu'elles ne voulaient pas entendre ce qu'ils disaient. Ils ont essayé d'utiliser le *Torchlight,* le journal local, dans leur campagne de propagande, sensiblement de la même manière qu'ils ont utilisé le *Mercurio* au Chili ou le *Gleaner* à la Jamaïque.

Ils ont essayé de trouver une base populaire en utilisant des éléments dans le pays qui tentent d'exploiter le mécontentement objectivement *justifié* des masses. Les conditions objectives *sont* en effet mauvaises. Il y a beaucoup de chômage. Il y a beaucoup de pauvreté. Dans ce contexte, ils utilisent ces gens pour essayer d'organiser des grèves et de mobiliser des secteurs de la population autour de questions qui *sont* urgentes, qui *nous* préoccupent et que nous *essayons* de résoudre. Ils leur font croire en même temps que la révolution est comme du café instantané : il suffit d'en verser dans sa tasse et c'est prêt tout de suite. Ils leur font croire qu'il est possible d'éliminer du jour au lendemain les effets de 350 années de colonialisme britannique et de 30 années d'impérialisme et de néo-colonialisme.

C'est vraiment ce qu'ils ont tenté de faire et ils ont lamentablement échoué. Même leurs efforts pour nous isoler à l'échelle régionale ont été un échec total, malgré toute la propagande qu'ils ont faite contre Grenade. Sans aucun doute, plusieurs *gouvernements* nous sont hostiles. *Ceux-ci* n'avaient pas besoin de propagande pour devenir hostiles. Ils l'étaient dès le premier jour. Mais les masses des Caraïbes comprennent ce que nous essayons de faire. Elles comprennent qu'il s'agit d'un véritable processus, que nous sommes en train d'essayer d'amorcer un nouveau processus. [Elles comprennent aussi qu'il s'agit d'un processus] qui peut déboucher sur une nouvelle civilisation, [une civilisation] qui pourrait avoir une grande importance comme modèle pour leur propre vie.

Les masses n'ont donc pas été dupées et l'impérialisme s'en est rendu compte. Il a également constaté que ses tentatives de sabotage économique ne sont pas allées très loin, en partie parce que les États-Unis sont notre septième partenaire commercial. Nous n'obtenons pratiquement rien des États-Unis au niveau des produits vendus dans nos magasins. Ils n'ont donc pas pu nous étouffer de cette façon.

La seule alternative qui leur restait, c'était de viser le sommet de la pyramide, ce qui veut dire la terreur, les assassinats, les invasions de mercenaires. Et je crois que c'est là un des plus grands défis : faire comprendre cela à notre peuple. Il n'y a aucun doute qu'au cours des quatre dernières semaines, ce message a été beaucoup mieux compris.

La population voit maintenant par exemple l'importance de joindre la milice en plus grand nombre. Le nombre initial de miliciens était relativement bas. On pouvait dire que c'était l'avant-garde qu'on retrouvait au sein de la milice. Maintenant, plusieurs milliers de nouvelles recrues ont adhéré.

Les gens commencent à avoir une meilleure appréciation et une meilleure compréhension du fait que l'ARP [Armée révolutionnaire populaire] et la petite milice que nous avions initialement ne pouvaient pas défendre sérieusement le pays en cas d'attaque massive. Et que la seule manière de le faire, c'est en livrant une guerre populaire. Il faut que lorsque les mercenaires circulent et qu'ils aperçoivent ce qui leur semble être des femmes et des enfants qui se baignent innocemment dans une rivière, ils reçoivent une balle dans le dos en partant. Je pense que les masses de Grenade comprennent cela beaucoup mieux maintenant.

Une bonne partie de cette nouvelle conscience est le produit d'événements récents, et pas seulement à Grenade. Il y a eu l'assassinat de l'archevêque [Oscar Arnulfo] Romero au Salvador et de Walter Rodney en Guyane ; la destruction par le feu de la maison de retraite d'Eventide à la Jamaïque le jour même du quatrième anniversaire de la destruction, dans des circonstances identiques, d'Orange Lane en 1976 [2] ; la récente tentative d'assassinat contre [le premier ministre de la Jamaïque Michael] Manley et la tentative de coup d'État là-bas ; et bien sûr à Grenade, l'attentat à la bombe du 19 juin, qui a suivi de près le complot du 26 avril [3].

Quand vous y pensez, nous avons eu 4 complots en 15 mois seulement : le complot d'octobre, le complot de novembre [4], le complot du 26 avril et quelques semaines plus tard, [l'attentat du] 19 juin. Et dans tous ces cas, l'objectif central était d'éliminer la direction. Je pense que nous commençons maintenant à être un peu plus clairs sur cette question. De notre point de vue, cela a certainement été un développement très important.

Nous sommes maintenant convaincus que ce qui arrive à Grenade fait vraiment partie d'un plan régional élaboré par l'impérialisme pour venir à bout des forces progressistes et des processus révolutionnaires dans la région. C'est plus qu'un plan régional, c'est un plan mondial qui comprend les efforts pour renverser la révolution afghane, la recherche permanente de bases dans cette région [du monde], la question de l'Iran et la tentative d'invasion de ce pays il y a quelques mois, la présence militaire dans l'océan Indien et le golfe Persique et l'arsenal flottant dans [l'île de] Diego Garcia.

Et dans notre région, il faut citer la force tactique de Carter l'an dernier, [les manoeuvres] « Solid Shield 1980 » cette année, la crise artificielle [créée autour de la présence de réfugiés] cubains à [l'ambassade du] Pérou, la crise artificielle provoquée au Nicaragua par la démission de deux membres de la Junte [de reconstruction nationale] et les efforts constants de déstabilisation à la Jamaïque. La formule est très claire.

Nous pensons que l'impérialisme a établi une série de cercles concentriques.

Le premier de ces cercles inclut certainement Cuba, le Nicaragua et Grenade. Ce sont les pays clés qu'il faut frapper.

Dans le cas de Cuba, les raisons sont évidentes : c'est l'avant-garde dans cette région.

Le Nicaragua [est visé] pour son importance *considérable* en Amérique centrale. Tout le monde en Amérique centrale veut être un sandiniste. C'est là un énorme problème pour l'impérialisme.

Grenade [l'est] pour l'énorme influence que notre exemple peut avoir dans les pays anglophones des Caraïbes et aussi dans les pays de langues française et néerlandaise des Antilles. Voilà pour le premier cercle.

NOUS PENSONS que le second cercle inclut des pays comme la Jamaïque, la Guyane, Sainte-Lucie, le Surinam et le Salvador. Il s'agit de pays où il y a eu des développements positifs sur le front de la lutte anti-impérialiste, des tentatives significatives pour construire de nouvelles structures en faveur des masses populaires, ou encore où il y a dans l'opposition ou au pouvoir des forces progressistes importantes qui sont déterminées à mener à bien de tels changements.

Dans le cas du Salvador, il y a une lutte de libération nationale en cours, qui ne se résoudra clairement pas dans un cadre réformiste. Toutes les tentatives réformistes au Salvador *sont* vouées à l'échec.

Le troisième cercle vise finalement toutes les forces progressistes, individuelles ou collectives, qu'elles soient au pouvoir ou dans l'opposition. Cela peut expliquer par exemple les assassinats de Walter Rodney et de l'archevêque Oscar Romero. Les impérialistes comprennent le potentiel qu'ont les forces progressistes de gauche de la région. Et ils sont déterminés à écraser ce potentiel, en recourant à l'assassinat.

C'est donc une période extrêmement dangereuse pour nous dans cette région.

STEVE CLARK : La propagande US sur les exilés cubains s'est retournée contre Carter, en particulier après l'ouverture du port de Mariel, les manifestations anti-impérialistes massives à Cuba et le traitement raciste imposé aux Cubains [qui ont émigré] aux États-Unis. Quel impact cela a-t-il eu ici, dans les Caraïbes ?

MAURICE BISHOP : Est-ce que c'est dans le *Militant* que j'ai lu une entrevue avec Fidel par Lee Lockwood qui remonte à 1965 ? L'avez-vous republiée récemment ? [Voir le *Militant* du 18 avril 1980.] J'ai trouvé qu'il s'agissait d'une entrevue extrêmement importante — en particulier parce qu'elle est vieille de 15 ans — pour tracer l'histoire de toute la question de l'émigration.

Fidel y explique le problème de façon extrêmement succincte. Il y souligne que dès le début, on a tenté de créer une crise artificielle [et] que les gens, lorsqu'ils avaient la possibilité de partir librement, partaient librement. Personne ne les empêchait de le faire. Finalement, c'est devenu plus utile à l'impérialisme de les forcer à s'échapper et de les traiter ensuite en héros. Il pouvait en tirer plus pour sa propagande de cette façon.

C'était vraiment là un article important, publié au moment où il l'a été, d'autant plus qu'il avait été fait il y a si longtemps.

Cette propagande a eu un impact négatif dans les Caraïbes de langue anglaise. Il n'y a aucun doute là-dessus. Il y a toute cette discussion sur les « réfugiés de la mer fuyant le communisme » et ainsi de suite. Je pense que de larges secteurs des masses antillaises ont eu de la difficulté à comprendre ce qui se passait réellement et à replacer ces événements dans un contexte plus général.

Car quelle est la réalité ? Si les États-Unis ouvraient leurs portes demain matin à une seule des îles de la région, il resterait six personnes sur l'île. C'est ça la réalité. Mais ils font toutes ces histoires [sur Cuba].

Les médias contrôlés par l'impérialisme ont les ressources, les connaissances et tout le reste. Il nous semble que la propagande impérialiste a fait des progrès sur pratiquement toutes les questions en 1980. En premier lieu, la quantité de propagande déversée et la rapidité avec laquelle elle est mise en oeuvre sont quelque chose d'extraordinaire.

Prenons le cas de l'Afghanistan, en décembre de l'année dernière. Pensez à la rapidité avec laquelle ils ont réagi, à la rapidité avec laquelle cette propagande s'est amplifiée et par conséquent la difficulté qu'il y a à la combattre et à la contrecarrer.

C'est vraiment la même chose avec chaque question. Quelques secondes après l'attentat à la bombe ici à Queen's Park, l'ambassade des États-Unis à Bridgetown [à la Barbade] dépêchait déjà des communiqués. Il est d'ailleurs intéressant de noter que leurs premières dépêches disaient que des membres de la direction avaient été tués. Très intéressant. Nous aimerions savoir : comment ont-ils appris cela ?

OU PRENEZ L'IRAN et la question des 53 otages. Là encore, la rapidité avec laquelle ils ont réagi et l'appui qu'ils ont pu rassembler rendent difficile pour les gens de mettre ce problème dans son véritable contexte : celui des 27 années d'oppression sous le régime du shah, un régime armé par les États-Unis, ce qui a provoqué un profond sentiment d'indignation au sein de la population iranienne. Le sentiment que si les États-Unis protègent cet homme, alors que faut-il faire ?

Mais plus fondamentalement encore, le fait que vous avez une situation comme en Afrique du Sud, où des millions de Noirs sont retenus en otages. Et ils font tout ce bruit autour de 53 otages. Des millions d'otages africains sont enfermés dans le système de l'apartheid : ce n'est pas important. Vous n'entendez jamais parler de sanctions à propos de ces millions-là, mais ils veulent des sanctions pour 53 personnes.

C'est difficile, car ils savent utiliser l'aspect émotif de la question. Ils soulignent le besoin d'assurer la sécurité de toutes les ambassades à l'échelle internationale. Cela conduit de nombreux pays démocratiques, voire même progressistes, à s'opposer fermement [à l'Iran], sans même replacer le problème dans son véritable contexte.

STEVE CLARK : Les mensonges sur l'Afghanistan sont souvent particulièrement exagérés à cause de l'éloignement géographique de ce pays. Les médias rapportaient récemment qu'une armée de 20 000 guérilleros encerclait Kaboul. Ils les appellent toujours « les combattants de la liberté musulmans », en oubliant qu'il y a des musulmans des deux côtés. Mais quelques jours plus tard, vous pouviez trouver une petite note en bas d'une page perdue qui disait que la nouvelle était fausse.

L'un de nos objectifs dans le *Militant* et dans *Intercontinental Press/Inprecor,* c'est de répondre à ce barrage de mensonges, c'est de rappeler simplement aux gens que la presse capitaliste n'hésite pas à mentir carrément. Lénine disait qu'ils rapportent souvent la vérité sur des aspects secondaires pour mieux mentir sur l'essentiel.

MAURICE BISHOP : À propos de l'Afghanistan, nous avons insisté ici à Grenade sur le fait que la révolution d'avril 1978 était plus importante pour nous que les événements de décembre 1979. [Nous avons aussi insisté] sur ce qui s'est passé pendant les 18 mois qui se sont écoulés entre ces deux dates : les efforts incessants de déstabilisation, les attaques armées venues du Pakistan et d'ailleurs, les plans de l'impérialisme.

Le peuple d'Afghanistan a le droit de construire sa propre révolution. Et celle-ci requiert notre solidarité et notre soutien. Cela peut être largement compris par notre peuple parce qu'il voit la même chose nous arriver. Il sait que nous pouvons être confrontés au même genre de problèmes.

STEVE CLARK : Une dernière question. Qu'aimeriez-vous dire aux travailleurs des États-Unis ? À la communauté noire des États-Unis ? Quel message voudriez-vous que nous leur transmettions ?

MAURICE BISHOP : Tout d'abord je voudrais souligner un point que l'impérialisme a essayé d'utiliser pour [nous] diviser et maintenir sa domination : nous n'avons absolument aucun conflit avec le peuple des États-Unis. Nous n'avons absolument rien contre le peuple des États-Unis en tant que peuple.

Notre conflit est avec le système impérialiste. Notre conflit, par conséquent, est avec la classe dominante des États-Unis et avec chacune de ses expressions, que ce soit la présidence, le Conseil national de sécurité, le département d'État, la CIA, les puissants groupes de pression des milieux d'affaires ou encore les médias tout puissants. C'est avec eux que nous sommes en conflit. C'est particulièrement le cas quand cette classe dominante cherche à défendre par la violence le droit de leurs transnationales d'exploiter et de piller nos ressources. C'est avec cela que nous sommes en conflit.

Après tout, il vient chaque année dans notre pays plus de citoyens des États-Unis qu'il n'y a d'habitants à Grenade. L'an dernier, 140 000 sont venus en croisière et je n'inclus pas ceux et celles qui sont restés pour des séjours plus longs.

Notre conflit ne se situe pas là et nous voulons que ce soit clair. Parce que l'impérialisme a tout fait pour créer beaucoup de confusion autour de cette question.

De même, quand vous abordez la question des Noirs et des autres minorités opprimées aux États-Unis, nous avons évidemment de grandes affinités avec eux à cause de notre propre passé culturel et de notre propre histoire. Il y a un très grand sentiment d'identité culturelle, que le peuple de Grenade ressent spontanément envers les Noirs des États-Unis. Et nous ne doutons pas que la communauté noire des États-Unis partage ce sentiment à notre égard.

Dans la mesure où notre propre lutte est internationaliste, nous avons pleinement soutenu au cours des années toutes les causes internationales qui nécessitaient une telle solidarité. Nous considérons qu'il s'agit là de notre devoir en tant qu'internationalistes.

DEPUIS LE TRIOMPHE de la révolution, nous avons continué dans cette voie. Nous avons été le premier pays de l'hémisphère occidental à reconnaître le Front Polisario [qui lutte pour la libération nationale du Sahara occidental] et le deuxième pays au monde à reconnaître la Junte provisoire du Nicaragua, le 23 mai de l'année dernière. [C'était] trois semaines avant la victoire finale. Nous donnons ouvertement et de façon conséquente notre appui à l'OLP [Organisation de libération de la Palestine], à la lutte pour l'indépendance de Porto Rico et ainsi de suite. Voilà notre position.

Nous voyons donc l'importance de la solidarité et des efforts communs entre les forces progressistes à l'échelle internationale. Nous voyons ces luttes comme finalement *une* seule lutte, indivisible. Et nous considérons que tout ce qui se passe à Grenade est important pour tous ceux et celles qui luttent de par le monde. Par conséquent, nous sommes disposés à appuyer toutes les luttes dans le monde. Nous pensons que sur cette base, les forces progressistes et démocratiques aux États-Unis doivent elles aussi soutenir notre révolution.

Nous accordons certainement une grande importance aux activités, au potentiel et aux perspectives de développement du mouvement ouvrier aux États-Unis. [Nous accordons une grande importance] à sa capacité de se mobiliser et de s'organiser contre la conscription et à son potentiel de porter un coup mortel contre le système impérialiste et capitaliste international, à partir des entrailles mêmes de la principale puissance impérialiste mondiale.

Enfin, il y a de grandes possibilités pour la classe ouvrière aux États-Unis de se solidariser avec les luttes révolutionnaires ailleurs dans le monde. C'est une chose qu'elle a déjà faite et qu'elle peut faire à nouveau. Par exemple, elle peut se mobiliser et s'organiser pour refuser de charger des navires à destination de régions particulières.

En résumé, notre message fondamental est le suivant : ce contre quoi nous luttons, c'est le système impérialiste. Nous avons le plus grand respect pour le peuple des États-Unis. Nous nous sentons une affinité particulière avec les Noirs des États-Unis, avec les autres minorités opprimées, avec la classe ouvrière et avec les forces progressistes des États-Unis. Nous sommes certainement prêts à exprimer notre solidarité avec leur combat et nous espérons qu'ils seront solidaires du nôtre.

Finalement nous voulons également transmettre le message suivant : nous aimerions beaucoup vous voir. Nous considérons qu'il est très important de venir voir par vous-mêmes notre réalité, au lieu de lire la propagande qui circule aux États-Unis sur Grenade, Cuba et le Nicaragua. Cela permet de mieux comprendre ce qui se passe réellement ici et, sur cette base, d'être en meilleure position d'évaluer ce qui se passe dans cette région du monde.

Je voudrais ajouter une dernière chose. Sans vouloir être impertinent, nous voudrions suggérer avec insistance au mouvement des Noirs aux États-Unis de développer les liens les plus solides et les plus étroits avec le mouvement ouvrier blanc et avec le mouvement progressiste blanc. Notre sentiment est que pour être en mesure de gagner la bataille aux États-Unis mêmes, il est extrêmement important que toutes les forces progressistes s'unissent pour mener un combat conséquent contre le véritable ennemi.

Ne perdez pas de temps à vous battre entre vous et à débattre de questions sans importance. C'est, je crois, très important et c'est une des choses que j'aimerais transmettre dans ce message.

## NOTES

1. Le gouvernement des États-Unis a profité de la deuxième guerre d'indépendance du peuple de Cuba contre l'Espagne pour envahir l'île en 1898. Le Congrès américain a profité du rapport de force ainsi créé pour imposer l'amendement Platt au gouvernement cubain en 1901-1902. Ce traité formalisait le contrôle effectif des États-Unis sur Cuba. Il autorisait le gouvernement des États-Unis à intervenir militairement à Cuba quand il le jugeait « nécessaire » et à établir des bases militaires dans l'île. C'est là l'origine de l'actuelle base US de Guantánamo, située dans l'extrême sud-est de Cuba.

2. En mai 1976, alors que le gouvernement des États-Unis se livrait à une campagne de déstabilisation contre le régime de Michael Manley en Jamaïque, 50 hommes armés ont attaqué un quartier résidentiel du centre de la capitale Kingston. Cette section de la ville était un bastion du Parti national populaire de Manley. Ils y ont mis le feu, tuant 10 personnes. Quatre ans plus tard, en mai 1980, un incendie criminel a rasé de la même façon le centre d'accueil Eventide, tuant 144 femmes âgées.

3. À la fin d'avril 1980, Kennedy Budhlall a été arrêté avec plusieurs autres personnes pour avoir comploté dans le but de renverser le gouvernement. Budhlall était un opposant de la révolution et un important trafiquant de marijuana. Les conspirateurs avaient plusieurs partisans dans un des camps de l'armée.

4. À la fin d'octobre et au début de novembre 1979, un certain nombre de contre-révolutionnaires ont été arrêtés pour avoir participé à un complot visant à renverser le gouvernement. Parmi eux, il y avait Winston Whyte, l'ancien chef du Parti unifié du peuple, un parti de droite ; Rupert Japal, du Parti national de Grenade ; et Wilton De Ravinere, un ancien caporal de la police.

# Nouvelle Internationale

UNE REVUE DE POLITIQUE ET DE THÉORIE MARXISTES

NOUVELLE INTERNATIONALE N° 4

## Les premières salves de la troisième guerre mondiale : La guerre contre l'Irak

JACK BARNES

L'assaut meurtrier contre l'Irak en 1990-1991 a annoncé des conflits de plus en plus aigus entre les puissances impérialistes, une instabilité croissante du capitalisme et davantage de guerres. Comprend aussi :

« **La troisième poussée militariste de Washington** »
par Mary-Alice Waters

« **Les leçons de la guerre Iran-Irak** »
par Samad Sharif

14 $ US. Aussi en anglais, espagnol, farsi.

NOUVELLE INTERNATIONALE N° 7

## Le long hiver chaud du capitalisme a commencé

JACK BARNES

Dans cet article publié alors que s'accumulaient les nuages de ce qui deviendra la crise financière de 2008, Jack Barnes explique que la crise capitaliste d'aujourd'hui est le début de ce qui sera des décennies de convulsions économiques, financières et sociales et de batailles de classe. Les travailleurs qui ont une conscience de classe, dit-il, affrontent avec confiance ce tournant historique de l'impérialisme et tirent satisfaction à projeter avec audace un cours révolutionnaire pour prendre le pouvoir. 14 $ US. Aussi en anglais, espagnol, farsi, arabe, grec.

NOUVELLE INTERNATIONALE N° 8

## Notre politique commence avec le monde

JACK BARNES

14 $ US. Aussi en anglais, espagnol, farsi, grec.

# LA QUESTION JUIVE, LA LUTTE CONTRE

## La lutte contre la haine des Juifs et les pogroms à l'époque impérialiste

*Les enjeux pour la classe ouvrière internationale*

V. I. LÉNINE, LÉON TROTSKY, FARRELL DOBBS, JAMES P. CANNON, JACK BARNES, DAVE PRINCE

La haine des Juifs et les pogroms, comme celui commis par le Hamas le 7 octobre 2023, font désormais partie des convulsions sociales permanentes et des guerres de l'époque impérialiste. Les auteurs expliquent pourquoi la lutte contre la haine des Juifs est essentielle pour la classe ouvrière et les nations opprimées du monde entier. Et ils répondent à la question : *Que faut-il faire pour y mettre fin, une fois pour toutes.* 10 $ US. Aussi en anglais, espagnol, grec.

## Le désordre mondial du capitalisme

*La politique ouvrière au millénaire*

JACK BARNES

La dévastation sociale, les paniques financières, le durcissement de la politique, la brutalité policière et les agressions impérialistes : tous proviennent non pas d'un dérèglement du capitalisme, mais plutôt de son fonctionnement régulier et normal. Ce qui peut changer l'avenir, c'est la lutte unitaire des travailleurs et des agriculteurs confiants dans leur capacité de mener des batailles révolutionnaires pour le pouvoir d'État et de transformer le monde. 20 $ US. Aussi en anglais et espagnol.

## Sur la question juive

KARL MARX

« Ne commencez pas par la religion pour expliquer l'histoire des Juifs », a écrit le jeune Marx dans cet article de 1843. « Au contraire, la préservation du peuple juif ne peut s'expliquer que par sa position économique et sociale. » La défense par Marx de l'émancipation politique gagnée par les Juifs grâce à la révolution française. Karl Marx et Friedrich Engels, Collected Works [Oeuvres complètes], vol. 3. 35 $ US. En anglais.

# LE FASCISME ET LA CLASSE OUVRIÈRE

## La question juive

*Une interprétation marxiste*

ABRAM LÉON

La lutte contre les forces réactionnaires visant à exterminer les Juifs reste au coeur de la politique mondiale, comme le montre le pogrom génocidaire d'octobre 2023 en Israël. Pourquoi la haine des Juifs montre-t-elle toujours son visage hideux ? Quelles en sont les racines de classe ? Abram Léon explique pourquoi il n'y a pas de solution « hors de la révolution prolétarienne mondiale ». Nouvelle introduction et 40 pages d'illustrations et de cartes. 17 $ US. Aussi en anglais, espagnol, grec.

## La fondation du Parti socialiste des travailleurs

*Procès-verbaux et résolutions, 1938-1939*

JAMES P. CANNON

« L'attaque contre les Juifs est le fer de lance de l'attaque contre la classe ouvrière américaine, » affirme une résolution adoptée par le congrès du SWP de 1938. Le parti a exigé que Washington « ouvre grand les portes des États-Unis aux victimes du régime des pogroms hitlériens ! » 23 $ US. En anglais.

## Qu'est-ce que le fascisme américain ?

JAMES P. CANNON, JOSEPH HANSEN

Ces textes analysent des courants fascistes du vingtième siècle aux États-Unis. « Pour réussir, un mouvement fasciste doit avoir un bouc émissaire sur lequel les masses de la petite bourgeoisie peuvent déverser leur rage plutôt que sur les capitalistes qui le méritent », a écrit Joseph Hansen à propos du mouvement antisémite « Justice sociale » du père Charles Coughlin à la fin des années 1930. « Coughlin, comme Hitler et Mussolini, a choisi le Juif ». 5 $ US. En anglais.

# DÉFENDRE LES LIBERTÉS DÉMOCRATIQUES

*En vertu de notre constitution, « Le peuple peut censurer le gouvernement, mais le gouvernement ne peut censurer le peuple. »*

—James Madison, 1794

## 50 années d'opérations secrètes aux États-Unis

La police politique de Washington et la classe ouvrière américaine

LARRY SEIGLE, FARRELL DOBBS, STEVE CLARK

Comment les travailleurs ayant une conscience de classe ont défendu les libertés constitutionnelles et combattu les efforts des capitalistes pour construire un État de « sécurité nationale », essentiel pour préserver leur domination. 10 $ US. En anglais, espagnol, farsi.

## Le socialisme en procès

Déposition au procès pour sédition de Minneapolis

JAMES P. CANNON

Le programme révolutionnaire de la classe ouvrière, présenté en cour fédérale en 1941, à la veille de l'entrée des États-Unis dans la Deuxième Guerre mondiale. Les accusations de « conspiration séditieuse », fabriquées de toutes pièces, visaient des dirigeants du mouvement syndical de Minneapolis et du Parti socialiste des travailleurs. 15 $ US. Aussi en anglais, espagnol, farsi.

## Le FBI en procès

La victoire du Parti socialiste des travailleurs (SWP) dans son procès contre l'espionnage mené par le gouvernement

MARGARET JAYKO

Le compte-rendu d'une victoire historique dans la lutte pour les droits politiques, y compris le jugement de la cour fédérale de 1986 contre l'espionnage gouvernemental et des extraits des témoignages de Farrell Dobbs et de Jack Barnes, dirigeants du SWP. 17 $ US. En anglais.

# CUBA À UN MOMENT HISTORIQUE

*Mary-Alice Waters*

LES DEUX DISCOURS de Fidel Castro que nous publions ci-dessous reflètent un point tournant de la révolution cubaine.

Les événements qui ont lieu présentement à Cuba ont été virtuellement passés sous silence par les médias à travers le monde. Pourtant à Cuba, les 18 derniers mois ont constitué une période de débats publics intenses. Tous les secteurs de la société cubaine ont été entraînés dans cette discussion, dirigée par le Parti communiste de Cuba. Les deux discours présentés ici ont été diffusés en direct, à la radio et à la télévision, puis retransmis pour que tous les Cubains puissent les entendre, quels que soient leurs quarts de travail.

Le processus de rectification, comme on l'appelle à Cuba, vise à effectuer une correction historique de l'orientation même de la révolution. Le premier discours, que nous reproduisons ici sous le titre « Des problèmes importants pour l'ensemble de la pensée révolutionnaire internationale », a été prononcé au troisième congrès du parti, en décembre 1986. Fidel Castro y explique que les questions abordées dans ce débat ne sont pas nouvelles.

Des problèmes étaient apparus depuis plus de 10 ans. Mais il devenait de plus en plus évident, souligne Fidel Castro, que l'orientation erronée de la révolution menait Cuba non pas vers le socialisme ou le communisme mais « vers un système pire que le capitalisme. »

Ces erreurs, si elles n'avaient pas été reconnues et si des mesures n'avaient pas été prises pour les corriger, auraient eu des conséquences qui se seraient révélées « irréversibles », d'ajouter Fidel Castro. Découragement, perte de conscience politique et démoralisation se seraient développés, au point où la conscience révolutionnaire et l'engagement internationaliste des masses cubaines auraient été détruits. Et tout cela se serait produit sous la bannière de l'édification du socialisme.

LE PROCESSUS que dirige le Parti communiste de Cuba constitue une véritable révolution politique. Il s'agit d'une bataille pour éliminer toute idée qu'il existe un quelconque mécanisme — que ce soit le Système de planification et de gestion économiques ou le Pouvoir populaire — dont le fonctionnement pourrait automatiquement mener au socialisme. C'est une bataille pour remettre au centre du processus révolutionnaire la seule force capable de faire progresser la transition du capitalisme au socialisme : les masses travailleuses mobilisées pour accroître leur contrôle sur l'administration et la direction de leur propre État et pour déterminer le cours de l'économie cubaine.

La principale erreur de la direction cubaine, souligne Fidel Castro, a été de penser et d'agir comme si « la construction du socialisme dépendait essentiellement de mécanismes. » C'était là le coeur de nos erreurs, précise-t-il, en ajoutant que « la construction du socialisme et du communisme est essentiellement une tâche politique, une tâche révolutionnaire, qu'elle doit être avant tout le fruit du développement de la conscience et de l'éducation de l'homme pour le socialisme et pour le communisme. » Même un Système de planification et de gestion économiques ou les structures du Pouvoir populaire, réformées et améliorées, ne peuvent servir que d'instruments secondaires. Aussi importants soient-ils, on peut *s'en servir* mais non pas les transformer en fétiches.

Seuls des hommes et des femmes révolutionnaires, communistes, qui ont acquis une nouvelle conscience politique et sociale peuvent diriger l'humanité dans la construction d'un monde meilleur. Dans cette nouvelle société, le travail volontaire jouera un rôle croissant à mesure que disparaîtront les mécanismes et les appareils administratifs séparés et que les lois aveugles céderont la place aux décisions conscientes de l'humanité.

La révolution socialiste cubaine progresse, approfondissant qualitativement ses racines internationalistes et prolétariennes. Elle continue à mobiliser les masses ouvrières pour les amener à prendre les rênes de leur révolution. C'est dans ce cadre que Fidel Castro aborde directement la question de la direction dans son discours intitulé « Le renouvellement ou la mort ».

Dans ce discours, Fidel Castro décrit les critères qui ont servi à l'élection du Comité central et du Bureau politique au troisième congrès du parti, en février 1986. D'autres tentatives de renouvellement de la direction avaient eu lieu dans le passé. Mais, souligne Fidel Castro, elles n'avaient été que partielles et incomplètes. En ce qui concerne le deuxième congrès, a fait remarquer Fidel Castro lors d'un rassemblement public en décembre 1980, sa contribution « la plus révolutionnaire a été au niveau de la composition de notre Comité central.

Notre parti s'est doté d'une direction comprenant une forte proportion de dirigeants ouvriers, de femmes et de combattants internationalistes. De plus, le nombre des travailleurs dans notre parti a presque triplé, ce qui veut dire que notre parti est devenu plus prolétarien et donc plus marxiste-léniniste et plus révolutionnaire. »

Le congrès de 1986 est cependant allé beaucoup plus loin dans cette direction que celui de 1980. Il a mené à bien un renouvellement profond et a entrepris une transition historique de la direction vers une nouvelle génération. Quarante pour cent des membres du Comité central et 50 pour cent de ceux du Bureau politique n'ont jamais appartenu à ces instances auparavant. De plus, le congrès a reconnu que ce processus de renouvellement et de transition ne pouvait progresser qu'avec une augmentation de la composition ouvrière de la direction. Cela exigeait de faire face consciemment aux divisions sur la base de la race et du sexe au sein de la classe ouvrière. Les conséquences de ces divisions, héritées de l'impérialisme, ne s'effacent pas du jour au lendemain. La nouvelle direction, plus prolétarienne, comprend un plus grand nombre de jeunes, de femmes, de noirs et de métis.

Le congrès de février 1986 a fourni un exemple sur la question de la sélection de la direction qui est maintenant appliqué plus largement. Les syndicats, l'Union des jeunesses communistes et d'autres organisations ont adopté des mesures semblables.

Les centaines de milliers de Cubains qui se sont portés volontaires pour accomplir des tâches internationalistes à travers le monde ont constitué un facteur clé dans la capacité des communistes cubains de mener la bataille pour approfondir leur révolution. Ces volontaires ont mis leurs énergies et leurs connaissances, en tant que professeurs, médecins, ingénieurs et travailleurs de la construction, à la disposition de pays comme l'Éthiopie, le Kampuchéa, le Nicaragua et Grenade. Ils ont acquis en retour une compréhension révolutionnaire plus profonde de la lutte contre l'impérialisme mondial et de la place de Cuba. Les expériences que traversent depuis 1975 les volontaires cubains qui défendent l'indépendance et la souveraineté de l'Angola contre l'armée sud-africaine et contre les mercenaires à la solde des États-Unis ont éduqué et politisé les éléments les meilleurs et les plus conscients de la nouvelle génération de communistes cubains. Elles les ont mobilisés « pour payer notre dette à l'humanité, » comme ils le disent souvent.

Une nouvelle conscience est en train de naître, une meilleure compréhension qu'il ne peut y avoir de séparation entre l'internationalisme prolétarien et la conscience communiste de classe à l'intérieur de son propre pays. Seules de nouvelles victoires des travailleurs et des paysans contre l'impérialisme ailleurs dans le monde permettront qu'émerge une nouvelle direction révolutionnaire et que s'approfondisse la révolution cubaine. Sans les progrès de la révolution mondiale en Angola, au Nicaragua et à Grenade, au cours des dix dernières années, Cuba aurait aussi régressé.

CELA S'EXPLIQUE PAR LE FAIT que le processus de rectification à Cuba n'est pas essentiellement une lutte portant sur des idées. Comme l'explique Fidel Castro, le Système de planification et de gestion économiques a été appliqué « aveuglément » sans le contrôle de la direction et des travailleurs communistes. Ce fonctionnement a engendré une couche d'administrateurs et de fonctionnaires dont certains ont commencé à se comporter en capitalistes, à se vêtir comme des capitalistes et à développer les mêmes goûts qu'eux. Ces gens se sont cherchés des appuis parmi les couches de travailleurs mieux payés, ceux-là mêmes qui se sont habitués à des privilèges et à des primes non méritées et qui se sont laissés corrompre. Ils ont aussi trouvé des appuis parmi les paysans qui avaient empoché des profits imposants par la vente de denrées alimentaires rares et d'autres produits de consommation. Ces couches sociales ont amélioré leur situation sous le système économique de la dernière décennie. Plusieurs d'entre eux s'opposent aux mesures prises pour approfondir la conscience politique et la mobilisation révolutionnaire de la classe ouvrière. Ils rejettent l'idée que la classe ouvrière soit au poste de commande et qu'elle fasse les choix nécessaires pour faire avancer l'ensemble des masses travailleuses à Cuba et ailleurs dans le monde.

Ce qui illustre le mieux l'ampleur du défi auquel fait face la direction cubaine, c'est le fait que le poids et l'influence corruptrice de ces couches sociales aient commencé à se faire sentir à l'intérieur même du Parti communiste de Cuba. Comme l'a souligné Fidel Castro, le parti lui-même « commençait à aller à la dérive. »

Ce sont les progrès de la révolution mondiale qui ont permis de contrecarrer ces tendances négatives à Cuba. L'internationalisme prolétarien et l'expérience révolutionnaire directe de centaines de milliers de volontaires internationalistes ont constitué de puissants facteurs de politisation. Ces facteurs sont devenus une force matérielle. Avec l'aide des travailleurs et des paysans de l'Afrique, de l'Amérique centrale et des Caraïbes, les travailleurs et les agriculteurs de Cuba ont pu commencer à corriger ces erreurs à temps. Ils ont pu changer d'orientation avant que le processus de dépolitisation, de démoralisation et de corruption ne devienne irréversible.

Ce n'est pas la première fois que la direction cubaine mène une telle lutte. En 1979, Raúl Castro a donné plusieurs discours dans lesquels il a abordé ces questions avec force. En 1980, des millions de Cubains sont descendus dans les rues à trois reprises en un mois pour répondre aux menaces et aux provocations militaires croissantes des États-Unis. Ces Marches du peuple combattant visaient également à répondre à l'exode de Mariel. Quelques mois plus tard, les Milices territoriales ont été formées, auxquelles plus d'un million et demi de Cubains ont adhéré. Elles ont révolutionné tout le système de défense à Cuba. En 1982, au congrès de l'Union des jeunesses communistes et à celui des petits agriculteurs, Fidel Castro a fermement dénoncé plusieurs manifestations de corruption et de bureaucratisation. Toutes ces initiatives révélaient une meilleure compréhension des problèmes auxquels Cuba faisait face. Elles constituaient des mesures permettant de mobiliser les masses ouvrières vers la solution de ces problèmes.

Les conclusions auxquelles en est arrivé le troisième congrès et les mesures entreprises pour corriger la situation marquent cependant un point tournant, l'ouverture d'une nouvelle étape de la révolution cubaine. Le renouvellement de la direction n'est plus simplement partiel ou symbolique. Les mécanismes politiques et les différents systèmes de gestion économique, aussi importants soient-ils et quelles que soient les réformes qu'on ait pu leur apporter, ont maintenant pris leur juste place. Ils ne sont plus que des instruments à être utilisés et modifiés dans la pratique par une classe ouvrière plus consciente, plus communiste. Le nouveau cours suivi par la révolution ne constitue pas une bataille à court terme contre des exemples isolés de corruption. Il s'agit d'une lutte pour amener les masses travailleuses à prendre en main leur présent et leur futur, afin d'aider l'humanité à avancer vers un futur meilleur, et non pire, que le capitalisme.

« Le chemin du communisme est totalement nouveau pour l'homme, » de souligner Fidel Castro. Il n'y a pas de schéma directeur ; il ne peut y en avoir. Pour continuer à corriger les erreurs et avancer, il faudra des niveaux de compréhension sociale et de conscience de classe plus élevés. Tous ces facteurs illustrent l'importance cruciale des développements politiques révolutionnaires à Cuba aujourd'hui pour les masses travailleuses du monde entier. Et comme le dit Fidel, ces développements sont importants pour « l'ensemble de la pensée révolutionnaire internationale. »

*Juillet 1987*

*Adhérez au*

# CLUB DES LECTEURS DE PATHFINDER

**CONSTITUEZ UNE BIBLIOTHÈQUE MARXISTE**

**RABAIS DE 25 POUR CENT SUR TOUS LES LIVRES ET BROCHURES**

**RABAIS DE 30 POUR CENT**

**SUR LES SPÉCIAUX DU MOIS**

**Obtenez votre carte annuelle pour seulement 10 $ US. En vente chez pathfinderpress.com ou dans tous les centres de livres Pathfinder à travers le monde.**

LÜKO WILLMS / THE MILITANT

KATY LE ROUGETEL / LUTTE OUVRIÈRE

Cuba, 1988. Minibrigadistes à l'oeuvre sur deux des chantiers de construction impulsés par le processus de rectification.

# DES PROBLÈMES IMPORTANTS POUR L'ENSEMBLE DE LA PENSÉE RÉVOLUTIONNAIRE INTERNATIONALE

*Fidel Castro*

CAMARADES,

Le congrès a approuvé le programme du Parti communiste de Cuba, notre premier programme, et il a décidé de le proclamer aujourd'hui en ce trentième anniversaire du débarquement du Granma [1]. Je déclare donc approuvé le programme du Parti communiste de Cuba. *(Applaudissements prolongés)*

L'idée peu orthodoxe d'organiser une session différée du troisième congrès s'est avérée pratique et sage. Ceci a permis à tous nos militants et à tout notre peuple d'analyser, de discuter et d'enrichir le projet de programme.

Son élaboration pour le troisième congrès ne nous a pas permis de le soumettre à la discussion massive en temps voulu, c'est-à-dire suffisamment à l'avance par rapport à la tenue du congrès.

---

*Ce discours a été donné par le président Fidel Castro, premier secrétaire du Comité central du Parti communiste de Cuba, lors de la clôture de la session différée du troisième congrès du Parti communiste de Cuba, le 2 décembre 1986. Le texte a été traduit par le Conseil d'État de Cuba et publié dans le* Résumé hebdomadaire Granma *du 5 décembre 1986. Les notes sont de* Nouvelle Internationale.

Dans leur analyse, notre peuple et nos militants ont proposé de nombreuses modifications et introduit des idées qui ont été soigneusement examinées par une commission et, en dernière instance, par la commission du congrès.

Parmi ces milliers d'idées et de suggestions, un certain nombre ont été retenues, pas des milliers mais des centaines. Mais même ainsi, nous ne nous faisions pas l'illusion de disposer d'un programme parfait. La rédaction pourrait être plus claire, plus précise, plus parfaite par endroits. Toutefois, nous étions sûrs que notre programme recueillait les idées essentielles et qu'il était bon.

L'APPROBATION de notre premier programme constitue un événement historique qui revêt une grande importance dans la vie de notre révolution et de notre parti. Orienté vers l'avenir, il exprime nos aspirations. Mais nous pouvons faire le meilleur programme du monde et, cependant, être incapables de l'appliquer.

J'ai l'intime conviction que si nous ne rectifions pas les erreurs et les tendances négatives, ni ce programme ni rien qui mérite le nom de programme ne pourra être appliqué.

Nous avons déjà mis en oeuvre quelques programmes depuis le surgissement du processus révolutionnaire, depuis le début de la lutte contre la tyrannie. Le programme de la Moncada n'a pas seulement été exécuté, et en relativement peu de temps, dans les premières années de la révolution. Il a été largement dépassé [2]. Ce que la révolution a fait tout au long de ces 25 ans est beaucoup plus que ce dont nous pouvions rêver à cette époque.

Pour nous, il n'est donc pas nouveau d'approuver un programme et de l'exécuter, mais nous devons savoir quelles sont les conditions nécessaires à son application.

Pour mener à bien le programme de la Moncada, il a fallu lutter, multiplier les efforts et les sacrifices. Mais les conditions étaient réunies pour y parvenir et même pour aller plus loin. Nous devons donc déterminer les prémisses indispensables à l'accomplissement de ce programme, et c'est précisément la raison pour laquelle nous avons consacré presque toutes les séances de notre session différée au processus de rectification des erreurs et à la lutte contre les tendances négatives. C'est même un avantage pour ce programme que d'avoir été approuvé maintenant et non aux premières sessions du congrès. Car il contient bon nombre des idées associées à ces problèmes, à ce processus de rectification et de lutte. Dans ce sens, notre programme est donc tout à fait à jour.

Toute une série de problèmes avaient déjà été exposés au congrès et dans le rapport central, mais pas aussi largement qu'ils l'ont été dans les mois suivants. En examinant de près toutes ces questions, nous avons découvert de nombreux facteurs et éléments qui n'ont pas été abordés avec la clarté voulue à la première session.

Au fil des mois qui se sont écoulés entre la première et la deuxième session du congrès, nous avons pris conscience de ces problèmes et nous avons réussi à les poser plus clairement. C'est naturellement là-dessus que devait porter notre dernière session. Nous n'aurions pas pu mieux utiliser notre temps.

Ces dernières séances du congrès étaient, comme les premières, le fruit d'efforts réalisés pendant des mois. Car il nous a fallu des mois pour élaborer, lors de réunions tenues dans toute l'île, les thèmes qui allaient être traités à la première session du congrès. Et il a encore fallu des mois au parti pour élaborer le contenu de cette seconde session.

Les débats ont été ouverts au sein du parti et dans tout le pays. Cette année a été une année de réunions — des plenums du parti, à la base et au niveau des provinces ; des réunions avec les entreprises du pays, avec les coopératives de production agricole ; une infinité de réunions de travail directes avec la base. Les plenums du parti au niveau des municipalités ont eu lieu ces dernières semaines et ont donné lieu partout à des analyses sérieuses, réfléchies, profondes. Tout ceci a créé les conditions de ces dernières séances.

De l'avis unanime des participants, cette dernière partie du Congrès n'a pas été bonne… elle a été excellente. Il y en a qui se sont inquiétés quand j'ai dit qu'elle n'avait pas été bonne. *(Rires)* Pas bonne, mais magnifique. C'est sans doute une des meilleures réunions politiques auxquelles nous ayons participé tout au long de l'histoire de la révolution. *(Applaudissements)* Nous avons eu de bonnes réunions et de très bons plenums du Comité central. Je crois cependant qu'aucun n'avait atteint ce degré de démocratie, de liberté d'expression, de sincérité, de conviction, de franchise, de clarté et surtout de profondeur dans l'analyse. Des dizaines de camarades ont pris la parole et des centaines auraient sans doute voulu le faire, mais je crois que l'essentiel a été abordé et discuté.

La base avait déjà soulevé des problèmes liés à l'application du système de direction et de planification de l'économie ; à l'organisation du travail et des salaires ; à la discipline du travail ; à l'utilisation des ressources ; au style de travail ; à l'exigence et au contrôle au sein du parti, de l'Union des jeunesses communistes, des organisations de masse et de l'administration. Des problèmes concernant la politique d'encadrement, des problèmes idéologiques, des problèmes sociaux, les problèmes de la jeunesse et des paysans ont été discutés. Bref, tout ce qui entre dans cette politique de rectification et de lutte contre les tendances négatives et dont le contenu est très large : du détournement de ressources qui irrite la population, qui corrompt, qui désorganise, qui démoralise, qui peut faire tant de mal au processus révolutionnaire ; au chaos qui s'est instauré dans le paiement selon le rendement, les normes, l'exécution et le dépassement de la norme ; à cette méthode qui consiste à utiliser l'argent pour remédier à tous les problèmes ; à cette politique qui corrompt les gens et qui, pourrait-on ajouter, les trompe. Donner de l'argent comme ça, à pleines mains, sans qu'il corresponde à la création de valeurs matérielles en biens ou en services, c'est tout simplement tromper le peuple.

Le problème est immense parce qu'il concerne toute l'activité révolutionnaire. Il faut rectifier partout où nous avons commis des erreurs, partout où des tendances négatives se sont manifestées dans notre processus révolutionnaire.

AU COURS de ces dernières séances, on a dû consacrer beaucoup de temps à ces questions : l'organisation du travail et des salaires, la discipline du travail, la mise à profit de la journée de travail, le chômage technique, autant de problèmes qui revêtent la plus haute importance pour la vie de notre pays et de la révolution. Il nous a aussi fallu beaucoup de temps pour examiner l'efficacité et l'exigence dans l'éducation — un secteur fondamental et décisif pour l'avenir — et pour discuter les méthodes et le style de travail du parti.

Je ne dirai pas que tous les problèmes ont été abordés. Les problèmes principaux ont été posés mais pas tous. Notre travail de ces derniers mois et notre politique incluent les conclusions et les analyses qui ont été faites dans tout le pays au niveau des municipalités et des provinces.

C'est pourquoi nous ne devons pas seulement considérer le programme du parti, nous ne devons pas uniquement tenir compte de cela. Il faut tenir compte aussi de la synthèse que vous avez reçue des discussions qui ont eu lieu dans les municipalités et les provinces car il me semble que ce sont des documents de grande valeur. On y analyse dans les détails tous les problèmes : les problèmes de métayage à la campagne, dans chaque municipalité, combien il y a de fermes en métayage ; les cas de possession illégale de terre ; bref, tous les problèmes qui se posent dans le secteur paysan ; les problèmes avec les jeunes, avec ceux d'entre eux qui ne font pas d'études et qui ne travaillent pas et auxquels on propose du travail dans des secteurs où nous avons besoin de main-d'oeuvre, en particulier dans l'agriculture, la construction, le reboisement, etc. On a toutes les données sur ceux qui acceptent et sur ceux qui refusent[3].

Dans ces synthèses figurent tous les problèmes qui ont été systématiquement discutés aux quatre coins du pays et je crois que ce sont des documents sur lesquels on peut revenir de temps en temps, en particulier pour analyser ce qui est en train de se faire et la façon dont on le fait.

Le programme, c'est autre chose. En réalité le programme ne doit pas être un texte de consultation. Le programme doit être un texte d'étude. Je ne vais pas proposer de cercles d'étude. Nous sommes majeurs du point de vue révolutionnaire et nous ne pouvons pas tout apprendre dans les cercles d'études.

Nous devons faire nous-mêmes ce que nous demandons aux étudiants, à savoir tenir compte du livre, aller au texte. Nous n'avons pas besoin d'organiser des millions de cercles d'études. Il faut lire, revoir, étudier, chercher dans tel chapitre, dans tel paragraphe l'information sur le thème qui nous intéresse, pour être réellement informés sur le contenu du programme. Car le programme est ce qui va guider notre travail tout au long des 15 ou 20 années à venir. Je crois que c'est une grande tâche, un grand objectif, et nous devons nous référer à ce programme. Si on ne peut pas dire que c'est un programme optimal — je crois qu'il est toujours possible de faire mieux, d'améliorer — c'est sans aucun doute un bon programme.

Si seulement on pouvait faire avec ce programme ce que nous avons fait avec celui de la Moncada : l'accomplir, et pas seulement l'accomplir mais le dépasser. Ce serait alors une tâche digne, une grande tâche réalisée non pas sur la base d'une norme faible, comme on l'a vu ici et là, mais d'un programme fort, difficile. L'accomplir et le dépasser. Et si on ne peut pas le dépasser du point de vue du contenu (bien qu'il soit possible de le dépasser du point de vue du contenu), nous pouvons le dépasser sur le plan du temps — et personne ne peut encore dire combien de temps il faudra pour l'exécution du programme. Si nous travaillons bien, nous pouvons l'accomplir et le dépasser du point de vue du temps et je suis en plus persuadé que nous pouvons le dépasser du point de vue du contenu.

Il y a certaines choses au programme qui ne vont pas être très difficiles à réaliser. Il y en a même qui sont en train de se faire. Il y a un point que l'on a discuté, à savoir le temps que nous allions mettre pour créer les écoles à vocation scientifique. Or ces écoles sont déjà en fonctionnement. Les écoles à vocation scientifique sont déjà créées. Elles ont ouvert leurs portes à la rentrée. Nous ne pouvons dire que tout marche à la perfection. Là aussi il y a des problèmes qui sont ceux de l'éducation en général, comme la surcharge des programmes, le contenu de l'enseignement, bref, des difficultés de ce genre. Il y a aussi des problèmes aux examens, car l'exigence est très élevée dans ces écoles.

L'idée d'introduire l'enseignement de l'informatique dans toutes les écoles secondaires, les premier et deuxième cycles du secondaire et les lycées techniques est en train de faire son chemin. Ce n'est pas encore une réalité partout, mais on a acquis une partie importante des moyens nécessaires à son application. Disons que nous disposons des deux tiers des moyens nécessaires et on n'attendra pas 1990 pour l'appliquer. Dès 1989, ce programme sera pratiquement appliqué dans tous nos établissements secondaires.

Dans ce programme, il est question du médecin de famille. Le médecin de famille est déjà une réalité. Il y en a près de 800 à La Havane-Ville, rien qu'à La Havane-Ville ! Ils travaillent dans les zones où, pourrait-on dire, les conditions matérielles de vie, les conditions de logement ne sont pas les meilleures. Ils travaillent dans les anciens quartiers ouvriers. Ce ne sont pas des quartiers d'indigents, nous n'avons pas de quartiers d'indigents ici. Ce ne sont pas des bidonvilles, nous n'avons pas de bidonvilles. Ils travaillent dans les zones où la population a le plus besoin d'eux et avec d'excellents résultats.

Cette année déjà, où plus de 1 500 médecins se sont incorporés au programme, nous avons construit non seulement les cabinets de consultation mais aussi les logements. Il y a des zones de montagne entièrement couvertes, comme celle de la province de Granma. Les résultats sont remarquables puisque dans ces zones le taux de mortalité infantile est inférieur à dix pour mille enfants nés vivants. Dans les montagnes, rien qu'avec une politique d'éducation, au bout de deux ans à peine, on peut déjà apprécier les résultats. Rien qu'en évitant les grossesses précoces, les accidents au foyer, en inculquant des mesures d'hygiène, rien qu'avec cela — c'est-à-dire sans recourir encore aux autres moyens que met en place la révolution, comme le Centre de cardiologie et de chirurgie infantiles récemment inauguré et qui est appelé à sauver un grand nombre d'enfants en bas âge.

D'AUTRES PROGRAMMES seront également entrepris grâce auxquels nous allons renforcer le travail et élever la qualité des services dans les maternités et les hôpitaux de pédiatrie, surtout pendant la première semaine de vie. Car nous avons encore un indice de mortalité relativement élevé pendant ces premiers jours de vie de l'enfant. Même si le taux national est déjà au niveau des pays développés, nous savons qu'il nous faut encore améliorer notre travail en ce qui concerne la première semaine de vie, perfectionner nos services de santé et élever le niveau technique du personnel et le niveau technologique des équipements.

Je vous ai donné l'exemple des montagnes, où n'existent pas encore les services de génétique prénatale que l'on est en train d'étendre à tout le pays. Je crois vraiment que les perspectives sont très bonnes dans ce domaine. Je pense que c'est un des domaines où nous pouvons accomplir et même dépasser le programme.

Si nous faisons un gros effort, un effort judicieux dans le domaine de l'éducation ; si nous utilisons correctement toutes nos ressources humaines et matérielles ; si nous surmontons nos difficultés, il ne fait pas de doute que nous pourrons aussi accomplir et dépasser les objectifs du programme sur ce terrain. Je vous parle de choses que l'on est déjà en train de faire et qui figurent au programme, et elles ne tarderont pas à être menées à bien.

Qu'est-ce qu'on ne peut pas faire encore dans nos campagnes, pour le développement des coopératives [et] l'augmentation de la production agricole, avec l'utilisation de la technique et de nos centres de recherche scientifique ? Nous pouvons faire des choses fabuleuses si nous nous le proposons, nous pouvons faire beaucoup dans les domaines de la production matérielle et des services si nous venons à bout de tous les problèmes que nous avons discutés ici.

VOUS CONNAISSEZ le contenu des débats, les délégués ici présents et le peuple le connaissent. Je ne vais pas répéter ici tout ce qu'on a dit ou toutes les conclusions que nous avons tirées car la population a largement pris connaissance des séances du congrès. Je ne sais pas exactement ce qui a été diffusé à la télévision ou à la radio. Tout à l'heure, je regardais le téléjournal de 20 heures et on était en train de passer une partie des débats. Je ne sais pas exactement tout ce qu'on a transmis. Je n'ai pas eu le temps de m'informer là-dessus. Mais j'ai entendu dire que les séances ont été largement diffusées. Il y a peut-être quelques petites choses qui n'ont pas été dites à la télévision et à la radio. Car il y a toujours certains points qu'il vaut mieux discuter en famille, dans l'intimité, parce qu'il n'est pas opportun de les étaler au grand jour pour ne pas informer l'ennemi. Mais le peuple a été informé au maximum au sujet des débats.

Un point encore, un point très significatif : près de 200 journalistes cubains ont participé à tous les débats.

Et il y avait aussi près de 2000 délégués parmi lesquels [il y avait] les principaux cadres du parti, des jeunesses communistes et des organisations de masse ; les principaux cadres de nos Forces armées révolutionnaires et du ministère de l'Intérieur ; les principaux cadres de l'État socialiste qui ont été élus pour ce troisième congrès. Et je crois qu'il y en a très peu qui ne se sont pas tenus informés ou qu'on n'a pas tenu informés entre les premières et les dernières séances du congrès.

Les thèmes ont été discutés avec une grande clarté, comme je l'ai dit, avec une grande franchise. C'est pourquoi ce n'est pas nécessaire d'y revenir.

Je crois que nous devons mettre l'accent sur les points essentiels. Il y a deux, trois, quatre ou cinq éléments essentiels, évidents, qui se sont dégagés de ce congrès et surtout de ces dernières séances.

La chose essentielle : nous avons un parti. Il est clair que nous avons un parti. Et comme il est important d'avoir un parti !

Aujourd'hui, nous fêtons le trentième anniversaire du débarquement du Granma. Il y a déjà quelques années, lorsqu'a commencé la lutte révolutionnaire armée, nous n'avions pas de parti. Nous étions un petit groupe d'hommes. Il y avait une organisation politique et nous avions des idées claires. Mais nous avons commencé la lutte avec un embryon de parti. À l'époque du débarquement du Granma, il y avait un mouvement et nous avons réussi à avoir un grand mouvement de masse. Mais ce n'était pas un parti au sens propre du terme.

Au début de la révolution, nous avions l'Armée rebelle et Raúl [Castro[4]] rappelait aujourd'hui que je l'avais un jour définie comme « l'élément unificateur de tout le peuple. »

Le parti, ce nouveau parti, le Parti communiste de Cuba, tout le monde sait comment il s'est formé, comment il a surgi de l'union des différentes forces révolutionnaires et s'est développé en surmontant de sérieux obstacles, des erreurs initiales qui ont été analysées, discutées et réparées à temps. Il s'est créé lentement, mais avec qualité, en sélectionnant les meilleurs travailleurs du pays, les meilleurs combattants. Nous étions à peine une poignée dans les premières années de la révolution.

En réalité le parti a consacré beaucoup de temps à sa propre formation, à son propre développement, à sa propre vie interne, à sa propre formation idéologique. Il s'est formé et a mûri en participant activement à ces presque 28 ans de lutte révolutionnaire dévouée et héroïque.

Depuis sa création, naturellement, le parti était présent partout, mais avec une formation culturelle encore modeste ; avec une grande conscience patriotique, un grand esprit révolutionnaire ; mais sans grande éducation politique — bien que nos militants, dès le moment où nous nous sommes engagés sur le chemin du socialisme, aient eu ce que l'on pourrait appeler une conscience révolutionnaire. Ils savaient ce qu'ils voulaient même s'il leur fallait encore s'équiper de beaucoup d'idées, de beaucoup de connaissances. Ce sont les écoles révolutionnaires, notre presse, nos médias qui se sont chargés de la formation idéologique. Ils ont éduqué simultanément le parti et le peuple.

Nous avons aujourd'hui un parti qui a de nombreux militants, qui est aguerri, qui a de l'expérience, un haut niveau culturel, un haut niveau d'éducation politique, une culture politique et une conscience révolutionnaire élevées. Un parti qui sait ce qu'il veut et qui est en train d'apprendre comment parvenir à ses objectifs, comme le démontre clairement ce que nous avons vu ces jours-ci. Ce constat est assurément une source de satisfaction et d'encouragement.

Notre parti a déjà plus d'un demi-million de militants et de postulants. Un demi-million ! Comment comparer ce chiffre à ce que nous avions à l'époque de la Moncada ? Nous étions quelques centaines à peine et nous croyions déjà pouvoir exécuter un programme, faire une révolution, conquérir le pouvoir révolutionnaire, renverser la tyrannie et mettre sur pied un programme révolutionnaire. Pour chaque homme ou femme qui participa à l'attaque de la caserne Moncada, il y a aujourd'hui environ 3 500 militants communistes dans notre parti. Trois mille cinq cents ! Et en outre 3 500 jeunes communistes et des millions de travailleurs, de membres des Comités de défense de la révolution, de femmes, de paysans et d'étudiants. En réalité, c'est une force colossale.

À L'ÉPOQUE, nous n'avions même pas une modeste station de radio pour diffuser nos idées. Nous allions peut-être en avoir une après la prise de la caserne. À coup sûr ! C'était prévu. Nous n'avions même pas un journal. Aujourd'hui nous disposons des médias les plus modernes, de dizaines de publications, de plusieurs journaux nationaux importants, de journaux provinciaux, de toutes sortes de revues, de puissantes chaînes de télévision et de puissants émetteurs de radio. Nous avons un système d'éducation qui couvre tout le pays ; bref, toutes les ressources pour diffuser des idées. Un objectif primordial ! Nous savions parfaitement alors que si nous ne parvenions pas à diffuser les idées, si les masses ne s'en emparaient pas, la lutte était impossible, la victoire était impossible. Nous avons toujours vu dans les masses le facteur fondamental de la lutte révolutionnaire, la grande force qui fait l'histoire. Nous savions que si elles comprenaient ces idées, rien ne pourrait empêcher la victoire.

Qu'avions-nous en ce temps-là pour ce premier programme ? Et qu'avons-nous maintenant ? Des ressources immenses, extraordinaires, et un demi-million de communistes ! En ce temps-là, nous étions peut-être 1 pour 50 000 citoyens. Aujourd'hui, il y a un communiste pour 20 habitants, y compris les nouveaux-nés. Aujourd'hui, il y a un jeune communiste pour 6 ou 7 jeunes, cela dépend de l'âge qu'on prend comme point de référence. Et les masses militent dans nos syndicats, dans nos Comités de défense de la révolution, dans toutes nos organisations de masse, sous la direction du parti. Sous la direction du parti ! Elles ne sont pas sous la direction de l'État, mais sous la direction du parti, car nous avons chaque jour une idée plus claire de la conception léniniste du rôle du parti dans un processus révolutionnaire.

Voilà ce que signifie avoir un parti avec un demi-million de militants et comme nous l'avons dit pendant les séances, un parti sain, un parti réellement sain, indépendamment des erreurs des militants, qui n'empêchent vraiment pas que nous ayons un parti sain, avec une morale élevée, un parti de gens honnêtes. Il peut y avoir pendant un temps un militant malhonnête, indigne de militer dans nos rangs, jusqu'à ce que nous le sachions. Mais le parti, sa masse et ses cadres ont une grande qualité morale et humaine.

LE PARTI COMMENÇAIT à aller à la dérive. Mais nous avons réagi à temps pour qu'on ne corrompe pas les militants, pour qu'on ne corrompe pas le parti, pour qu'on ne corrompe pas le peuple, pour qu'on ne corrompe pas les jeunes et, surtout, pour qu'on ne corrompe pas la classe ouvrière. *(Applaudissements)* Je ne dis pas cela pour exprimer un espoir mais parce que je l'ai vu dans ce processus de rectification.

Les paysans aussi commençaient à se laisser corrompre. On ne savait plus si une coopérative était une coopérative de production agro-pastorale ou une coopérative d'artisanat, une coopérative industrielle commerciale ou une coopérative d'intermédiaires. Nous étions en train de perdre la notion de l'ordre. Les coopératives faisaient du troc avec les entreprises de l'État et les entreprises de l'État faisaient du troc entre elles. Elles échangeaient des produits, des matériaux, des aliments. Raúl a cité hier le cas d'une usine qui échangeait des produits avec une entreprise agro-pastorale. Elle envoyait du ciment à l'entreprise agro-pastorale et celle-ci envoyait de la viande salée ou autre chose à l'usine de ciment.

Si tout le monde commence à faire cela, si ces pratiques se développent, il ne reste rien. Il ne reste pas de viande pour les écoles, pour les hôpitaux, pour l'alimentation quotidienne de la population. Si le troc se généralise entre les entreprises de l'État, ou entre les coopératives agricoles et les entreprises de l'État, personne ne peut imaginer jusqu'où cela peut aller, quel chaos, quelle anarchie peuvent en résulter. Il est évident qu'il s'agit de tendances négatives. C'est on ne peut plus évident !

Nous avons aussi cité le cas d'entreprises qui vendaient des matériaux [comme] de la peinture, du bois, des plaques d'amiante, du ciment et toutes sortes de produits et [qui] incluaient la main-d'oeuvre dans le prix, comme si elle avait fait le travail. Je ne donne que quelques exemples, mais il y en a beaucoup d'autres, des entreprises qui voulaient devenir rentables en se livrant au vol et à l'escroquerie, en s'escroquant les unes les autres.

Quelle sorte de socialisme allions-nous construire en suivant cette voie ? À quelle idéologie avions-nous affaire ? Je voudrais bien le savoir. Je me demande si ces méthodes n'auraient pas conduit à un système pire que le capitalisme au lieu de nous conduire au socialisme et au communisme.

C'était le désordre universel où n'importe qui prenait n'importe quoi, aussi bien une grue qu'un camion. Ces faits étaient devenus courants. Ils se généralisaient. Un tel phénomène, si on ne le combat pas avec la plus grande énergie, conduit les masses au scepticisme, à la démoralisation. Il jette le discrédit sur les idées et les objectifs de notre processus révolutionnaire, et ceci est grave, très grave.

Ce thème a été longuement débattu et en réalité il y a beaucoup à dire au sujet de certaines conceptions essentielles concernant le socialisme et la façon de le construire.

Au dernier congrès de l'UPEC (Union des journalistes de Cuba[5]), j'ai abordé plusieurs de ces problèmes qui revêtent une grande importance non seulement pour notre pays mais pour toute la pensée révolutionnaire internationale. Faisant preuve d'une grande franchise et d'un grand courage, le parti a énuméré les erreurs commises. Il a expliqué comment elles l'ont été. Nous avons d'abord péché par extrémisme et idéalisme. Mais les erreurs dans lesquelles nous sommes tombés par la suite étaient beaucoup plus graves, plus lourdes de conséquences, car les premières pouvaient être corrigées, tandis que des erreurs comme celles que j'ai mentionnées risquaient fort de devenir irréversibles. Il fallait rectifier à temps et pas seulement pour le bien de notre processus mais pour celui du processus révolutionnaire en général. Car la construction d'une nouvelle société, la construction du socialisme, le chemin du communisme est totalement nouveau pour l'homme. C'est une expérience nouvelle et récente, très récente même, et qui doit être constamment enrichie tant dans la théorie que dans la pratique.

Personne ne doit s'imaginer que tout a été dit, que depuis le siècle dernier, depuis 150, 160 ans ou plus, depuis la publication du Manifeste communiste, du Programme de Gotha, des ouvrages de Marx et d'Engels et plus tard de Lénine, tous les problèmes sont résolus. Ce serait antidialectique, antimarxiste.

L'HUMANITÉ ET LA SOCIÉTÉ continuent leur marche et de nouveaux problèmes surgissent continuellement. Il y a aujourd'hui des problèmes qui n'existaient pas alors. À cette époque par exemple, il semblait que les ressources naturelles étaient illimitées, infinies et que le régime social était le seul obstacle au développement illimité des forces productives, de la richesse sociale et matérielle.

Il y a bien entendu un fond de vérité dans la foi énorme qu'avaient les fondateurs du socialisme scientifique dans le pouvoir de la science et dans les possibilités de développement des forces productives, grâce à son application. Ils ont vu, il y a 150 ans, ce que les pays socialistes commencent à voir aujourd'hui avec toute la clarté requise. On constate en effet qu'ils insistent beaucoup sur le développement scientifique et technique, ayant compris que le développement scientifique et technique est une condition sine qua non du développement des forces productives.

À présent, il y a de nouveaux problèmes comme la pollution qui est une dure réalité. Il y a eu des problèmes de gaspillage des ressources naturelles non renouvelables. C'est le cas du carburant. Dans 150 ans, nous aurons peut-être épuisé tous les hydrocarbures qui se sont accumulés pendant des centaines de millions d'années.

Il est prouvé que tout au long de son histoire, l'homme a fait des tas de folies, qu'il a commis toutes sortes d'abus, d'injustices et de cruautés, surtout dans le cadre de la société de classes, égoïste par nature. C'est plus que prouvé. Les guerres universelles ont fait des dizaines de millions de morts et nous voilà au seuil d'une guerre qui peut conduire à la disparition de tous les êtres vivants.

L'homme a également fait des tas de bêtises avec les ressources naturelles, mis à part le fait que ces ressources ne sont pas équitablement distribuées. Les uns ont été dotés par la nature d'abondantes ressources en terres, hydrocarbures et minéraux, tandis que d'autres n'ont pratiquement rien hérité du partage historique du globe terrestre. L'homme est responsable du sous-développement et de la pauvreté insoutenable qui prévalent ici et là. Nous en savons quelque chose puisque nous appartenons au tiers monde et nous avons beaucoup médité sur cette question. C'est le cas de régions entières où vivent des milliards de personnes dont l'avenir est incertain.

Il y a, je le répète, des problèmes nouveaux, des problèmes terribles à cette époque, que doivent souligner, expliquer et résoudre les partis révolutionnaires et progressistes, les théoriciens du marxisme-léninisme. Il y a des idées qui doivent être enrichies grâce à une interprétation correcte du marxisme-léninisme. La construction du socialisme en dépend largement.

Lénine fit déjà un apport considérable lorsqu'il envisagea la construction du socialisme dans un pays économiquement arriéré, dans un pays qui n'était pas une puissance industrielle, le vieil empire des tsars. À l'époque, la pensée révolutionnaire ne retenait que la thèse selon laquelle la révolution devait d'abord avoir lieu dans les pays les plus industrialisés, et simultanément dans plusieurs d'entre eux.

Lénine a le mérite historique d'avoir conçu l'édification du socialisme dans un pays industriellement arriéré.

Bien entendu, la construction du premier État socialiste dans ces conditions a exigé d'énormes sacrifices. Il a fallu payer le prix : isolement, blocus, obligation de réinventer dans le domaine de la science, de la technique et de la technologie. Il a fallu construire un régime socialiste sans autres ressources que celles d'un pays industriellement arriéré et détruit. C'est une prouesse historique, une des plus grandes que l'homme ait jamais réalisées, bien que d'une certaine façon, le handicap initial se fasse encore sentir.

Le socialisme a continué de se développer. Des processus socialistes victorieux ont surgi dans des pays industriellement arriérés d'Europe et plus tard, dans les pays du tiers monde. Naturellement, l'internationalisme était déjà à l'oeuvre. C'est grâce à cette idée marxiste-léniniste qu'on a pu assister notamment au triomphe d'une révolution socialiste à 90 milles du pays le plus industrialisé et puissant du monde.

À L'ÉPOQUE DE MARX, l'impérialisme n'existait même pas encore. L'impérialisme est un phénomène nouveau que Lénine a analysé en profondeur pour orienter la lutte révolutionnaire dans ces conditions nouvelles. Et c'est précisément de cela qu'il s'agit. Nous avons beaucoup de problèmes nouveaux à résoudre et beaucoup d'obstacles à surmonter, car cette expérience est toute nouvelle et la construction du socialisme s'est faite en quelque sorte à tâtons, comme une expérience, à coups d'erreurs et de rectifications. Il y a cependant des questions de concept qui sont très importantes.

Je crois que l'une des pires choses qui nous soient arrivées ici, je l'ai déjà dit une fois et il se peut que je le redise encore plus d'une fois, c'est qu'on a commencé à perdre le cap. Il est possible que d'autres soient tombés dans ces déviations, mais j'ai vu ce qui était en train de nous arriver. À savoir la croyance aveugle, ou qui commençait à le devenir, que la construction du socialisme est, par essence ou fondamentalement, un problème de mécanismes. Comme je le disais à la réunion avec les journalistes, je pense que la construction du socialisme et du communisme est essentiellement une tâche politique, une tâche révolutionnaire ; qu'elle doit être avant tout le fruit du développement de la conscience et de l'éducation de l'homme pour le socialisme et pour le communisme. *(Applaudissements)*

CELA N'ENLÈVE rien à l'utilité et à la valeur que peuvent avoir certains mécanismes déterminés, y compris les mécanismes économiques ; oui, les mécanismes économiques. Mais pour moi, il est clair que les mécanismes économiques sont un instrument du travail politique et du travail révolutionnaire, un instrument auxiliaire. Je n'ai pas peur de le dire. Les mécanismes économiques sont des moyens auxiliaires, des instruments auxiliaires du travail politique et révolutionnaire, mais pas la voie fondamentale de la construction du socialisme et du communisme. Il ne fait pas l'ombre d'un doute pour moi que la voie fondamentale est le travail politique et révolutionnaire.

Nous avons fait l'expérience, nous avons déjà fait deux expériences, la précédente et celle-ci, les deux. Nous avons constaté les conséquences négatives des deux, et nous pourrions même voir les côtés positifs des deux.

Ici, nous avons été victimes de deux types d'illusions. Lorsque la Constitution a été promulguée, on a procédé à la division politico-administrative et on a créé le Pouvoir populaire [6], ce qui fut un grand pas en avant. Et de là est née sans doute la croyance ingénue que, fort de ces innovations et de ces progrès, l'État allait fonctionner parfaitement, presque automatiquement. Plus tard, on a vu que cela exige un travail politique très important, un travail immense du parti.

D'autre part, dans le domaine de la production de biens matériels et de services, surtout dans la production de biens matériels, on en est venu à croire que tout marcherait à la perfection avec le système de direction et de planification de l'économie, avec le salaire au rendement. Bref, c'était la panacée qui allait permettre de tout résoudre et qui allait pour ainsi dire construire le socialisme [7].

Cela explique dans une certaine mesure la désorientation du parti. Seule cette foi presque aveugle dans les mécanismes, ce manque de conscience que la construction du socialisme et du communisme est fondamentalement une tâche politique et révolutionnaire, explique — pas entièrement, mais explique d'une certaine façon ou explique en partie — que ces phénomènes que nous abordons aient échappé d'une manière générale à beaucoup de militants et à beaucoup de cadres du parti. Mais je suis persuadé aussi que, vu que les décisions fondamentales du secteur économique avaient été prises dans le cadre d'un congrès, que ces décisions émanaient de la direction du parti, beaucoup de militants croyaient, par confiance et sens de la discipline, que cela devait être ainsi et que c'était correct, que cela faisait partie de ce système de direction et de planification de l'économie.

Soldats cubains en Angola.

Mais ici, dans ce pays, aucun cadre, aucun dirigeant n'avait fait ce genre d'expériences dans la construction du socialisme et les connaissances qu'ils pouvaient avoir étaient tout au plus théoriques, purement théoriques, et on pourrait même dire trop théoriques. Personne n'avait une expérience pratique réelle dans les conditions d'un pays comme le nôtre, avec des niveaux de développement comme le nôtre, avec nos problèmes spécifiques. Personne ne savait ni était en mesure de savoir comment allaient fonctionner ces mécanismes. Et c'est pourquoi aujourd'hui, nous sommes en train d'en tirer la leçon.

Ces choses se passaient chez nous. Comment allions-nous résoudre les problèmes de la production matérielle et du développement du pays ? Apparemment nous nous imaginions qu'en déguisant un individu en capitaliste, nous allions obtenir une production efficace à l'usine. Et nous avons commencé à jouer au capitalisme en quelque sorte. Car dans le socialisme, on pourrait tout au plus déguiser un administrateur en capitaliste. Si vous vouliez en faire un capitaliste, il faudrait le rendre propriétaire de l'usine, ni plus ni moins, revenir au système capitaliste, chercher un super camelot et en faire un propriétaire.

DANS LES CONDITIONS du socialisme, il n'est possible que de déguiser un administrateur en capitaliste. On ne peut que le déguiser et on croit que cela va suffire pour qu'il devienne efficace. C'est ainsi que des gens déguisés en capitalistes, bon nombre de nos camarades déguisés en capitalistes, ont commencé à agir comme des capitalistes, mais sans l'efficacité des capitalistes. Car les capitalistes s'occupent de beaucoup plus près de leurs usines et de leur argent, ils doivent concurrencer d'autres capitalistes. Si leur production ne vaut rien, ils ne trouveront pas d'acheteurs. S'ils ne sont pas rentables, ils courent à la ruine, ils sont dépossédés de leurs propriétés, ils cessent d'être administrateurs et propriétaires.

On a cru qu'il suffisait de déguiser un individu en capitaliste pour que l'usine devienne efficace. Or, dans la plupart des cas, ce qu'ont donné ces idées absurdes, c'est que ces camarades ont commencé à se comporter comme des capitalistes. Pas en réduisant les coûts de production comme le fait le capitaliste. Pas en fabriquant des produits d'une qualité supérieure comme le fait le capitaliste, sans quoi il ne vend pas, il ne tient pas face à la concurrence, il est ruiné. Pas en organisant mieux le travail, en imposant la discipline, en étant exigeant. Les capitalistes qui survivent dans le monde de la concurrence sont des gens exigeants, très exigeants, sans quoi ils ne survivent pas.

NOTRE HOMME DÉGUISÉ en capitaliste produisait n'importe quoi et il oubliait la qualité. Il faut produire mille articles ? Eh bien, allons-y pour mille ! Mais il ne résolvait pas la contradiction entre quantité et qualité. Il ne contrôlait pas la qualité, il se moquait de la qualité. Ce qu'il fallait, c'était exécuter le plan ! Il a commencé à vendre plus cher, à voler pour être rentable. Et en dernier ressort, peu importait que l'entreprise ou l'usine soit ou non rentable, à la fin de l'année l'État arrivait et compensait le déficit. Notre homme déguisé en capitaliste n'avait pas de problèmes. Il pouvait jouer ce rôle de capitaliste toute sa vie, sans aucune efficacité, se lancer dans des affaires plus ou moins propres, faire des faveurs à gauche et à droite, pratiquer le paternalisme. Je ne dirai pas que tous ont agi ainsi, car ce serait injuste. Je parle d'un problème qui était en passe de se généraliser, qui a déjà fait du chemin et qui risquait d'en faire plus, car nous nous étions habitués à vivre avec ces problèmes sans les voir.

Le problème de la rentabilité se posait un peu partout. On augmentait les prix de gros et cela ne suffisait même pas à ce que les entreprises deviennent rentables. Même pas ça ! Les entreprises devenaient de moins en moins rentables. À force d'élever les salaires dans ce chaos de normes et de primes, ces administrateurs déguisés en capitalistes pouvaient commencer à se faire de la concurrence entre eux pour se gagner les travailleurs : en payant davantage, en exigeant moins, en misant sur le populisme, le paternalisme ou tout ce qu'on voudra, en n'exigeant absolument rien, avec toutes les conséquences que cela impliquait.

Notre homme déguisé en capitaliste ne pouvait pas résoudre ces problèmes, car ce ne sont ni le capitalisme ni les méthodes capitalistes qui peuvent assurer l'efficacité d'une entreprise dans les conditions du socialisme. Et ce n'est pas que nous devions renoncer à ces procédés. Nous ne devons pas renoncer à payer selon le travail dans la sphère de la production de biens matériels, ce qu'il est impossible de faire dans d'autres sphères. Non, ce serait absurde. Nous ne pouvons pas renoncer au salaire, au rendement, à la norme, à la formule socialiste de paiement selon la quantité et la qualité du travail. Je dis bien la quantité et la qualité ! *(Applaudissements)* Nous ne devons pas renoncer à l'idée de la rentabilité d'une entreprise ou du calcul économique. Je ne suis contre aucun de ces mécanismes, à condition qu'il soit bien clair que le travail politique, le travail révolutionnaire, le sens de la responsabilité des cadres — oui, le sens de la responsabilité des cadres ! — nous conduiront à l'efficacité et non pas le déguisement en capitalistes dont nous avions revêtu nos cadres administratifs dans la sphère de la production de biens matériels. *(Applaudissements)*

Oui, il faut rechercher la rentabilité, la rechercher sérieusement et discuter à fond et exhaustivement là où il n'y en a pas. Il faut rechercher la rentabilité sans escroqueries, sans que les entreprises se volent les unes les autres. Mais comme nous le disions : en réduisant les coûts de production, en augmentant la productivité, en mettant à profit au maximum la journée de travail, en utilisant la nouvelle technologie, en organisant le travail comme il se doit et en dégonflant les effectifs, ce qui ne peut pas se faire en un jour, bien entendu. Nous l'avons dit, le remède ne peut en aucun cas et en aucune circonstance être pire que le mal, aussi bien dans la production matérielle que dans l'éducation où nous nous sommes attelés à solutionner des problèmes. Mais nous risquons aussi d'administrer des remèdes pires que le mal. Il nous faut donc trouver les remèdes adéquats pour soigner nos maladies.

Oui, les effectifs sont gonflés, c'est une des tendances négatives et ce n'est pas nouveau. Cela vient de loin. Mais il se peut qu'ils se soient encore gonflés davantage avec toutes ces confusions, toutes ces erreurs de conception.

Nous devons réduire les coûts, nous devons rechercher la qualité. Nous n'allons pas faire en sorte que les entreprises socialistes se fassent concurrence parce que cela n'a rien à voir avec l'idée et la conception du socialisme. Cela n'a rien à voir avec le marxisme-léninisme. On peut essayer d'égaler ou de surpasser, mais il ne s'agit pas de la concurrence que se font les capitalistes entre eux, avec ses conséquences dramatiques.

Si la concurrence n'existe pas, s'il est impossible qu'existe cette motivation qui pousse le propriétaire dans la société capitaliste à défendre ses intérêts personnels, par quoi peut-on les remplacer ? Uniquement par le sens de la responsabilité des cadres, des hommes et pas seulement du collectif de travailleurs, mais par le travail des cadres. Et ces hommes doivent être des communistes. Camarades, qu'il soit ou non membre du parti, le cadre doit être obligatoirement un homme responsable, un vrai communiste, un communiste, un révolutionnaire ! *(Applaudissements)* Mais pas un communiste qui joue au capitalisme, pas un communiste déguisé en capitaliste et agissant en capitaliste. Ni un capitaliste déguisé en communiste. *(Applaudissements)*

NOUS AVONS OBTENU des succès dans d'autres domaines avec un bon travail politique. Il y a des choses que nous avons faites de façon excellente. Et je me pose cette question : quels mécanismes économiques ou quels calculs économiques allons-nous mettre en pratique dans le cas de services aussi importants et aussi décisifs que les services médicaux ? Quels calculs économiques, quelles motivations, quelles catégories économiques nous ont permis de développer un hôpital comme le Hermanos Ameijeiras ? Quels calculs économiques nous ont permis d'y appliquer les progrès de la science et de la technologie ? En vertu de quels calculs économiques avons-nous pu réussir des greffes du coeur dans cet hôpital et atteindre des objectifs d'un tel niveau scientifique ? Où est donc la rentabilité de l'hôpital, où est le mécanisme de rentabilité ? Est-il question de salaire au rendement dans cet hôpital ?

Comme nous le disions au cours du congrès — je ne sais pas si cela a été vu à la télévision, car en ce moment, j'ignore ce que sait le peuple de ce que nous avons discuté ou des arguments qui ont été avancés — si on payait les chirurgiens au rendement, si on prenait avec eux le même chemin qu'avec la production de biens matériels, on ne tarderait pas à créer les conditions propices pour qu'un chirurgien fasse 20 opérations par jour, toutes sortes d'opérations, même sans nécessité. Et peu importerait si au bout du compte le patient survivrait ou non, à moins qu'on donne aussi des primes pour sauver les malades, *(rires)* une prime si le malade ne meurt pas. Vingt opérations, un tas d'opérations alors qu'un chirurgien doit opérer une ou deux fois par jour, mais le faire le mieux possible et non pas essayer de faire en une heure ce qu'il doit faire en trois heures parce qu'alors il coupe les veines, les nerfs, tout, il tue le patient.

QUEL SALAIRE au rendement peut-on payer dans ce cas-là, quel salaire au rendement payer au médecin de famille ? Le médecin de famille doit ausculter les patients le matin. L'après-midi, il doit faire les visites, il doit confectionner le dossier, analyser, réfléchir. Il ne peut y avoir de qualité si nous payons un salaire au rendement aux médecins. Alors, quelle est la rentabilité d'une polyclinique ?

Il y a des domaines très importants de la vie sociale et des tâches révolutionnaires où il est impossible d'appliquer un seul de ces mécanismes. Alors, comment résoudre les problèmes dans des secteurs aussi fondamentaux que la santé publique, un secteur qui a enregistré d'excellents résultats, comme le taux de mortalité infantile ? Il est possible que cette année, celui-ci soit inférieur à 14 pour mille enfants nés vivants et il sera encore beaucoup plus bas dans l'avenir. Je vous ai déjà expliqué ce qui se passait dans les municipalités de montagne où travaillent les médecins des familles.

Et ce médecin de famille ? Ce médecin de famille, à mon avis, est déjà l'ébauche de l'homme communiste car il travaille bien et beaucoup. Et ceux qui sont dans les montagnes sont des jeunes formés par la révolution, ils n'ont pas de vices. Ils ne se meuvent pas non plus dans un système vicié et corrompu. Ils sont là-bas, très motivés, entourés par les gens des montagnes, recevant les influences de la population et s'éduquant dans des formules de travail communiste.

Ce que nous devons faire, c'est travailler auprès de ces médecins. Et c'est ce que nous faisons dès le moment où le jeune est sélectionné pour entrer au Détachement des sciences médicales. Il doit recevoir l'aval de ses camarades de classe, comparaître devant une commission qui déterminera si vraiment il a la vocation. Et finalement, on exige de lui une moyenne qui ne fait jamais l'objet de la moindre exception.

Il faut travailler avec les élèves dès le lycée et jusqu'à l'université si on veut en faire des médecins communistes. Je me demande s'il existe une autre façon de former des médecins ayant une conscience communiste. Que dire par exemple de ceux qui font des opérations très compliquées et difficiles ? Ils perçoivent simplement le salaire d'un spécialiste. C'est pourquoi c'était triste de voir des gens vendre de l'ail à n'importe quel prix, des gens qui possèdent un hectare de terre et ne travaillaient que quelques heures par an et qui gagnaient au marché libre paysan 50 000 ou 60 000 pesos en une année, soit ce qu'un grand chirurgien gagne en 12 ans.

Il y a eu des revenus annuels tels — j'ai fait le calcul — qu'un chirurgien, même s'il est un des meilleurs du pays, devrait travailler 60 ans pour obtenir un revenu équivalent. Je connais beaucoup de bons chirurgiens et de bons médecins et je n'ai pas vu chez eux cet appât du gain. Ils vivent de leur travail. Ils se consacrent à leur travail en vrais communistes. *(Applaudissements)*

Dans le secteur de la santé, nous n'avons pas d'autre alternative que de former des communistes dès maintenant car il n'y a pas d'autre solution. Y en a-t-il une autre ?

Il en va de même dans l'éducation. Peut-on payer le professeur au rendement en fonction du taux de réussite scolaire ? Tous les élèves auraient 115 points sur 100 dans toutes les matières. *(Rires)* Peut-on lui fixer des normes ? Comment définir ce qu'est la rentabilité d'une école et de toutes ces catégories qui, je le reconnais, sont nécessaires dans le secteur de la production matérielle ?

Nous avons 600 000 à 650 000 travailleurs dans les secteurs de l'éducation et de la santé publique. Comment livrons-nous notre bataille ? Dans le domaine de la santé, ici dans la capitale, c'est le parti qui livre la bataille. Bien sûr, le ministère et le Pouvoir populaire travaillent avec des conceptions correctes. Mais le parti et les communistes des hôpitaux luttent avec acharnement contre les déficiences, les négligences, tout ce qui fait l'objet de plaintes de la part de la population. Déjà au bout d'un an, on voit des progrès, surtout dans la capitale de la république, qui sont le fruit du travail politique et rien d'autre, du travail politique et d'un peu de bon sens, d'organisation rationnelle, de logique. Car il y avait dans les hôpitaux des lits et des chambres inutilisés faute de matériel pour les entretenir. Ces problèmes sont dus à une mauvaise planification, à des conceptions erronées en ce qui concerne la distribution des ressources. Nous avons posé la question au Pouvoir populaire de La Havane. Peut-on entretenir des hôpitaux sans matériaux ? Pourquoi ne pas leur assigner 2, 3, 4 et même 5 pour cent des matériaux destinés à la population si c'est nécessaire, puisqu'il s'agit d'un service à la population ? Il est clair qu'il faut donner la priorité aux hôpitaux.

Ainsi, des lits ont été récupérés et le personnel chargé de l'entretien des hôpitaux a fait des tas de choses.

LE PARTI fait un travail systématique et le premier secrétaire du parti à La Havane-Ville se réunit une fois par mois avec les secrétaires des cellules du parti dans les hôpitaux — et il y a près de 60 hôpitaux à La Havane. Ces réunions devront continuer pendant 5 ans ou peut-être même 10 ans, pour qu'au fur et à mesure que nous avançons nous puissions créer une tradition, une véritable tradition de travail et une conscience communiste parmi les travailleurs. Bien entendu, ils auront aussi leur rétribution sociale. La rétribution n'est pas égalitaire. Les salaires des infirmières ont été améliorés. On a tenu compte des conditions anormales de travail, de la situation des travailleurs auxiliaires qui doivent s'occuper de patients ayant des maladies déterminées et qui font un travail très dur. Tous n'ont pas les mêmes conditions de travail et il faut en tenir compte. Nous devons faire en sorte que le travail du médecin soit bien rétribué et qu'il puisse vivre convenablement. Mais est-ce que nous allons vraiment faire de bons médecins en les payant 2 000 pesos par mois ? J'aimerais que quelqu'un me dise franchement si c'est possible, où cela nous conduirait et si nous avons une autre alternative que le travail politique et révolutionnaire dès l'enfance, dès l'âge où ils sont pionniers[8].

Le communiste doit être formé dès l'enfance, dès le jardin d'enfants. L'État socialiste a ce qu'il faut : un système d'éducation complet, du jardin d'enfants à l'université. Alors, est-ce possible ou non ? On le voit dans la pratique et j'ai moi-même pu apprécier les résultats d'un travail politique correct. Le travail politique, ce n'est pas donner tous les jours un cours de catéchisme sur Marx et Lénine. C'est être capable d'éveiller les motivations humaines et morales des hommes. *(Applaudissements)*

Pour le dire de façon imagée, camarades, il faut chercher la graine cachée dans chaque homme. Il y a d'ailleurs un documentaire dont le titre est « La graine cachée », car tous les hommes en ont une. Il y a aussi de mauvaises graines cachées, qui donneront des monstres si nous les cultivons.

Je ne crois pas qu'on naisse révolutionnaire ou contre-révolutionnaire. Cela dépend de la façon dont on cultive les qualités de chacun, ses côtés positifs. J'en ai vu qui sont des délinquants et qui éprouvent une honte profonde lorsque les autres l'apprennent car le sens de l'honneur est une des graines cachées dans tous les êtres humains, presque sans exception. Il faut savoir cultiver le sens de l'honneur, la dignité des hommes, car c'est un de leurs meilleurs attributs. Ceci est clair pour moi.

ET DANS LA DÉFENSE, camarades ? Quels mécanismes économiques utilisons-nous dans la défense ? Est-il question de rentabilité dans une division, dans une armée, dans un bataillon, dans une compagnie, dans un peloton, dans un escadron ? Ces jeunes gens qui font leur service militaire et qui se portent volontaires pour une mission internationaliste, avec quel argent les payons-nous ? Avec quel argent les stimulons-nous ? Il y a des officiers de nos forces armées qui ont déjà trois, quatre, cinq missions internationalistes derrière eux. En vertu de quelle rémunération, de quels stimulants matériels ?

Ces hommes disposés à risquer leur vie et qui la risquent, et qui la perdent, comment les payons-nous ?

Quelle prime allons-nous leur verser ? *(Applaudissements)* Ces heures interminables qu'ils consacrent à la défense du pays, cette séparation de la famille qui peut durer des années, cela se paye par quelle prime, quels stimulants matériels ?

J'ai vu beaucoup de camarades militaires dont la poitrine est couverte de décorations. Ce sont des communistes. Voilà ce que la révolution et la construction du socialisme nous ont obligés à former au sein des Forces armées : des communistes. Et nous sommes parvenus à former des communistes ! *(Applaudissements)* Y a-t-il une autre formule, un autre mécanisme auquel on puisse faire appel pour résoudre le problème ?

Pour qu'ils travaillent pendant des heures interminables à la préparation du défilé auquel nous avons assisté ce matin, avec organisation et discipline, pour organiser un peuple entier d'hommes et de femmes qui consacrent un dimanche par mois, un dimanche, un jour de repos, à la défense. De quelle manière a-t-il fallu procéder[9] ? Tout simplement en cultivant une conscience communiste.

Que se serait-il passé si nous en avions appelé à d'autres mécanismes dans la sphère de la défense et de l'ordre intérieur ? Nous aurions installé l'aliénation, la corruption ; nous aurions appris aux gens à ne penser qu'à l'argent. Il faut que les combattants, les officiers des Forces armées révolutionnaires et du ministère de l'Intérieur gagnent un salaire correct pour vivre convenablement. C'est vrai, on ne pratique pas l'égalitarisme dans ces secteurs. Il existe un système socialiste de rétribution selon la capacité, l'expérience, le travail. Mais est-ce là ce qui a déterminé leur conduite ?

Il y a ici un camarade — je l'ai vu tout à l'heure — le camarade Leopoldo Cintra, qui est allé en Angola deux fois après être allé en Éthiopie ; qui a été pendant plusieurs années chef de la mission militaire cubaine en Angola ; je dis bien pendant plusieurs années ! Quelle prime lui avons-nous versée ? Quels mécanismes avons-nous utilisés auprès de lui et de dizaines de milliers d'hommes comme lui qui se sont acquittés de leur devoir ? *(Applaudissements)*

Il n'est donc pas illusoire de dire que ce que nous avons fait de mieux, nous l'avons fait en appelant au sens de l'honneur des hommes, en travaillant sur la conscience des hommes, en semant des idées. Je n'ai cité que quelques-unes des sphères où ces mécanismes n'ont pas leur place et je soutiens d'un autre côté qu'ils sont nécessaires dans la sphère de la production matérielle. Il y a des centres de recherche où les gens travaillent 14 et 15 heures par jour, comme si c'était la chose la plus naturelle au monde. Je ne propose pas que tout le monde se mette à travailler 14 et 15 heures, je dis seulement qu'il faut compter sur le sens de l'honneur des hommes.

Oui, il faut s'adresser à la conscience. Les autres mécanismes, les facteurs économiques sont des instruments auxiliaires du travail politique et révolutionnaire que requièrent une révolution véritable et la construction du socialisme, puis du communisme.

Je pourrais en dire autant des militants du parti et des cadres de nos organisations de masse. Ce que nous avons de mieux, et c'est la pure vérité, nous le devons au travail politique et révolutionnaire, nous le devons à la conscience des hommes. Ce ne sont pas des illusions. Ces phénomènes sont exposés à la vue de tous. Et je dis avec réalisme, car il faut être réalistes, que dans la sphère de la production de biens matériels il faut recourir à ces mécanismes économiques, mais ne les concevoir que comme des instruments auxiliaires du travail politique et révolutionnaire. Attendre de ces mécanismes le miracle de l'efficacité, le miracle du développement économique et social, le miracle de la construction du socialisme, c'est une des illusions les plus ridicules qui aient jamais existé. *(Applaudissements)*

CETTE TÂCHE incombe au parti. C'est ce qui ressort des conclusions de toutes les réunions plénières qui se sont tenues aux niveaux municipal et provincial et des analyses qu'ont faites les camarades. Autrement dit, nous avons un parti fort et, chose très importante, ce parti a plus que jamais axé son action sur la solution des problèmes concrets du pays. Il s'occupe aujourd'hui de nombreuses questions que pendant des années il n'avait pas pris personnellement en main. Aujourd'hui, le parti est au centre et à l'avant-garde de cette bataille pour la rectification des erreurs, au coeur de cette lutte contre les tendances négatives. On l'a vu pendant ces sessions du congrès.

Mais pendant les sessions, on a vu aussi que le parti sait ce qu'il veut, qu'il est en train d'apprendre comment y parvenir et qu'en outre, il a adopté un nouveau style de travail.

Cette rectification, nous ne pouvons pas l'attendre de nos cadres déguisés en capitalistes. Il faut d'abord les dépouiller de leur déguisement. Nous devons savoir choisir les cadres et les éduquer. Je ne veux pas dire qu'il faut changer tous les administrateurs, loin de là ; il y en a beaucoup de valables. On les a déguisés et fait travailler comme de vulgaires capitalistes et beaucoup n'y sont pour rien. Certains se sont déformés, c'est inévitable.

Dans ce processus nous devons faire en sorte de donner une chance à tous ceux qui sont capables d'une rectification, qui sont capables de changer et d'adopter une conduite réellement communiste.

On ne peut pas se passer des cadres administratifs. Il s'agit donc de contrôler les mécanismes auxquels ils ont nécessairement recours. Ces mécanismes, il faut les analyser, les étudier à fond. Les travailleurs ont manifesté de la répulsion lorsqu'ils ont pris conscience du genre de primes qu'on leur donnait. Beaucoup y ont renoncé car elles n'avaient aucune raison d'être. C'était des primes folles, (*rires*) incompréhensibles, une invention pour corrompre les gens, pour avoir le bon rôle.

LES CAPITALISTES ne font pas cela. Les capitalistes n'accordent pas une seule prime qui ne soit pas justifiée par des résultats tangibles et un bénéfice. Mais nos cadres déguisés en capitalistes donnaient des primes à tout vent. Il faut dire que la prime ne leur coûtait pas cher en définitive. *(Rires)* C'était la prime de l'État socialiste qu'ils distribuaient. C'était l'argent du peuple qu'ils distribuaient selon leur fantaisie, en provoquant un véritable chaos dans la rémunération des salaires.

La solution des problèmes de l'efficacité du développement et de la construction du socialisme, c'est l'affaire du parti. Ce congrès ne laisse aucun doute à ce sujet ! Et comme je le disais hier, il ne s'agit pas d'administrer, de s'essayer à l'administration. Ce qu'il faut, c'est former les hommes, les orienter, les diriger, couper court à toutes les tendances négatives, aux erreurs quelles qu'elles soient. [Il faut le faire] en donnant l'exemple, et ceci est un problème dont on a beaucoup parlé. Le militant communiste doit être un exemple pour les autres. Il doit servir d'exemple, sinon il ne peut pas être militant communiste, il n'est pas digne de porter cet honorable titre. *(Applaudissements)*

Vous savez parfaitement qu'être communiste implique des sacrifices. Vous le savez mieux que tout le monde, on vous demande toujours plus qu'à quiconque des efforts et des sacrifices. En toutes circonstances, c'est logique, il ne peut pas en être autrement.

Il y a des citoyens, des travailleurs dont on a reconnu l'efficacité et qui ont eu l'honnêteté de dire « Non, je ne veux pas entrer au parti », parce qu'ils ne sont pas disposés à faire face aux responsabilités d'un militant communiste. La première chose qu'il faut apprendre au militant communiste, c'est qu'il ne doit pas avoir peur de l'effort et du sacrifice et qu'il a plus de devoirs et de responsabilités que le reste des citoyens. C'est pourquoi on lui demande de servir d'exemple.

Si on dit qu'un travailleur communiste ne peut pas s'établir à son compte, cela ne veut pas dire que toutes les catégories de travailleurs indépendants n'ont plus leur raison d'être. Dans la mesure où leur travail est justifié, où ils exercent une fonction, où ils n'encouragent pas le vol, le pillage, le trafic, la malversation ; dans la mesure où ils contribuent à résoudre des problèmes, ils resteront à leur poste. La question a été abordée à la séance plénière du Comité central, et j'ai vu comment certaines municipalités sont allées jusqu'à faire des exceptions en ce qui concerne certains militants qui travaillent à leur compte. Les militants ont renoncé à cette pratique mais il y a eu des cas où le parti a dit « Non », parce que c'était un retraité ou quelqu'un qui avait un revenu très bas, qui avait une situation spéciale et dont il fallait tenir compte. Dans le cas de ces exceptions, c'était même une question de justice étant donné les besoins.

Mais en principe un militant ne peut pas jouer les marchands. Il ne peut pas faire du trafic, du commerce à son compte. Il ne peut pas s'adonner à ce genre de travers égoïstes, ceux-là mêmes que nous critiquons, propres à ces gens qui avaient le fameux permis — une sorte d'immunité parce qu'ils n'allaient pas travailler ou cassaient quelque chose et qu'ils cherchaient par tous les moyens à se faire mettre au chômage technique pour aller gagner de l'argent de cette façon, tout en étant payés par l'État [10]. Ou encore, ils abandonnaient un ouvrage important pour aller gagner plus d'argent dans la rue. Par exemple, ils pouvaient laisser tomber la construction d'un hôpital pour aller gagner davantage en travaillant à leur compte.

Dans le cas des fameux permis, il faut veiller à ce que ceux qui conservent ce droit se livrent vraiment à une activité sociale utile. Il faut l'accepter comme une nécessité dans les circonstances actuelles et dans le contexte actuel. Mais il faut y mettre de l'ordre, car il y avait un grand désordre là-dedans aussi. Ici, il n'y a pas un domaine où le désordre ne s'est pas instauré, où une mesure n'a pas dégénéré en une tendance négative. Cela est arrivé avec le problème du chômage technique qui a été aussi au centre des discussions du congrès. Le parti a déjà pris des mesures pour résoudre ce problème.

Avec beaucoup de discernement, on a établi des principes et l'institution du chômage technique a été fortement critiquée. Ce qui ne veut pas dire que l'on va prendre des mesures impitoyables pour résoudre le problème, qu'on ne va pas tenir compte des cas où le système est justifié. Il faut déterminer dans quelles limites et dans quelles conditions il peut fonctionner dans un pays où tant de secteurs ont besoin de main-d'oeuvre. Ce qui était à l'origine une nécessité a dégénéré en un vice et le vice s'est généralisé. Les exemples ne manquent pas à l'appui de ce constat.

Le travail du parti à cet égard a déjà donné des résultats. Là où le parti agit, les problèmes subjectifs et les problèmes d'organisation se résolvent.

Nous sommes maintenant engagés dans ce processus de rectification, de lutte contre les tendances négatives, comme je vous l'expliquais, au milieu d'une situation économique particulière. Je ne dis pas difficile, car on pourrait croire qu'elle est difficile à tous points de vue. Je dis donc particulière, car certains aspects de l'économie se trouvent dans une situation difficile, compliquée, mais pas tous. Par exemple, le pays ne manquera pas du carburant dont il a besoin. Celui-ci est assuré. Il y a beaucoup de choses dont le pays ne manquera pas, car elles sont assurées grâce à ses relations économiques avec les pays socialistes. Par contre, il nous manquera des choses que nous importons de la zone des devises convertibles. C'est vrai, ces choses-là vont nous manquer et c'est vrai que nous affrontons là une situation compliquée qui nous créera des problèmes. Cette situation peut entraîner des problèmes tels que du retard dans les livraisons de matières premières. Il se peut que nous ayons des difficultés avec les pièces de rechange. Certaines manqueront et d'autres arriveront avec du retard en raison des limitations que nous affrontons pour ce qui est des devises, des limitations plus grandes que jamais !

J'ESSAYAIS D'EXPLIQUER aux camarades du congrès — et je crois que la presse a publié quelque chose à ce sujet — que nous allons disposer pour nos importations en devises de la moitié de la quantité dont nous disposions traditionnellement. Ces importations qui s'élevaient dans le passé à un minimum de 1,2 milliard de dollars [US] se verront réduites à 600 millions. Nous devons nous débrouiller avec cela et être prêts à faire face aux difficultés qui malheureusement vont se présenter. Car parfois vous ne pouvez pas acheter avant d'avoir l'argent et vous ne pouvez pas dépenser l'argent avant de l'avoir encaissé. La dette extérieure et les problèmes qu'elle entraîne ont un rapport avec cela. On en a assez parlé et beaucoup de pays sont touchés. Cette situation, comme je l'ai déjà expliqué en d'autres occasions, est aggravée pour nous cette année par une série de facteurs objectifs comme la sécheresse et le cyclone de l'année dernière. Mais l'année dernière, les efforts qui ont été faits ont permis de réduire les pertes que le cyclone a causées dans la production sucrière, de sorte qu'elles ont été bien moindres que celles provoquées par la sécheresse.

Nous réexportons le carburant que nous économisons, environ 3 millions de tonnes. Or son prix a été réduit de moitié. De moitié !

Un autre problème de type financier-monétaire associé au blocus économique vient de la dévaluation du dollar qui a enchéri toutes les autres monnaies sur les marchés où nous achetons pour importer. Ces trois facteurs ont réduit nos revenus en devises d'une année à l'autre et ont créé de sérieuses difficultés.

Jamais notre plan d'importations en devises convertibles n'a été aussi exigu. C'est pourquoi nous nous efforçons de maximiser toutes les ressources pour réduire les préjudices inévitables, car il y aura des préjudices inévitables. Nous essayons de faire face à la situation sans sacrifier le développement et de maintenir le programme de construction, en particulier la construction de la centrale nucléaire qui un jour représentera une économie de 500 millions de dollars par an en carburant. Ce programme, nous ne pouvons l'arrêter car il s'agit de l'électricité dont nous avons besoin pour l'avenir. Peut-être qu'un jour nous pourrons faire la cuisine avec l'électricité produite de cette manière au lieu d'utiliser toutes sortes de combustibles différents et parfois même avec difficulté.

Le développement doit se poursuivre. Les constructions et les agrandissements de raffineries de pétrole doivent se poursuivre. Le développement du nickel, de toutes les industries importantes pour le développement du pays doit se poursuivre en toutes circonstances et doit avoir la priorité.

COMME JE L'EXPLIQUAIS aux délégués, les constructions d'ouvrages industriels qui permettent de diminuer les importations ou d'augmenter les exportations ont la priorité absolue. Pas une seule d'entre elles ne doit être arrêtée. Comment allons-nous nous en sortir ? En nous appuyant sur les marchandises et les matières premières que nous recevons du camp socialiste et en important du marché capitaliste le minimum indispensable, vraiment le minimum dont on ne peut se passer. Nous mettons au point un plan rationnel sans sacrifier le développement et en essayant de satisfaire aux besoins fondamentaux de la santé publique, de l'éducation et de l'alimentation.

Ceci dit, il y aura inévitablement des préjudices, causés par cette situation des finances extérieures et aussi parce qu'il faut assainir les finances intérieures. Nous avons parlé de cette question et de quelques mesures qui seront prises. Mais ce thème devra être débattu surtout lors de la prochaine réunion de l'Assemblée nationale qui devra décider du plan de l'année et où l'on expliquera chacune des mesures qu'il faudra prendre.

À part ces facteurs qui nous affecteront énormément cette année et qui ont donné lieu à cette situation, quels autres facteurs nous menacent ou sont présents cette année ? La sécheresse a été plus grave cette année que l'année dernière. J'ai demandé à l'Académie des sciences de me fournir les données sur les précipitations de 1981 à 1986. Nous traversons indiscutablement une période de sécheresse, car ces six dernières années, de 1981 à 1986 inclusivement, les précipitations ont été en-dessous de la moyenne historique. Au cours de ces années, nous avons eu en général des sécheresses modérées et des sécheresses intenses, même s'il pleut un peu plus à certains endroits qu'à d'autres. En 1985, la sécheresse a été de modérée à intense. Dans la province de La Havane, qui fournit l'eau pour l'agriculture et alimente aussi la capitale, la moyenne a été très en-dessous de la moyenne historique.

Il a plu à un moment donné dans la province de Santiago de Cuba et cela a servi à remplir quelques retenues d'eau. Mais jusqu'à la fin octobre, et nous savons tous qu'il n'a pas plu en novembre, la moyenne nationale n'a représenté que 68 pour cent de la moyenne historique, 66 pour cent dans la province de La Havane. À Holguín, ce chiffre est même descendu à 52 pour cent.

La sécheresse de cette année 1986 est de celles que les spécialistes qualifient de très intenses. Ceci affecte naturellement la production agricole. Dans la province de La Havane, il a fallu réduire les surfaces ensemencées car il n'y avait pas assez d'eau pour irriguer, bien qu'on ait terminé de construire un canal qui relie le barrage de Mampostón à Güira. Le canal est enfin terminé mais il ne suffit pas pour compenser les effets d'une sécheresse grave. La moyenne des pluies a été, je crois, de 70 pour cent l'an dernier et de 66 pour cent cette année. Tel était le chiffre en octobre, et les effets se font sentir non seulement dans l'agriculture mais aussi dans l'approvisionnement en eau de la capitale. Nous avons de sérieux problèmes dans ce sens.

Il a été décidé d'intensifier au maximum le rythme de construction d'un nouveau bassin qui devrait être achevé à la fin de l'année prochaine. Mais les canaux, les retenues d'eau et les bassins ne servent à rien s'il ne pleut pas.

Il me semble que la population doit être informée et que nous ne devons pas vivre le dos tourné à ces réalités. Cela nous fera nécessairement tort.

Nous avons déjà perdu, par exemple, plus d'un million de tonnes de sucre. Et comme nous nous sommes engagés à nous acquitter de nos obligations envers les pays socialistes, à ne plus procéder comme nous le faisions autrefois en diminuant les livraisons destinées à ce marché pour vendre sur le marché capitaliste, il ne nous restera que bien peu de sucre pour le marché capitaliste en 1987. Cela fait partie de l'ensemble des facteurs que j'ai déjà expliqués, qui font que nous disposerons de peu de devises convertibles. Cette situation est d'autant plus grave que la production de lait, celle de légumes, celle de tubercules sont elles aussi touchées.

La bataille est donc d'autant plus nécessaire que nous avons aussi des difficultés objectives. Raison de plus pour maximiser notre travail dans tous les sens, je dis bien dans tous les sens, pour livrer une bataille bien plus énergique contre tout ce qui implique un gaspillage de carburant, d'électricité, d'eau, de matières premières, de n'importe quoi.

Il faut surtout être conscients des problèmes et s'y préparer sans sacrifier l'avenir. Nous devons nous arranger pour être prêts à faire face aux restrictions qui seront nécessaires. *(Applaudissements)*

Comme je vous l'ai déjà expliqué, nous étudions une série de mesures et des décisions interviendront. La révision du plan en est à sa dernière phase et notre objectif fondamental consistera à nous arranger avec ce dont nous disposons : avec un minimum de devises convertibles, utiliser au maximum les ressources existantes et, en nous appuyant sur les ressources provenant du camp socialiste, affronter les difficultés et nous développer.

Le développement est fondamental et nous construisons des ouvrages très importants.

Je vous dirais qu'ayant été témoin, comme vous et comme toute la direction du parti, du déroulement de ces séances, nous avons toutes les raisons de nous sentir encouragés et plutôt optimistes, sans toutefois nous faire d'illusions. Le chemin ne sera pas facile. Les difficultés, nous leur ferons face avec toute notre force politique et notre conscience politique et révolutionnaire. Le parti a un rôle décisif à jouer de ce point de vue.

Nous voulons que le parti suive cette voie dans laquelle il s'est engagé, qu'il reste au centre de cette bataille, qu'il continue de l'enrichir de ses expériences, car il y a tous les jours davantage à apprendre.

CECI A ÉTÉ EXPLIQUÉ ICI. Malgré tout cela, nous allons trouver plus de pierres, plus de sable, plus de structures métalliques, plus de ciment pour construire davantage de logements en 1987 qu'en 1986 et nous allons rectifier des erreurs dans les conceptions et la politique d'investissements. Nous allons revoir un par un les ouvrages prioritaires. Car pendant ces dernières années, nous n'avons pas pu faire en sorte que ces investissements, qui ont à voir avec notre talon d'Achille — les devises convertibles — soient réellement prioritaires ; que ces ouvrages soient construits en priorité. Nous devons y veiller de plus près.

Nous allons continuer à travailler. Nous allons continuer à construire des cabinets de consultation pour les médecins de famille, 1 500 de plus. L'an prochain, nous couvririons de médecins de famille les montagnes de Santiago de Cuba. Nous allons poursuivre nos programmes de construction d'hôpitaux les plus urgents, les plus importants. Nous n'allons pas céder au désespoir. Nous n'allons pas sacrifier l'avenir, l'avenir économique et l'avenir social, bien qu'on mette l'accent logiquement sur les investissements économiques. Il ne peut en être autrement.

Le parti devra suivre tout cela de très près. Il doit être au centre de tout cela, et nous devons enrichir nos expériences, celles que chacun accumule et crée dans la bataille contre les problèmes, contre les difficultés. Nous avons à tout moment, partout, l'occasion d'apprendre quelque chose de nouveau et nous l'avons vu pendant cette année. Beaucoup de problèmes sont déjà en voie de solution.

Aujourd'hui, tout comme pendant le congrès lorsque j'ai fait des critiques, l'ennemi suit de près ce que nous disons. Si je dis que nous ne tirons pas bien parti de la journée de travail ou si je parle de n'importe quel autre problème, ils le diffusent sans tarder. Leur but est de discréditer le socialisme, le nôtre est de renforcer son prestige. Leur but est de le couvrir de boue et le nôtre est de le débarrasser de toute boue. *(Applaudissements)* Nous devons débarrasser le socialisme de toute boue et c'est pour cela que nous ne devons pas avoir peur de la montrer là où elle se trouve ! Il est bon de laver tout notre linge sale en plein air, on l'a déjà dit, en comptant sur la collaboration sans cesse plus efficace de notre presse révolutionnaire qui, il faut le dire, avec une grande responsabilité, une grande conscience, un sens profond de sa mission et de son rôle, contribue de façon notable à cette bataille.

Et nous avons déjà éliminé un peu de boue. Il en reste, mais tous les jours, nous en enlevons un petit peu plus.

Ils peuvent s'y laisser prendre, croire que nous sommes en très mauvais état ou que le socialisme n'avance pas. Ils peuvent se faire des illusions de ce genre. Mais si c'est le cas, ils manquent de logique car ce que cette bataille a de bon, c'est qu'elle sert à nettoyer la boue, à créer les conditions propices à un développement accéléré de notre processus révolutionnaire. Ils ne voient pas que nous sommes en train d'assurer notre avenir, que nous sommes en train d'assurer la victoire en nous engageant sur la bonne voie, sur la bonne voie ! *(Applaudissements)* Il vaut mieux qu'ils dorment sur ce côté pendant longtemps, qu'ils fassent une très longue sieste, avant de voir resurgir la révolution et le parti, plus imposants que jamais, de la boue et de la poussière.

Lorsque ce nuage de poussière se sera dissipé, ils verront la révolution en marche, le parti en marche. Ils verront que nous aurons créé les conditions nous permettant de vaincre des obstacles objectifs et subjectifs, malgré les conditions très difficiles dans lesquelles nous devons construire le socialisme, aux portes mêmes de l'impérialisme ; malgré les relations économiques infâmes qu'imposent les pays capitalistes développés aux pays sous-développés ou du tiers monde ; malgré les prix dérisoires auxquels ils achètent nos matières premières et nos produits — pour nous faire payer ensuite deux fois, trois fois, quatre fois plus cher n'importe quelle bagatelle qu'ils exportent, même un simple distributeur de glaces, une petite machine qui coûtait 2 000 pesos il y a 12 ou 14 ans. Nous en avons acheté quelques centaines en 1970 qui ont été installées dans les usines et dans les établissements du Pouvoir populaire. Nous en avons encore une petite réserve. Il m'est venu à l'idée de demander le prix actuel de ces distributeurs de glaces, et on m'a dit que ceux qui coûtaient 2 000 pesos en valent aujourd'hui 8 000, alors qu'ils continuent à payer le sucre à 5 ou 6 cents sur le soi-disant marché mondial.

Il en est de même pour n'importe quelle matière première, pour n'importe quelle ressource qui sort des pays du tiers monde. Une grue qui valait 25 000 pesos il y a 14 ou 15 ans en vaut aujourd'hui 130 000 ou 140 000. Ce sont là les conditions imposées aux pays du tiers monde. Malgré cela et justement grâce à notre condition de pays socialiste et à nos relations avec les pays du camp socialiste, nous avançons. Vous pouvez mesurer la misère et la pauvreté que connaissent d'autres pays qui n'ont pas ce privilège !

L'ennemi verra un jour ce que nous étions en train de faire en cette année 1986. Il comprendra un jour la signification de ce moment historique.

Nos problèmes sont nouveaux. Ce ne sont pas les mêmes qu'en 1959. Nous avons d'autres problèmes dans le domaine de l'éducation, ce ne sont plus l'analphabétisme ou le manque de professeurs. Nous avons des problèmes dans l'éducation parce que nous avons construit des milliers d'écoles et que nous voulons que ces écoles fonctionnent d'une manière optimale. Nous avons des problèmes parce que nous avons déjà 260 000 professeurs et instituteurs et nous voulons que la qualité de leur enseignement s'améliore et qu'ils fassent un travail optimal.

Nous avons des problèmes parce que nous avons construit et agrandi de nombreux hôpitaux. Nous avons des problèmes parce que nous avons plus de 25 000 médecins. Ce ne sont plus les 3 000 que nous ont laissés les impérialistes, mais 25 000 médecins formés par la révolution, des dizaines de milliers d'infirmières, de techniciens et autre personnel de la santé et nous en exigeons un travail optimal. Nous avons des problèmes parce que nous avons construit des milliers d'installations industrielles et agricoles ; parce que nous avons des dizaines de milliers de tracteurs, d'équipement de construction et nous voulons que toutes ces ressources soient exploitées le mieux possible. Nous avons des problèmes parce que nous sommes en train de construire de grands ouvrages et nous voulons qu'ils s'exécutent à un rythme adéquat, avec la qualité et l'efficacité requises. Nous avons des problèmes parce que nous avons d'immenses ressources comparées à celles d'autrefois, et nous livrons cette bataille pour qu'elles soient utilisées correctement.

NOUS AVONS une nouvelle usine qui peut produire à plein rendement 60 millions de mètres carrés de tissu et il s'agit de la faire tourner avec l'efficacité voulue, et non pas dans l'idée de nous mettre les vêtements sur le dos mais de les exporter pour résoudre d'autres problèmes car nous devons avant tout garantir les médicaments et les aliments. Il en va de même pour toutes les grandes usines que nous pouvons avoir, pour toutes ces usines de construction mécanique qui n'existaient pas auparavant et pour celles qui fournissent les matériaux de construction. Nous voulons qu'elles travaillent avec efficacité et à leurs pleines capacités. Et pour cela, il faut se débarrasser de toute cette boue.

Je vous parlais au début des premières années de la révolution dans l'ancien empire des tsars, où il a fallu édifier le socialisme sans le concours de personne, en se privant de vêtements, de chaussures, de nourriture, de tout pour pouvoir construire un pays que les fascistes allaient détruire une deuxième fois en moins de 30 ans. En revanche, nous avons eu le privilège, comme je l'expliquais, de compter sur une collaboration extérieure extraordinaire, sur des relations commerciales excellentes et des échanges satisfaisants avec les pays socialistes. Nous avons eu beaucoup de ressources à notre disposition et nous devons assumer la responsabilité de ne pas avoir su les utiliser efficacement ou aussi efficacement qu'il l'aurait fallu.

Il est indiscutable que la mise à profit de la journée de travail est insuffisante à la campagne. On invente la journée continue en vertu de laquelle on travaille quatre ou cinq heures d'affilée aux champs et on s'en va. Ce n'est pas comme ça qu'on construit le socialisme ! Si dans l'industrie et partout ailleurs, la journée de travail n'est mise à profit qu'à 80, 75, ou 70 pour cent, on ne peut pas construire le socialisme dans ce pays qui dépend encore fortement de l'agriculture, qui pour se libérer de cette dépendance doit s'industrialiser, et qui pour s'industrialiser doit travailler avec beaucoup de sérieux et d'efficacité et produire des articles de qualité. Si nous ne tirons pas parti de la journée de travail dans la culture de la canne à sucre, dans l'agriculture en général, dans la construction, dans les usines, partout, nous ne pouvons pas construire le socialisme.

Cela, c'est la première chose à savoir. Il faut s'en convaincre. Jamais nous n'avions réfléchi aussi profondément à ces problèmes. Jamais nous ne les avions intériorisés, comme on dit maintenant, aussi bien. Le parti en est conscient et travaille dans ce sens, car il faut absolument éliminer ces tendances négatives. Il faut faire en sorte que tout le monde travaille.

Il n'est dit dans aucun programme, il n'est écrit nulle part, personne n'a jamais dit nulle part qu'on pouvait développer un pays, enrichir un pays sans travail. Il faut dignifier le travail ; mettre tout notre sens de l'honneur au service du travail ; en montrer la valeur, l'importance ; créer une conscience autour de cela. Travailler, se consacrer au travail, travailler autant que l'établit la loi, tirer parti au maximum de la journée de travail, éliminer toutes ces sottises qui ont conduit à tant d'indiscipline et que nous avons critiquées ici durement. Pour y parvenir, il n'y a qu'un moyen : le travail politique et révolutionnaire, dirigé par le parti. Car la réaction des ouvriers a été partout excellente, comme vous l'avez vous-mêmes constaté à toutes ces réunions où il a beaucoup été question de la compréhension et de l'appui des masses, à de très rares exceptions près.

Bien sûr, il y a des gens qui ne comprennent pas ; des gens qui de toute évidence ne lisent pas le journal ou qui, s'ils le lisent, ne le comprennent pas ; des gens qui n'écoutent pas la radio ; des gens à qui on n'a rien expliqué de ces problèmes parce que la solution réside dans l'explication. Si le soleil est là, vous ne pouvez pas dire qu'il n'existe pas. Nous devons nous charger de ce travail d'information, d'éducation de nos travailleurs et de notre peuple. Je suis convaincu que nous y parviendrons, et plus encore, plus que jamais après ces séances. *(Applaudissements)* Ce programme des communistes et de notre peuple, nous l'accomplirons. *(Applaudissements)* Mieux encore, nous irons plus loin, comme nous avons tenu et dépassé nos promesses de la Moncada, *(applaudissements)* nos promesses du Granma, *(applaudissements)* nos promesses de la Sierra Maestra. *(Applaudissements)*

Nous n'avons plus à résoudre aujourd'hui des problèmes d'analphabétisme, de manque d'écoles, de mendicité, de faim. Nous n'avons plus à résoudre les problèmes de ces hommes et de ces femmes qui mouraient sans hôpital, sans médecin, sans soins médicaux d'aucune sorte. Nous n'avons plus à lutter contre une tyrannie féroce qui nous opprimait et qui nous tenait pieds et poings liés, qui nous retirait la liberté, qui nous retirait le pain, qui nous vendait à l'étranger. Il ne s'agit plus de lutter sans armes, sans rien, contre un ennemi fort et bien armé. Il faut affronter et résoudre de nouveaux problèmes qui sont le résultat de nos progrès, de notre développement ; relever le défi historique que représentent le développement du pays, la construction du socialisme et du communisme, l'avance de la théorie et de la pratique révolutionnaires.

IL FAUT DÉMONTRER que le socialisme n'est pas seulement supérieur au capitalisme dans les sphères de l'éducation, de la santé et du sport, des domaines dans lesquels ils reconnaissent que nous avons progressé, mais qu'il est aussi dix fois plus capable de résoudre les problèmes de développement d'un pays en faisant appel au sens de l'honneur, aux principes, à la conscience. Nous devons démontrer que nous sommes plus efficaces que les capitalistes dans la sphère de la production de biens matériels *(applaudissements)* et que la conscience, l'esprit communiste, la vocation et la volonté révolutionnaires ont été, sont et resteront toujours mille fois plus puissants que l'argent !

*La patrie ou la mort* !

*Nous vaincrons* !

*(Ovation)*

## NOTES

1. Fidel Castro et d'autres membres du Mouvement du 26 juillet sont revenus d'exil à Cuba le 2 décembre 1956, à bord du Granma. Ils ont alors repris la lutte armée contre la dictature de Batista.

2. Le programme de la Moncada est une référence au texte de Fidel Castro « L'histoire m'acquittera ». Ce document reconstitue le plaidoyer qu'il a présenté le 16 octobre 1953 devant le tribunal où il était accusé à cause de son rôle dirigeant dans l'attaque de la caserne de la Moncada, le 26 juillet de la même année. Ce texte est devenu la déclaration de principe du Mouvement du 26 juillet. Il a été publié sous forme de brochure dans Fidel Castro, *L'histoire m'acquittera,* La Havane, Éditions José Martí, 1984.

3. Un des problèmes présentement discuté à Cuba, c'est le fait qu'un nombre inquiétant de jeunes, une fois leurs études et leur service militaire terminés, décident de ne pas travailler à moins d'obtenir l'emploi qu'ils veulent, dans la région du pays qu'ils préfèrent. Avec le revenu des autres membres de la famille, ce n'est pas difficile d'arriver à vivre sans travailler. La nourriture est subventionnée, les soins médicaux sont gratuits et les frais de logement et de transport sont minimes.

4. Raúl Castro est ministre des Forces armées révolutionnaires et deuxième secrétaire du Comité central du Parti communiste de Cuba.

5. Le cinquième congrès de l'Union des journalistes de Cuba (UPEC) a eu lieu à La Havane, du 24 au 26 octobre 1986.

6. Après un long débat et la mise en place d'un projet-pilote dans la province de Matanzas, une nouvelle constitution cubaine a été adoptée le 15 février 1976. Plus tard cette année-là, une réforme administrative a porté de 6 à 14 le nombre des provinces du pays. Des élections nationales ont eu lieu le 10 octobre 1976, dans le but de choisir des représentants aux nouvelles instances électives du pays, appelées Pouvoir populaire. Voir Fidel Castro, *Fidel Castro Speeches, vol. II: Our Power is that of the Working People, Building Socialism in Cuba,* New York, Pathfinder Press, 1983, p. 279-357 [2012 tirage] ; et Marta Harnecker, *Cuba : dictature ou démocratie ?,* Paris, Éditions François Maspéro, 1976.

7. Le système de direction et de planification de l'économie a été introduit en 1976. La plupart des mécanismes

économiques auxquels Fidel Castro se réfère, y compris les échelles de salaire actuelles, les normes de production et le système de primes, ont été initiés dans le cadre de cette réorganisation.

8. Une organisation de masse pour les enfants, l'Organisation des pionniers José Martí de Cuba s'occupe de loisirs, de sports et d'activités culturelles et éducatives.

9. Après les victoires révolutionnaires de Grenade et du Nicaragua en 1979, le gouvernement des États-Unis a augmenté ses opérations militaires dans les Caraïbes et ses actions contre Cuba. En réponse à ces nouvelles menaces, Cuba a décidé de mettre sur pied les Milices territoriales au printemps de 1980. Depuis, plus de 1,5 million de Cubains, des femmes en majorité, ont été armés et entraînés, ce que Castro a appelé une « révolution » dans le système de défense.

10. Des permis sont accordés aux individus qui veulent travailler à leur compte, mais seulement s'il s'agit de services utiles à la société.

Au cours des dernières années, une des normes négatives qui s'est développée est la mise à pied temporaire de travailleurs, payés à 70 pour cent de leur salaire, lorsqu'une entreprise fait face à une pénurie de matières premières, un défaut d'équipement ou un manque d'électricité.

# LA CLASSE OUVRIÈRE ET LA LUTTE POUR L'ÉMANCIPATION DES FEMMES

*Nouvelle édition !*

## Les cosmétiques, la mode et l'exploitation des femmes

MARY-ALICE WATERS, JOSEPH HANSEN, EVELYN REED

« Les normes de la beauté et de la mode sont inséparables de la lutte des classes », est le nouveau chapitre qui ouvre cette édition élargie et très actuelle consacrée à un débat animé qui eut lieu dans les années 1950 dans les pages du *Militant*, un hebdomadaire socialiste. Comment les monopoles de l'industrie cosmétique et de la mode tirent des profits faramineux de l'insécurité sociale des femmes et des adolescents. Pourquoi l'intégration des femmes dans le monde du travail et dans les syndicats constitue une avancée majeure dans la lutte pour leur émancipation. Un classique du marxisme sur l'origine de l'oppression des femmes et la voie à suivre pour la classe ouvrière. 15 $ US. Aussi en anglais, espagnol, farsi, grec.

## L'émancipation des femmes et la lutte de libération de l'Afrique

THOMAS SANKARA

« Il n'y a pas de véritable révolution sociale sans la libération des femmes, » explique le dirigeant de la révolution de 1983-1987 au Burkina Faso. 5 $ US. Aussi en anglais, espagnol, farsi.

## Sur l'émancipation des femmes

V. I. LÉNINE

L'émancipation des femmes, a écrit Lénine, ne commence « que là et au moment où s'engage la lutte de masse, (dirigée par le prolétariat, maître du pouvoir) », pour attirer les femmes en tant qu'égales dans le travail social productif. Et quand la cuisine, la garde des enfants et d'autres tâches ménagères sont transformées en tâches sociales d'une « grande économie socialiste ». 7 $ US. En anglais et espagnol.

# LE RENOUVELLEMENT OU LA MORT

*Fidel Castro*

CAMARADES,

Pour dresser la liste des candidats à l'élection au Bureau politique, nous avons appliqué la même ligne, les mêmes principes et les mêmes critères que ceux qui ont été présentés ce matin à propos de la liste des candidats titulaires et substituts au Comité central du parti.

J'en ai déjà parlé longuement. Mais puisque ce n'était pas retransmis à la radio et que nos invités n'étaient pas

---

*Ce discours a été prononcé le 7 février 1986 par Fidel Castro, président de Cuba et premier secrétaire du Comité central du Parti communiste de Cuba, lors de la clôture de la première session du troisième congrès du parti.*

*Les délégués y ont élu un nouveau Comité central, qui a ensuite réélu Fidel Castro au poste de premier secrétaire du Comité central et Raúl Castro à celui de deuxième secrétaire. Le Comité central a aussi élu un nouveau Bureau politique, un nouveau Secrétariat, ainsi que le président du Comité national de vérification et de contrôle*[1].

*Dans la première partie de son discours qui n'est pas reproduite ici, Fidel Castro a présenté la nouvelle direction du parti aux délégués et aux invités.*

*La transcription, la traduction et les notes sont de* Nouvelle Internationale.

présents, cela vaut la peine de réexpliquer certains de ces critères, sans toutefois entrer dans les détails. C'est à nous, les membres du Comité central, d'expliquer le travail préparatoire réalisé par la Commission des candidatures avant le congrès.

La liste des candidats a été dressée sur la base de critères fondamentaux et de méthodes très objectives. Nous avons commencé par le nombre de membres, car nous voulions réduire le nombre de membres titulaires et substituts. Mais nous avons finalement décidé de ne pas le faire parce qu'une autre idée encore plus importante s'est imposée à nous : celle du renouvellement en profondeur des organes de direction du parti. Cela ne s'était jamais fait en réalité auparavant. Les renouvellements étaient en fait symboliques. Chaque fois qu'un renouvellement s'imposait, nous faisions face au grand mérite, au passé révolutionnaire, au prestige et aux qualités humaines des camarades qui faisaient partie du Comité central du parti, du Comité provincial ou du Comité municipal et ce, à tous les échelons. Chaque fois, le problème se résolvait par la voie de la facilité : on augmentait le nombre de membres du comité concerné. Ces renouvellements symboliques demandaient bien souvent un travail d'explication supplémentaire auprès des camarades, car ils les percevaient comme une destitution, une critique, une évaluation négative du travail accompli. Mais ce n'était pas du tout le cas. Il fallait tout simplement procéder à un renouvellement et pour cela, il fallait remplacer un certain nombre de camarades qui avaient toutes les qualités et tout le mérite nécessaires. La question se posait en ces termes : le renouvellement ou la mort.

La Commission s'est rendue compte que si nous avions continué de cette façon, il aurait fallu chaque année, lors de chaque congrès, augmenter de 80 à 100 personnes le nombre de membres titulaires et substituts du Comité central et qu'un beau jour, c'est au théâtre Karl Marx qu'il aurait fallu tenir les réunions du Comité central.

Je fais cette déclaration en public et devant toute la population et les journalistes qui nous écoutent. Nous savons que chaque fois qu'il faut renouveler les cadres du parti, le problème de leur nombre se pose au niveau des provinces et des municipalités. C'est une lutte constante pour faire prévaloir cet esprit de camaraderie et de solidarité, d'amitié et d'affection envers les camarades qui sont remplacés.

Nous sommes arrivés à la conclusion que le congrès devait donner l'exemple par l'élection du Comité central. Nous avons pris la ferme décision de ne pas modifier la taille du Comité central. La réduire aurait été plus traumatisant encore et aurait compliqué l'application du principe du renouvellement, considéré comme indispensable. Il n'y a guère eu de renouvellements dans le passé, si ce ne sont des renouvellements symboliques. Il fallait par conséquent procéder à un renouvellement de grande envergure touchant plus d'un tiers des membres.

UNE FOIS QUE LES CRITÈRES d'établissement des listes de candidats ont été arrêtés, le thème du renouvellement a fait l'objet d'une large discussion au sein du Comité central. Celui-ci a évalué ces questions et clarifié en particulier le concept de renouvellement. Pourquoi ce renouvellement est-il nécessaire et quelle doit être l'attitude communiste et révolutionnaire des camarades qui doivent être remplacés ? Parce qu'il faut bien en remplacer un certain nombre et que parmi les camarades remplacés, il y en a qui font partie du Comité central depuis 20 ans et dont les mérites sont indéniables.

Si nous tenions compte exclusivement du passé révolutionnaire et des mérites de quelqu'un, alors la seule solution possible serait une solution incorrecte : augmenter chaque fois le nombre de membres. C'était très difficile, traumatisant même, et plus traumatisant pour nous-mêmes que pour les camarades qui allaient être remplacés. Car ce sont des camarades avec lesquels nous entretenons d'excellents rapports, des rapports d'amitié, de camaraderie, des camarades pour qui nous éprouvons de l'affection.

Telle a donc été la première décision que nous avons prise. Il fallait aller de l'avant. Nous avons même décidé de réduire le nombre de représentants en provenance de certains secteurs. J'ai déjà mentionné que le nombre de ministres, de dirigeants de l'État, a été réduit. De même, celui des représentants des forces armées a aussi été réduit, parmi lesquels figuraient de nombreux camarades de grande valeur ayant accompli des tâches internationalistes. Il y en avait 50 et il n'y en aura plus que 34. Le ministère de l'Intérieur n'aura plus que 8 représentants, contre 15 auparavant. Et ainsi de suite. La même chose s'est produite avec les organisations ouvrières, où la représentation des dirigeants, pas des ouvriers mais des dirigeants, a été réduite. La représentation relativement forte de ce secteur nous a donné une marge de manoeuvre suffisante pour pouvoir mener à bien la politique que nous estimions devoir appliquer.

Je vous ai déjà longuement entretenus de tout cela et je le répète pour l'ensemble de la population, pour tous les militants du parti qui sont à l'écoute. Nous avons pris une décision et nous l'avons ensuite appliquée.

C'est déjà ce que nous avions partiellement fait à l'occasion du deuxième congrès[2]. Ce dernier a augmenté de manière significative le nombre de femmes et d'ouvriers dans la liste des candidatures au Comité central. C'étaient là des mesures admirables. Cette fois, il nous fallait poursuivre dans la même voie et renforcer la représentation ouvrière, mais pas uniquement des ouvriers ayant le statut de dirigeants. Il fallait poursuivre dans cette voie en avançant sur trois fronts, en réalisant un triple effort de promotion. Il fallait renforcer la représentation des femmes, ainsi que celle des noirs et des métis.

J'Y REVIENDRAI, mais pour l'instant je voudrais dire ceci : nous n'avons pas peur de parler de noirs et de métis. Les sociétés hypocrites qui pratiquent la discrimination ont peur, mais pas les sociétés révolutionnaires. *(Applaudissements)* Tout cela concerne uniquement la pigmentation de la peau et pour nous, tout le monde est sur un pied d'égalité. S'il n'y a pas de mal à parler de quelqu'un qui a des cheveux blancs ou blonds, pourquoi ne pourrions-nous pas parler de noirs, de mulâtres ou de métis ? Surtout en effet dans un pays où le mélange de races est la règle. Et nous sommes particulièrement fiers de ce mélange, car ce n'est pas un mauvais mélange. C'est, au contraire, un mélange excellent ! *(Applaudissements)*

Mais allez donc demander son avis à l'impérialisme ! Est-ce qu'il lui a été facile de dissoudre, de diviser, d'écraser ce mélange ? Il n'y est pas arrivé ! Ce tout petit pays continue son évolution socialiste radicale inspirée par les principes du marxisme, guidée par les principes du marxisme-léninisme. Ils n'ont pas pu nous diviser, ni faire dérailler la révolution. Ils ont échoué parce que le mélange est excellent et, surtout, parce qu'il est libre et que règnent l'égalité et la solidarité. C'est ça qui est important, c'est ça la question clé.

Nous disions donc qu'il fallait donner une injection [à la direction du parti]. Il fallait aussi lui donner une injection de jeunes.

VOILÀ LES TROIS ASPECTS de la question que nous désirions prendre en considération tout au long du processus d'élaboration des listes de candidats pour le Comité central du parti. Bien sûr, il n'est pas question de négliger les mérites de chacun. Ce n'est pas là notre ligne de conduite. Notre politique consiste à reconnaître les mérites de chacun à la base et dans les différents secteurs, mais aussi dans l'État, les forces armées, le ministère de l'Intérieur, les organisations de masse, le parti. Et toujours sans perdre de vue les trois aspects de notre effort de promotion.

Ainsi que je l'ai déjà expliqué hier, c'était essentiel en ce qui concerne les femmes, tout simplement parce que dans notre pays les femmes ont souffert de discrimination. C'était une discrimination horrible qui, comme je l'ai expliqué en détail, assignait aux femmes un rôle et des tâches bien déterminés. On préparait les jeunes filles au mariage, si possible avec un bourgeois, et on leur enseignait la subordination totale dans ce cadre-là. Mais le rôle principal que le capitalisme assignait aux femmes était celui de prostituées — la prostitution ouverte ou cachée — et il y avait ici de nombreuses formes de prostitution cachée.

J'ai expliqué que les femmes étaient choisies en fonction de leur beauté pour travailler dans les boutiques, dans les commerces de l'aristocratie et naturellement dans les bars et les hôtels, mais aussi ailleurs. Il y a de nombreuses formes de prostitution déguisée. Ces fillettes que l'on préparait au mariage, c'est-à-dire pour se vendre au plus offrant, c'était aussi une forme déguisée de prostitution.

C'était ça la société bourgeoise, capitaliste. La révolution a changé tout ça et a libéré la femme. Mais il y avait des préjugés à propos des femmes. Raúl vous a raconté l'histoire du premier peloton de femmes que nous avons mis sur pied. Je leur avais réservé un certain nombre de fusils de bonne qualité[3]. Les fusils étaient rares, mais il y en avait une vingtaine, des carabines semi-automatiques légères M-1. C'était une bataille dans laquelle j'ai dû m'impliquer personnellement afin de démontrer que les femmes peuvent faire d'excellents soldats. Les rebelles s'y étaient presque tous opposés. Quelques-uns disaient « Comment pouvez-vous donner un fusil à une femme, alors que nous n'en avons pas nous-mêmes » ou « quand tout ce que j'ai, c'est ce vieux fusil-là ? » « Je vais vous expliquer pourquoi, ai-je répondu. Nous allons donner à la camarade un fusil aussi bon, sinon meilleur que les vôtres. Et savez-vous pourquoi ? Tout simplement parce qu'elles sont de meilleurs soldats que vous. »

Et ce qui est extraordinaire, c'est que les femmes ont prouvé qu'elles étaient des soldats imbattables. Lors de son premier combat, ce peloton, le peloton Mariana Grajales[4], a perdu son chef qui a été blessé sur un pont. En général, les troupes rebelles se retirent quand leur chef est blessé ou tué. Mais les camarades, bien que leur chef ait été blessé — et c'était un homme puisqu'elles venaient de commencer et qu'aucune d'entre elles n'avait encore eu l'occasion de se distinguer — ont poursuivi le combat et ont anéanti l'ennemi. Elles sont allées chercher leur chef blessé et l'ont emporté vers l'arrière avec toutes les armes. *(Applaudissements)*

Nous avons de nombreuses preuves de la discrimination subie par les femmes. Nous avons donné des statistiques. Les femmes représentent la moitié de la population. Leur passé révolutionnaire et leurs nombreuses qualités humaines sont remarquables et pourtant, seulement 21 pour cent, environ 21 pour cent des membres du parti sont des femmes. Cela démontre de façon irréfutable qu'il existe divers facteurs sociaux et historiques qui, d'une manière ou d'une autre, limitent, compliquent ou entravent le développement de la femme au sein de la société. Pourtant la révolution est plus populaire parmi les femmes que parmi les hommes, ce qui est logique. Car les femmes faisaient partie d'un secteur discriminé et opprimé que la révolution a libéré.

Les femmes constituent 21 pour cent du parti. Ce déséquilibre a toujours existé. Le parti est né dans les usines et historiquement, ce secteur ouvrier est composé d'hommes. Mais cela découle en partie aussi des préjugés et parce que les femmes ont moins accès à l'emploi.

Cependant, bien que cela ait une certaine influence, je suis sûr que notre héritage historique en est aussi responsable. C'est l'héritage transmis par la vieille société de classes, la société inhumaine des exploiteurs, qui explique que le parti ne compte que 21 pour cent de femmes alors que la population féminine est le secteur le plus révolutionnaire, le plus enthousiaste, le plus résolu. Il suffit pour s'en convaincre d'examiner la question de la défense, de l'organisation des milices et des troupes territoriales, où 1,8 million de femmes se sont portées volontaires. Plusieurs centaines de milliers de femmes font partie des milices et des troupes territoriales. Des dizaines de milliers de femmes font partie du commandement et 20 000 d'entre elles sont des cadres. Elles sont plus disciplinées que les hommes de la milice, plus dévouées et plus objectives. Les premières unités régulières commandées par des femmes ont vu le jour.

En ce qui concerne les techniciens, 55 pour cent sont des femmes. Mais seulement 21 pour cent des membres du parti sont des femmes. À l'issue du deuxième congrès, après le renforcement de la représentation des femmes, le Comité central ne comprenait toujours que 12,89 pour cent de femmes.

C'est la même chose au sein de la jeunesse communiste. En fait, c'est pire parce que la jeunesse devrait être porteuse d'idées justes, d'idéaux d'égalité. Le même phénomène se produit ici aussi. La proportion de femmes au sein de la jeunesse est plus élevée qu'au sein du parti, mais le nombre de femmes qui font partie de la direction reste relativement faible [5]. La même chose est arrivée dans les organes du Pouvoir populaire. Quand les gens allaient voter et devaient choisir entre une femme et un homme, ils se disaient que la femme avait des enfants, ou ceci ou cela, et ils votaient pour un homme. Le peuple, les masses populaires, sont aussi une preuve de cela. C'est le peuple qui choisit et élit les candidats. Et le peuple a des préjugés.

Voilà la vérité et celle-ci reflète les préjugés historiques. Malgré le renforcement de la représentation des femmes, le pourcentage n'était toujours que de 12,89 pour cent [6].

Je tiens à dire que la discrimination sexuelle s'est avérée plus résistante que la discrimination ethnique ou raciale — peu importe l'appellation — fondée sur la pigmentation ou la couleur de la peau. Là, nous avons fait des progrès importants si on tient compte des séquelles historiques. La situation était la même pour les femmes que pour le secteur noir de la population, qui lui aussi était victime de discrimination. L'esclavage a été une chose horrible, l'une des pires atrocités léguées par le colonialisme et qui a duré plusieurs siècles. Des dizaines de millions d'hommes et de femmes ont été arrachés à leur Afrique natale et réduits à l'état d'esclaves afin d'accomplir les travaux que les blancs n'osaient réaliser sous ce climat tropical torride ou dans le Nord où il fait froid.

DANS LES RÉGIONS TEMPÉRÉES, les esclaves étaient utilisés pour récolter le coton ou pour réaliser d'autres travaux difficiles. Dans notre pays, l'esclavage n'a pris fin qu'en 1886, il y a un siècle de cela. L'esclavage a été aboli, mais le néo-colonialisme l'a remplacé et les Yankees nous ont apporté leurs préjugés raciaux qu'ils ont enracinés ici. J'ai déjà raconté qu'il y avait des écoles comme celle que j'ai fréquentée jusqu'en cinquième année, qui acceptaient uniquement les noirs capables de payer. Et d'autres écoles, comme le Collège de Dolores ou le Collège de Belén, des écoles privées ou religieuses qui n'acceptaient aucun noir. Et je vous ai donné des exemples de leurs arguments. C'étaient des arguments bien pieux quand ils disaient : « Les pauvres petits, ils sont si peu nombreux, ils ne se sentiront pas à l'aise. » *(Rires)* Mais même s'ils pouvaient payer, ils ne les acceptaient pas. Et naturellement ceux qui pouvaient payer étaient rares.

C'étaient surtout des fils de bourgeois qui poursuivaient leurs études, allaient à l'université et avaient accès à tout. Dans les couches plus humbles, les classes moyennes de la ville, il y avait bien quelques travailleurs qui faisaient de grands efforts. Mais s'ils étaient noirs, il leur était pratiquement impossible d'obtenir une formation, une éducation au-delà d'un certain niveau. Il y avait les couches les plus pauvres qui vivaient dans les bidonvilles qui existaient ici, des descendants d'Haïtiens, de Jamaïcains.

Quel plaisir j'ai eu aujourd'hui à saluer deux nouveaux membres du Comité central : deux camarades qui s'appellent Robinson, un homme et une femme. Ils sont frère et soeur. Provenant de Guantánamo et établis maintenant à La Havane et à Moa, ces deux personnes se sont distinguées d'une façon extraordinaire [7]. Je leur ai demandé d'où venaient leurs parents et leurs grands-parents. Ils venaient de la Jamaïque. C'est de là que sont venus ceux qui coupaient la canne à sucre à Guantánamo. *(Applaudissements)* Un frère et une soeur élus à l'unanimité par le congrès au Comité central. Deux personnes de grand mérite, ayant fait de brillantes études, avec une formation intensive et qui se sont particulièrement distinguées. Oui, aujourd'hui c'est possible, en dépit de notre héritage.

Ainsi que je le disais, la discrimination est une injustice qui crée un sentiment de rejet chez l'être humain et lui donne des complexes. Cela a une influence certaine. Les victimes de cette discrimination vivaient dans les quartiers les plus pauvres, dans les quartiers les plus démunis, dans les terrains vagues, dans les endroits les plus pauvres, sans écoles, sans autres possibilités de développement, sans le moindre centre de culture. Ainsi que je l'ai dit, tout cela a une influence. Là où il y a des écoles, des centres de culture, là où le niveau culturel est le plus élevé, les enfants sont mieux orientés dans leurs études. Ils sont aidés et encouragés. J'ai expliqué que nous avons réparti les écoles d'orientation professionnelle par municipalité. Certaines municipalités sont mieux équipées que d'autres et peut-être le niveau est-il plus élevé à La Havane. Ce que je voulais démontrer, c'est que chacun a l'occasion de développer ses talents indépendamment des facteurs de conditionnement dont l'influence est néanmoins indéniable.

On a pu calculer — et j'ai expliqué aujourd'hui qu'il s'agissait de calculs arbitraires — que 34 pour cent de la population est composée de noirs ou de métis. C'est un chiffre arbitraire puisque tout le monde ici est au moins un peu métissé. Même les plus blancs d'origine espagnole le sont. Parce que pendant des siècles, les Espagnols ont subi l'influence du Moyen-Orient, des musulmans qui sont plus foncés que les blancs d'Europe. Toujours est-il qu'on considère que 34 pour cent de la population est composée de métis ou de noirs. Parce que la bourgeoisie était blanche, les métis et les noirs ont appuyé plus massivement la révolution. Aucune raffinerie de sucre n'appartenait à des noirs nord-américains, mais bien plutôt à l'aristocratie blanche. Je n'ai pas connu de noirs qui étaient grands propriétaires fonciers ou propriétaires de grands commerces, de grandes industries ou d'entreprises importantes. Peut-être y avait-il quelques noirs appartenant aux professions libérales, un avocat par-ci, un médecin par-là, ou encore un petit commerçant.

Ceux qui sont partis pour Miami étaient en grande majorité des bourgeois riches et blancs. Et ceux qui appuyaient totalement la révolution étaient les noirs. Pourquoi ? Parce qu'ils avaient tous soufferts de discrimination à cause de la couleur de leur peau. Et ceci, c'est notre héritage historique. Après la révolution, il y en a qui ont acquis une formation et qui travaillent à ceci ou à cela. Une couche très large s'est développée, car la révolution est encore jeune même si elle a 27 ans. Des dizaines de milliers, des centaines de milliers de jeunes noirs et de jeunes métis se sont inscrits dans des écoles techniques, ont suivi des programmes de préparation à l'université, sont allés à l'université et se distinguent de plus en plus.

Mais la spontanéité ne suffit pas à rectifier les injustices historiques. Il ne suffit pas de voter des lois établissant l'égalité pour que tout d'un coup règne l'égalité totale. Il faut, dans les organisations de masse, dans la jeunesse, dans le parti, promouvoir l'égalité. C'est pourquoi nous avons déclaré dans le rapport que la composition ethnique de la société doit se retrouver dans nos organisations. Il faut sans cesse promouvoir la représentation des femmes, des noirs et des métis. Cela ne se fera pas spontanément. C'est le travail du parti, parce qu'il faut redresser ce que l'histoire a tordu. *(Applaudissements)*

NOUS AVONS aussi proposé de renforcer la proportion de jeunes. Nous avons dressé une liste. J'ai déjà expliqué comment nous avions établi cette liste. Personne n'a déclaré subjectivement : « Je vais choisir. » C'est le parti qui a demandé aux provinces, aux instances provinciales du parti, de proposer des listes de camarades qui réunissent les conditions nécessaires pour devenir membres titulaires ou substituts du Comité central, peu importent évidemment la couleur de leur peau ou leur âge. Ces listes devaient tenir compte des femmes et des camarades noirs et métis qui réunissaient ces conditions. Elles devaient donc comprendre toutes les personnes chez qui on retrouvait les capacités nécessaires.

Il y avait un grand nombre de jeunes noires, chacune possédant les caractéristiques que nous recherchions. Il y avait aussi de jeunes noirs et des camarades plus âgés. C'est de cette manière qu'a été dressée la liste finale des 233 noms proposés pour l'élection du Comité central. En plus, nous avons consulté les organisations de masse qui ont elles aussi préparé des listes. On a examiné le cas des camarades qui ont des responsabilités importantes au sein des organes du Pouvoir populaire par exemple ou au Comité central, comme je l'ai expliqué. On a examiné le cas de tous les camarades membres des comités exécutifs provinciaux, en particulier les camarades de moins de 35 ans, mais aussi les plus âgés. Une liste de 160 noms a ainsi été établie, Dans chaque cas, on a examiné le dossier du camarade, son passé, tout. Finalement, en appliquant des critères objectifs, on en est arrivé à une liste définitive, la liste des candidats.

Ce que j'ai expliqué auparavant le démontre parce que, naturellement, il y en a qui sont très connus, d'autres qui ne le sont pas et à qui peu de gens pensent. Mais moi, je pensais à des jeunes pas connus et de grand mérite. J'ai pensé à deux personnes qui n'étaient pas connues et en consultant les listes de candidats dressées selon la méthode mentionnée, je constate que ces deux camarades sont sur ces listes. Moi-même, en tant que président de la Commission des candidatures, je n'ai proposé aucun nom pour la liste. Les candidats ont été sélectionnés selon la méthode mentionnée. Et naturellement la liste définitive contenait pratiquement toutes les femmes des listes provisoires. L'immense majorité des camarades noirs a été retenue, de même que les jeunes camarades de mérite.

D'autres camarades de grand mérite qui ne figurent pas dans ces catégories ont aussi été retenus. Prenons par exemple le directeur de l'Hôpital Ameijeiras [8], le meilleur hôpital du pays et sans doute de toute l'Amérique latine, qui fait faire de grands progrès à la médecine. Ce directeur est un symbole. Ses efforts représentent les efforts de tous les médecins, des techniciens et aussi des scientifiques qui ont travaillé dans cet hôpital et qui s'y sont distingués.

Nous aurions facilement pu ajouter au moins cinq ou dix autres personnes à cette liste en raison des services rendus au pays. Par exemple, le camarade qui a été sélectionné pour devenir cosmonaute [9]. Ce n'est pas par hasard qu'il a été choisi, mais parce qu'il était un combattant admirable et de grand mérite. Il a fait ses études de pilote, est devenu un pilote éminent, un chef d'unité ayant de nombreuses qualités humaines et révolutionnaires. Il n'a pas pu devenir membre du Comité central avant d'aller dans l'espace. Maintenant qu'il est allé dans l'espace, il est devenu un symbole et a été choisi en tant que tel.

J'ai déjà expliqué que personne ne pouvait certifier que nous avions réuni les meilleurs. Dans un pays qui compte plus d'un demi-million de militants, plus un demi-million de jeunes communistes, il y a des centaines de milliers de personnes qui se sont distinguées, qui ont les capacités nécessaires, des dizaines de milliers de personnes de grand mérite. Tout ce que nous pouvons faire, c'est essayer de dresser une liste plus ou moins représentative et de faire en sorte que la grande majorité y soit représentée.

IL Y EN A DONT les mérites sont tellement grands qu'on peut à peine les promouvoir. Mieux vaut les laisser là où ils sont, les laisser à leur occupation, car c'est là qu'ils font le plus pour le pays. Nous avons déjà mentionné qu'un communiste n'aspire à être nommé à aucun poste : c'est un principe fondamental. Ce ne serait plus un communiste s'il recherchait un poste ou une distinction honorifique. *(Applaudissements)* C'est le parti qui accorde les promotions, qui essaie de faire une sélection parmi les meilleurs, sans perdre de vue que c'est la grande masse qui compte et que celle-ci est remplie d'histoire et de mérite. C'est donc en tenant compte de tous ces critères, le mérite, le passé révolutionnaire, les qualités exceptionnelles, que les candidats ont été sélectionnés.

Il faut faire confiance aux jeunes. Je vous rappelais aujourd'hui encore que la moyenne d'âge de ceux qui ont commencé la lutte armée était de 22 ou 23 ans. Et nous nous croyions capables d'initier une révolution ! Moi, j'étais un peu plus vieux : j'avais 26 ans. Au moment de la victoire, la plupart des combattants avaient environ 30 ans. Nous avions confiance en nous, malgré notre énorme inexpérience. Qui sait, peut-être qu'une plus grande expérience nous aurait gênés, peut-être serions-nous devenus conservateurs. Heureusement, nous n'avions pas conscience de notre manque d'expérience ! *(Rires)* Nous avons décidé sans la moindre hésitation de nous lancer sur la voie de la révolution. Et finalement, ça a marché. Voilà pourquoi il faut faire confiance aux jeunes.

AUJOURD'HUI, nous avons l'occasion unique de combiner ce que nous n'avions pas auparavant, la grande expérience de certains camarades, avec l'ardeur et l'énergie d'autres camarades. Il faut promouvoir ces qualités aujourd'hui et le faire sans aucune crainte. *(Applaudissements)* Les jeunes qui ont fait leur service dans les forces armées ou qui ont travaillé à la production sont très importants. Comme nous l'avons précisé dans le rapport présenté au Comité central, tous les jeunes qui seront à n'importe quel moment nommés à un poste auront eu l'expérience du soldat de rang ou celle du travailleur de la production. Nous ne devons pas avoir peur de promouvoir les jeunes. Les années passent, les années accumulent l'histoire. Et si nous nous fions exclusivement à l'histoire, la moyenne d'âge serait élevée. Elle était déjà de 51 ans et a été ramenée à 47 ans. Dans 5 ans, elle remontera à 52 ans. Il faut donc augmenter la proportion de jeunes.

Sur la base de ces critères, nous avons dressé une liste de candidats. Les femmes qui ont été élues représentent 18,22 pour cent des membres titulaires et substituts du Comité central. Si on regarde uniquement les titulaires, le pourcentage serait vraisemblablement inférieur. Mais en comptant aussi les substituts, on se rapproche de 21 pour cent qui est la proportion de femmes membres du parti.

Quant aux noirs et aux métis, ceux qui se considèrent comme tels j'entends, *(rires)* il est très important de les compter puisqu'auparavant personne ne s'en souciait. Nous avons eu entièrement raison d'effacer cela de la constitution. Mais dans le parti, ça mérite une petite note. Car nous devons savoir où nous en sommes dans notre politique de promotion et comment tous les groupes sont représentés. La question sur la couleur de la peau n'avait jamais été posée et c'est bien, car elle aurait servi à discriminer les gens. Alors, pourquoi la poser ? Aujourd'hui, c'est le contraire et c'est la raison pour laquelle nous le faisons.

Rizo par exemple figurait parmi les blancs. Il n'avait aucune caractéristique apparente particulière. Or hier, il m'annonce qu'il possède le certificat de mise en liberté de son arrière-grand-mère, qui était une esclave africaine. Risquet est un mélange de noir et de chinois, d'asiatique, peut-être d'Asie du Sud-Est ou de Corée. Je ne sais pas vraiment d'où viennent ses ancêtres. Il a un peu de blanc aussi, de Canton peut-être ? Va-t-on savoir ! *(Rires)* Si nous tenons compte de tout, il y aurait encore plus [de mélanges], c'est démontré. Pour le moment, nous avons atteint 28,44 pour cent, un chiffre qui se rapproche du pourcentage que l'on trouve parmi les militants du parti.

Il s'agit d'une politique de promotion et nous en sommes vraiment très satisfaits. On l'a bien vu aujourd'hui lors de l'élection du Comité central. Cette même politique de renouvellement a été appliquée au Bureau politique. Plus de 40 pour cent des membres ont été remplacés [10]. Cela a été très difficile. [Ce sont] des camarades que nous côtoyons constamment, des camarades de grand mérite. Si vous voulez avoir une idée de la fermeté et de la ferveur avec lesquelles nous avons appliqué cette politique, je vais vous donner quelques exemples.

Parmi les camarades du Comité central qui ont été remplacés figure le camarade Reynaldo Castro, un héros du travail, un homme de grands mérites historiques, un modèle de simplicité et d'humilité, un camarade exemplaire à tous points de vue. *(Applaudissements)* Ce sont des camarades de ce calibre qui ont été remplacés dans le cadre du processus de renouvellement. Mais on peut dire que c'était le renouvellement ou la mort. Un camarade comme Braulio Maza, il est difficile d'en trouver un autre comme lui au Comité central.

Ces camarades ont laissé de nombreux postes vacants, mais nous avions décidé de mieux répartir les responsabilités. Plusieurs étaient à l'Assemblée nationale ou au Comité central. Nous avons décidé de redistribuer ces responsabilités dans tel ou tel champ d'activité. Certains bénéficient d'une promotion, d'autres d'un autre type de reconnaissance.

Au Bureau politique, le renouvellement touche des camarades avec un passé et des mérites comme le camarade Ramiro Valdés [11]. *(Applaudissements)* Je me souviens de l'attaque de la Moncada. Nous choisissions les volontaires pour prendre le poste de garde et Ramiro était parmi eux. Et c'est Ramiro qui a désarmé le soldat, l'une des sentinelles. Je ne l'ai pas oublié. Ramiro était au Mexique. Il était sur le *Granma*. Il était dans la Sierra Maestra. Ramiro était avec Che pendant l'invasion [12].

Des camarades avec autant de mérite que le camarade Guillermo García, le premier paysan qui s'est joint à nous[13]. *(Applaudissements)* Des camarades qui ont autant de mérite, autant de noblesse, autant de simplicité et de modestie que le camarade Sergio del Valle, qui a participé à l'invasion avec Camilo[14]. *(Applaudissements)* Des camarades tels que Jesús Montané[15]. *(Applaudissements)* Je me souviens que lui aussi était parmi les quelques camarades qui se sont portés volontaires pour attaquer le poste de garde de la Moncada. Par la suite, il a été fait prisonnier. Plus tard, il est venu sur le *Granma*. Un camarade avec un long passé révolutionnaire. Il y en a d'autres, beaucoup d'autres qu'il faudrait mentionner. Des camarades qui nous sont très chers, mais je ne vais pas tous les mentionner. Il y a aussi le camarade Armando Acosta, qui lui aussi était avec nous pendant la guerre dans la Sierra Maestra[16].

TOUT CELA POUR DIRE que le Comité central a appliqué le principe du renouvellement. Tous ces camarades continueront à recevoir toute notre considération et toute notre affection et ils continueront à jouer leur rôle pour la révolution. Ils ont prononcé des paroles très encourageantes pendant le plenum. Le camarade Ramiro a parlé au nom de tous et a exprimé leur satisfaction. Ils respectent les décisions qui ont été prises car ce que nous avons fait leur semble correct et juste. C'est vraiment une victoire, parce que les camarades comprennent le principe du renouvellement comme un principe élémentaire et essentiel pour aller de l'avant. Ils comprennent que ce n'est pas un limogeage, mais une nécessité vitale pour la révolution.

Je vous ai donné une idée de la manière conséquente avec laquelle nous avons procédé, ainsi que des critères qui ont été appliqués pour ces élections. Le Bureau politique a reçu lui aussi une injection de noirs et de femmes. *(Applaudissements)* Le principe a été appliqué partout et je crois que le congrès et le Comité central ont donné l'exemple en ce qui concerne la politique de renouvellement qui est nécessaire. Il est temps de mettre fin à l'augmentation du nombre de membres. Une politique intelligente consiste à rechercher, promouvoir et préparer les militants de mérite, où qu'ils soient.

Rien ne serait plus absurde que de croire que nous ne sommes que quelques-uns à avoir les qualités nécessaires, à accumuler tous les mérites, que nous concentrons les mérites de tout un peuple. Car comme je l'expliquais encore récemment aux camarades, on sait que dans chaque groupe de 100 personnes, on trouve un grand nombre de héros potentiels. Je me souviens de notre propre guerre. Après les erreurs du début, il n'en restait que quelques-uns. Bon nombre d'entre eux sont devenus de grands chefs, entre autres Che, Camilo, Raúl et Ramiro. *(Applaudissements)* Personne n'aurait pu imaginer les qualités d'hommes tels que Che et Camilo. Che était médecin pour nos troupes. Camilo, lui, ne pensait qu'à jouer et à raconter des blagues. Qui aurait pu penser qu'ils avaient l'étoffe de héros ? C'est pour ça qu'à la mort de Camilo, j'ai déclaré qu'il y avait beaucoup de Camilos au sein du peuple et qu'à la mort de Lázaro, j'ai dit qu'il y avait beaucoup de Lázaros[17]. *(Applaudissements)*

IL FAUT TENIR COMPTE de l'exemple des hommes, des dirigeants du vieux parti ou du premier parti, du premier parti marxiste-léniniste, comme le camarade qui a pris la parole ici aujourd'hui, le camarade Blas Roca qui a dirigé le Parti socialiste populaire pendant si longtemps. *(Applaudissements)* Je me souviens très bien — jamais je ne pourrais l'oublier — que le camarade Roca m'a dit lors d'une réunion, dans un geste de désintéressement et de grandeur et en dépit du fait qu'il avait dirigé le parti marxiste-léniniste pendant tant d'années et alors que nous étions en train de faire une révolution marxiste-léniniste, de rassembler toutes les forces et de créer un nouveau parti : « Je te donne l'étendard du parti marxiste-léniniste. » Maintenant, le camarade Blas donne encore une fois l'exemple, un exemple très utile et très précieux pour notre peuple, pour les générations à venir. Il connaît le respect que nous lui portons, il sait qu'il jouit d'une grande considération de la part de nous tous parce qu'il le mérite. Dans une lettre datée du 31 janvier 1986 qu'il nous a remise avant l'ouverture du congrès, il écrit ceci :

> Au camarade Fidel Castro et aux autres camarades présents au plenum,
>
> Les derniers préparatifs du troisième congrès du parti vont bon train. Ce congrès sera certainement l'occasion d'apporter d'importants perfectionnements aux méthodes et aux tâches du parti. Celui-ci tire sa force des liens étroits tissés avec les masses. C'est en pensant à cela que je me sens poussé à m'adresser à vous, mes chers camarades, pour vous demander, comme je le fais maintenant, de me décharger des responsabilités et obligations qui m'incombent en tant que membre du Comité central, des responsabilités et des obligations dont j'ai toujours été tellement fier. Je considère que même sans ces titres, je pourrai continuer à apporter ma contribution dans certains domaines, comme dans la phase finale qui mènera

> à l'adoption du code civil. Ce code est tellement nécessaire pour compléter l'institutionnalisation de la révolution, une révolution qui édifie le socialisme sous la direction de Fidel et avec l'idéologie marxiste-léniniste pour guide.
>
> Recevez les salutations communistes d'un camarade toujours fidèle à la révolution et à ses principes.
>
> *Blas Roca.*

Malgré cette lettre du camarade Blas Roca, nous avons suivi le principe selon lequel il y a trois hommes qui doivent figurer à vie comme symboles au Comité central, en raison de leur passé révolutionnaire, de leur prestige, de la gloire qu'ils ont apportée à notre pays, de leurs mérites personnels et ce, indépendamment de leur âge. Ces trois hommes sont le camarade Blas Roca, le camarade Fabio Grobart et le camarade Nicolás Guillén [18]. Tous trois ont été élus. *(Applaudissements)*

C'est un plaisir pour moi de pouvoir expliquer à fond cette politique devant nos honorables invités, devant le congrès à qui j'ai déjà pu m'adresser auparavant, devant tout le peuple cubain et devant les journalistes cubains et étrangers. C'est une politique correcte, une politique juste, une politique révolutionnaire, une preuve de l'unité et de la cohésion du parti et du peuple, de la solidité de nos principes. Ainsi que je l'ai déclaré devant le plenum et devant le Comité central, nous faisons tous partie d'une grande famille, du plus jeune, du simple militant à celui qui a la plus haute responsabilité dans le parti.

Nous sommes tous absolument égaux, tenus par les mêmes règles. Nous formons tous une grande famille dans le parti, une famille qui s'étend au-delà du parti et englobe toute la population. Où que nous soyons, au

Bureau politique ou en dehors de lui, au Comité central ou en dehors de lui, au congrès ou en dehors de lui, dans les instances municipales ou provinciales, dans une cellule ou en dehors d'elle, notre peuple, notre parti formeront toujours un seul poing, un seul coeur.

*Patria o muerte !*

*Venceremos !*

## NOTES

1. Voici la liste complète des membres du Bureau politique élus lors de la première session du troisième congrès du Parti communiste de Cuba, en février 1986 :

*Juan Almeida Bosque,* commandant de la révolution, président du Comité national de vérification et de contrôle, vice-président du Conseil d'État ; *Julio Camacho Aguilera,* premier secrétaire du Comité provincial du parti à Santiago de Cuba ; *Fidel Castro Ruz,* commandant en chef, premier secrétaire du Comité central du parti, président du Conseil d'État et du Conseil des ministres ; *Raúl Castro Ruz,* général de l'armée, deuxième secrétaire du Comité central du parti, premier vice-président du Conseil d'État et du Conseil des ministres, ministre des Forces armées révolutionnaires ; *Osmany Cienfuegos Gorriarán,* membre du Conseil d'État, vice-président du Conseil des ministres ; *Abelardo Colomé Ibarra,* général, membre du Conseil d'État, premier substitut au ministre des Forces armées révolutionnaires ; *Vilma Espín Guillois,* membre du Conseil d'État, présidente de la Direction nationale de la Fédération des femmes de Cuba ; *Armando Hart Dávalos,* membre du Conseil d'État, ministre de la Culture ; *Esteban Lazo Hernández,* premier secrétaire du Comité provincial du parti à Matanzas ; *José R. Machado Ventura,* membre du Conseil d'État et du Secrétariat du Comité central ; *Pedro Miret Prieto,* membre du Conseil d'État, vice-président du Conseil des ministres ; *Jorge Risquet Valdés-Saldaña,* membre du Secrétariat du Comité central ; *Carlos Rafael Rodríguez,* vice-président du Conseil d'État et du Conseil des ministres ; et *Roberto Veiga Menéndez,* membre du Conseil d'État, secrétaire général de l'Organisation centrale des syndicats cubains.

Les membres substituts du Bureau politique sont :

*Luis E. Álvarez de la Nuez,* premier secrétaire du Comité provincial du parti à La Havane ; *Senén Casas Regueiro,* général, membre du Conseil d'État, premier substitut au ministre des Forces armées révolutionnaires ; *José Ramón Fernández Álvarez,* membre du Conseil d'État, vice-président du Comité exécutif du Conseil des ministres, ministre de l'Éducation ; *Yolanda Ferrer Gómez,* membre du Secrétariat national de la Fédération des femmes de Cuba ; *Raúl Michel Vargas,* premier secrétaire du Comité provincial du parti à Guantánamo ; *José Ramírez Cruz,* membre du Conseil d'État, président de l'Association nationale des petits agriculteurs ; *Julián Rizo Álvarez,* membre du Secrétariat du Comité central ; *Ulises Rosales del Toro,* général, premier substitut au ministre des Forces armées révolutionnaires, chef d'état-major des Forces armées révolutionnaires ; *Rosa Elena Simeón Negrín,* présidente de l'Académie des sciences de Cuba ; *Lázaro Vázquez García,* premier secrétaire du Comité provincial du parti à Camagüey.

Quant aux membres du Secrétariat du Comité central (en plus de Fidel Castro, Raúl Castro, José R. Machado Ventura, Jorge Risquet Valdés-Saldaña et Julián Rizo Álvarez), il s'agit de :

*José Ramón Balaguer Cabrera,* responsable du département de l'éducation, des sciences et des sports du Comité central ; *Sixto Batista Santana,* général, chef du département militaire du Comité central ; *Jaime Crombet Hernández-Baquero* ; et *Lionel Soto Prieto,* ambassadeur de Cuba en URSS. Le président du Comité national de vérification et de contrôle est Juan Almeida Bosque. Les titres et responsabilités mentionnés ci-dessus et dans les notes qui suivent étaient détenus au moment du troisième congrès.

2. Le deuxième congrès du Parti communiste de Cuba a eu lieu du 17 au 20 décembre 1980.

3. Cet événement a eu lieu pendant la guerre révolutionnaire menée contre la dictature de Batista.

4. Mariana Grajales était la mère d'Antonio Maceo, un général qui a participé aux deux guerres d'indépendance de Cuba contre l'Espagne.

5. Au moment où ce rapport a été présenté, les femmes constituaient 41 pour cent des membres de l'Union des jeunes communistes (UJC) et 19,5 pour cent de sa direction. Un an plus tard, au cinquième congrès de l'UJC qui a eu lieu du 1er au 5 avril 1987, elles représentaient 40,3 pour cent des membres et 28,4 pour cent de la direction. Au sein du nouveau Comité national de l'UJC, il y avait 38 pour cent de femmes et 32,3 pour cent de noirs et de métis.

6. Au moment où ce discours a été prononcé, 11 pour cent des délégués aux instances locales du Pouvoir populaire et 22 pour cent des membres de l'Assemblée nationale étaient des femmes. À la suite des élections de 1986, ces chiffres sont passés à 17 et 35 pour cent respectivement.

7. Gladys N. Robinson Agramonte a été élue membre titulaire du Comité central. Elle dirige le département du contrôle technique de l'usine Commandant Pedro Soto Albe à Moa, à Holguín. Elle est membre du Comité de direction du parti dans l'usine.

Juan G. Robinson Agramonte a été élu membre substitut du Comité central. Il est le premier secrétaire du Comité provincial de l'Union des jeunes communistes à La Havane.

8. Raúl F. Gómez Cabrera est le directeur de l'hôpital des Frères Ameijeiras.

9. Le colonel Arnaldo Tamayo Méndez est le premier cosmonaute cubain. Il a participé au programme soviétique Intercosmos au cours d'un vol qui a eu lieu du 18 au 26 septembre 1980.

10. Quarante pour cent des membres du Comité central et 50 pour cent de ceux du Bureau politique participent pour la première fois à ces instances.

11. Ramiro Valdés Menéndez est commandant de la révolution, vice-président du Conseil d'État et du Conseil des ministres et membre du Comité central. Pendant de nombreuses années, il a dirigé le ministère de l'Intérieur.

12. Un révolutionnaire argentin, Ernesto « Che » Guevara (1928-1967) s'est joint à Fidel Castro alors qu'il était en exil au Mexique. Il a participé à l'expédition du *Granma* et s'est distingué comme dirigeant de la lutte révolutionnaire à Cuba. Après la victoire, il a dirigé la Banque nationale de Cuba et a servi comme ministre de l'Industrie. Par la suite, il a quitté Cuba pour participer à la lutte de guérilla au Congo et en Bolivie. Il a été capturé et exécuté par l'armée bolivienne, en collaboration avec la CIA des États-Unis.

13. Guillermo García Frías est membre du Comité central, commandant de la révolution et vice-président du Conseil d'État.

14. Sergio del Valle Jiménez est membre du Comité central et du Conseil d'État. Camilo Cienfuegos était un commandant de la guérilla et l'un des principaux dirigeants de la guerre révolutionnaire. Il est mort dans un accident d'avion en octobre 1959.

15. Jesús Montané Oropesa est responsable du département des Affaires étrangères du Comité central et membre du Comité central.

16. Armando Acosta Cordero est membre du Comité central et du Conseil d'État. En 1980, il a été nommé coordonnateur national des Comités de défense de la révolution.

17. Lázaro Peña González était l'un des premiers membres du Parti communiste cubain et l'un des principaux dirigeants de la Centrale des travailleurs cubains, des années 40 jusqu'à sa mort au milieu des années 70.

18. Blas Roca Calderio a été secrétaire général du Parti communiste de Cuba de 1934 à 1961. Pendant cette période, le parti a utilisé plusieurs noms avant d'adopter celui de Parti socialiste populaire (PSP) en 1944. En 1961, Blas Roca a participé à la fusion du PSP, du Directoire révolutionnaire et du

Mouvement du 26 juillet. Cette fusion a conduit à la formation des Organisations révolutionnaires intégrées et en 1965, à la fondation du Parti communiste de Cuba (PCC). Blas Roca a été membre du Bureau politique du PCC de 1965 à 1986. Il est décédé le 25 avril 1987.

Fabio Grobart est le seul fondateur toujours vivant du premier parti communiste cubain, créé en 1925 et connu sous le nom de Groupes communistes de Cuba. Il est membre du Comité central et président de l'Institut pour l'histoire du mouvement communiste et de la révolution socialiste de Cuba.

Nicolás Guillén est le président de l'Union nationale des écrivains et artistes de Cuba. Il est le poète cubain le plus connu.

BARRICADA

Managua, Nicaragua, 8 novembre 1986. Thomas Sankara s'adresse à la foule lors des célébrations du vingt-cinquième anniversaire de la fondation du Front sandiniste de libération nationale du Nicaragua.

# L'HÉRITAGE RÉVOLUTIONNAIRE DE THOMAS SANKARA

*Michel Prairie*

Le 4 août 1983, après plusieurs mois d'agitation et de mobilisations populaires, le régime pro-impérialiste de la Haute-Volta en Afrique de l'Ouest était renversé et le capitaine Thomas Sankara devenait le président du nouveau Conseil national de la révolution. La révolution burkinabè — d'après le nouveau nom de Burkina Faso que le pays allait se donner en 1984 — entrait dans l'histoire.

Le Burkina Faso est l'un des pays les plus pauvres du monde. Une colonie de la France jusqu'à son indépendance en 1960, il porte les cicatrices profondes de la domination de l'impérialisme et de la survivance de nombreuses formes d'exploitation pré-capitalistes.

Au moment de la révolution, le pays comptait sept millions d'habitants. L'agriculture et l'industrie étaient rudimentaires. Les paysans constituaient 90 pour cent de la population ; les travailleurs, 1 pour cent seulement. Le taux de mortalité infantile était le plus élevé au monde. L'analphabétisme atteignait 98 pour cent de la population à la campagne. Il y avait une soixantaine de groupes ethniques, tribaux et linguistiques différents dans le pays. Et le revenu annuel moyen n'était que de 150 $ US.

Pendant quatre ans, la révolution populaire et démocratique amorcée le 4 août 1983 a permis aux travailleurs et aux paysans du Burkina Faso de faire des progrès considérables. Les Comités de défense de la révolution ont mobilisé la population dans des campagnes d'immunisation, d'irrigation, de défense, de lutte contre la désertification, de construction d'écoles et d'hôpitaux et d'alphabétisation dans les trois principales langues africaines parlées dans le pays. Le gouvernement révolutionnaire a aussi favorisé la mise sur pied d'organisations de masse visant à impliquer les jeunes, les femmes, les paysans et les personnes âgées appelées là-bas les « Anciens ».

Le prix payé aux paysans pour les produits alimentaires de base a été augmenté. La terre a été nationalisée pour en garantir l'accès à ceux et à celles qui la travaillent. Un ambitieux programme de santé a été lancé, qui s'est traduit entre autres par l'élimination quasi totale de la cécité des rivières, une grave maladie de la vue qui affectait jusqu'à 20 pour cent des hommes d'âge moyen dans certaines régions du pays.

La révolution burkinabè était une authentique révolution populaire. Et Thomas Sankara a consciemment cherché à présenter aux travailleurs et aux paysans du Burkina Faso une perspective qui leur permette d'être les agents du changement social, économique et politique de leur pays. C'est là le thème principal du discours que nous présentons ici et que Thomas Sankara a prononcé le 4 août 1987, à l'occasion du quatrième anniversaire de la révolution. Il y explique comment la révolution burkinabè a « besoin d'un peuple de convaincus et non de vaincus » pour avancer. Et il y explique comment la mobilisation, l'éducation et l'organisation de la population pour résoudre les défis concrets posés à la révolution restaient la tâche première des révolutionnaires burkinabè.

THOMAS SANKARA était un internationaliste convaincu. Il a fait campagne pour isoler le régime raciste de l'Afrique du Sud à l'échelle internationale et il a en pratique donné l'exemple de ce qu'il était possible de faire à l'ensemble des pays de l'Afrique. Il a aussi défendu la nécessité pour les pays dominés par l'impérialisme d'agir de manière unifiée pour faire annuler la dette extérieure qui les étrangle aujourd'hui. Il a donné son appui au Congrès national africain de l'Afrique du Sud, au Front Polisario du Sahara occidental, à l'Organisation de libération de la Palestine et au Front de libération nationale kanake socialiste de Nouvelle-Calédonie. Il a visité Cuba à deux reprises. Et le 8 novembre 1986, il s'est adressé au nom de 180 délégations internationales aux 200 000 personnes qui ont assisté à Managua au vingt-cinquième anniversaire de la fondation du Front sandiniste de libération nationale du Nicaragua.

En quelques années, des millions d'Africains en sont venus à s'identifier profondément à la lutte sans merci de Thomas Sankara contre la corruption morale et matérielle qui afflige pratiquement tous les régimes pro-impérialistes d'Afrique, à sa défense inlassable des plus opprimés et à son optimisme révolutionnaire sans compromis.

Le 15 octobre 1987, Thomas Sankara et 12 de ses principaux collaborateurs ont été tués dans un coup d'État dirigé par le capitaine Blaise Compaoré. Le gouvernement révolutionnaire établi quatre ans plus tôt a été renversé.

En 2007, les éditions Pathfinder à New York ont publié *Thomas Sankara parle : La révolution au Burkina Faso*

*1983-1987*, un recueil de 30 discours et entrevues donnés par Thomas Sankara au cours des quatre années de la révolution burkinabè (voir ailleurs dans ce numéro). Il s'agit de la meilleure source pour connaître les réalisations de la révolution que Sankara a aidé à diriger, de même que la perspective communiste qu'il a défendue et pour laquelle il est mort.

« Si vous tuez Sankara, avait déclaré ce dernier, demain il y aura 20 Sankara. » Il est aujourd'hui essentiel que ceux et celles qui ont participé à la révolution burkinabè, qui l'ont appuyée ailleurs dans le monde et qui se sont identifiés au cours politique défendu et mis de l'avant par Thomas Sankara étudient la perspective révolutionnaire pour laquelle celui-ci a lutté. C'est la meilleure garantie que son héritage politique ne sera pas perdu.

# LA RÉVOLUTION EST UNE PERPÉTUELLE PÉDAGOGUE

*Thomas Sankara*

HONORABLES INVITÉS de l'Union soviétique, du Togo, du Bénin, du Niger, du Mali, de la Côte-d'Ivoire, de la Guinée-Bissau, du Cap-Vert, de l'Angola, de l'Éthiopie, de la République arabe sahraouie démocratique, de la Libye, de l'Algérie, de l'Iran, de Cuba, de France, d'Italie ; chers amis du Burkina Faso venus du Sénégal, de la Belgique et de l'Espagne ; camarades militantes et militants de la révolution démocratique et populaire.

Aujourd'hui, 4 août 1987, nous célébrons le quatrième anniversaire de notre révolution, la révolution d'août, la révolution démocratique et populaire. Pour ce rendez-vous de la joie et de l'allégresse, nos pas se sont laissés guider par nos coeurs. Et nos coeurs nous ont conduits à Bobo-Dioulasso. Bobo-Dioulasso, ville historique et

---

*Ce discours a été prononcé le 4 août 1987 dans la ville de Bobo-Dioulasso, lors de la célébration du quatrième anniversaire de la victoire de la révolution du 4 août 1983 au Burkina Faso. La présente version est basée sur la transcription parue dans l'édition du 21 août 1987 de la revue* Carrefour Africain, *publiée au Burkina Faso.*

pétulante dont le nom est définitivement lié à l'Afrique des luttes anticoloniales, l'Afrique des unités, l'Afrique des fédérations, en somme au panafricanisme vivifiant.

Merci à tous ceux qui sont venus, merci à tout Burkinabè d'un jour ou Burkinabè de toujours. Merci à tous ceux qui n'ont pu effectuer le déplacement pour Bobo-Dioulasso, mais qui sûrement communient avec nous dans la simplicité, dans la discrétion voulue ou subie, mais dans la solennité et dans la dignité.

Merci à tous ceux qui sont aujourd'hui dans l'impossibilité de fêter avec nous en comptant la maladie, les privations diverses, entretenant stoïquement l'espoir de jours meilleurs. Merci à tous ceux qui ne sont plus là et qui, cependant, avaient le droit de savourer le délice de nos victoires. À la mémoire de tous ces militants qui nous ont quittés prématurément, observons une minute de silence… Je vous remercie.

Camarades, le quatrième anniversaire de notre révolution est placé sous le signe de notre dynamique paysannerie. La paysannerie, la communauté de ceux qui résolvent pour tous quotidiennement et concrètement la question de la nourriture.

OUI, C'EST CETTE PAYSANNERIE qui sort des limbes du moyen âge, de l'arriération et qui, dans des conditions précaires, réalise tant bien que mal, chaque année, ce pari. Cette paysannerie, notre paysannerie, est la fraction la plus importante de notre peuple. C'est cette fraction qui a subi et continue de subir avec le plus d'intensité l'exploitation des vestiges des forces de type féodal et de l'impérialisme. C'est cette fraction qui a le plus souffert des maux que nous avons hérités de la société coloniale : l'analphabétisme, l'obscurantisme, la paupérisation, les brimades diverses, les maladies endémiques, la famine, etc.

Ce n'est donc point une surprise si notre paysannerie est aujourd'hui une force désireuse de transformations, désireuse de transformations révolutionnaires. Car seule la révolution, en renversant l'ordre ancien, peut satisfaire les aspirations légitimes de la paysannerie. Pour répondre à ce désir légitime et mobiliser toutes ces énergies disponibles, la révolution démocratique et populaire a fait de cette paysannerie une force politique organisée en créant l'Union nationale des paysans du Burkina (UNPB).

Cette force politique doit se placer sur l'axe du renforcement du processus révolutionnaire en donnant naissance à un engagement conscient dans la révolution au niveau de chaque paysan pauvre. Au cours de l'année écoulée, beaucoup d'initiatives heureuses ont été développées dans le sens de l'accomplissement de cette tâche. Cette tâche, dont l'importance et la complexité sont grandes, va nécessiter que nous y revenions à une autre occasion au cours de l'An V de notre révolution pour la définir plus amplement et plus profondément.

La célébration de l'An IV sous le thème de la paysannerie doit marquer le départ pour un paysan de type nouveau, correspondant à la société nouvelle en cours d'édification. Il ne s'agit pas pour nous de célébrer le type de paysan arriéré, résigné, naïf, soumis à l'obscurantisme et conservateur farouche. Il s'agit de célébrer la naissance du paysan nouveau, responsable et responsabilisé, un homme qui s'ouvre au futur en s'armant des technologies nouvelles. Du reste, l'application croissante du mot d'ordre « produire et consommer burkinabè » contribue déjà à façonner cette nouvelle image du paysan, grand acteur et bénéficiaire de cette politique d'édification d'une économie nationale indépendante issue de la deuxième conférence nationale des Comités de défense de la révolution.

Aussi, l'exécution du premier plan quinquennal de développement populaire [1], qui participe de cette politique économique nouvelle, devra-t-elle être pour tous l'occasion d'apprendre à réaliser pour nous-mêmes ce dont nous avons besoin et à améliorer constamment la qualité du travail. Le plan quinquennal ne devra donc pas être exécuté dans le seul souci de pouvoir un jour faire une compilation de statistiques.

Le terme paysan devra, grâce à ces transformations intégrales et à ces effets induits, cesser d'être le terme péjoratif qu'on lui connaît aujourd'hui pour devenir synonyme de respect, respect dû au combattant digne et fier qui défend les causes justes et qui assume avec succès et au niveau voulu sa part dans la production sociale en tant que membre du grand corps qu'est le peuple.

Dans ce combat, les paysans ne devront pas être seuls. La classe ouvrière et la petite bourgeoisie intellectuelle révolutionnaire devront assumer leurs responsabilités historiques en oeuvrant avec sacrifice et abnégation à la réduction de l'écart entre la ville et la campagne.

LA CLASSE OUVRIÈRE et la petite bourgeoisie intellectuelle révolutionnaire doivent donc considérer cette célébration comme un jalon important dans le cadre du renforcement de leur alliance stratégique avec la paysannerie. C'est aujourd'hui la fête des paysans et c'est donc aussi la fête de leurs alliés, symbolisée par notre emblème, l'emblème de la révolution démocratique et populaire [2].

Camarades, aujourd'hui, il nous faut jeter un regard sur les quatre années de révolution, non pas tellement pour relever mécaniquement nos victoires, bien qu'une fierté légitime nous y pousse, mais pour tirer les enseignements afin de mieux éclairer notre marche vers le progrès.

Nous avons entrepris et réalisé de nombreuses transformations matérielles en faveur des masses. Ces résultats, nous ne les devons pas à des matériaux supplémentaires ou exceptionnels. Nous les devons à l'action des hommes. Ces hommes, qui hier étaient résignés, muets, fatalistes et attentistes, sont aujourd'hui debout et engagés pour la lutte révolutionnaire concrète sur les divers chantiers. Les victoires enregistrées sont le fruit de leur travail, la projection sur le concret de leur génie créateur et de leur enthousiasme révolutionnaire.

Ces résultats sont la preuve que notre révolution est populaire, car elle puise dans les masses sa richesse, sa force et son invincibilité. C'est pourquoi nous devons saluer tant de courage et d'abnégation, tant de sacrifices et de dévouement de la part des militants de la révolution démocratique et populaire.

Ce salut que nous leur adressons n'est pas un salut de complaisance. Les résultats atteints s'expliquent scientifiquement. La force, qu'elle soit d'origine musculaire ou produite par des machines, est mesurable, comparable et donc substituable. D'autres l'ont montré avant nous et nous n'avons fait que l'appliquer à nos réalités concrètes. Cette application a nécessité que l'homme burkinabè cesse d'être la reproduction sur le plan des mentalités de l'individu culturellement aliéné et politiquement asservi, modelé pour perpétuer la domination impérialiste dans les pays nouvellement indépendants.

Cette transformation des mentalités est loin d'être achevée. Il y a encore beaucoup d'entre nous qui se réfèrent encore aux normes étrangères pour évaluer leur vie sociale, économique et culturelle. Ils sont au Burkina Faso et ils refusent de vivre notre réalité concrète.

Pour la société nouvelle, il nous faut un peuple nouveau, un peuple avec son identité propre, un peuple qui sait ce qu'il veut, qui sait s'imposer et qui sait ce qu'il faut pour atteindre ces objectifs qu'il s'est fixés.

Notre peuple, après quatre années de révolution, est l'amorce de ce peuple nouveau. Le recul sans précédent enregistré par le fatalisme est un indice tangible à cet effet. Tout le peuple burkinabè croit à un avenir meilleur. Et à ce niveau, nous avons même réussi à convaincre des réactionnaires d'hier et qui, pris dans l'engrenage de la marche de l'histoire, regardent avec optimisme l'avenir avec nous, oubliant qu'hier encore ils prêchaient la soumission à l'impérialisme et la mendicité perpétuelle comme moyens pour développer ce pays. La construction de la patrie a renforcé la conscience collective de la nécessité de compter sur nos propres forces en rejetant farouchement le mimétisme servile et l'aplaventrisme humiliant et dégénérescent.

Camarades militantes et militants, assurément, l'année politique qui s'achève en ce quatrième anniversaire a été une année mouvementée. Sans revenir sur les détails des contradictions qui sont apparues, ni sur la qualité des solutions pour les résoudre, il convient de retenir la leçon principale de cette expérience.

LA RÉVOLUTION DÉMOCRATIQUE et populaire a besoin d'un peuple de convaincus et non d'un peuple de vaincus, d'un peuple de convaincus et non d'un peuple de soumis qui subissent leur destin.

Depuis le 4 août 1983, le Burkina Faso révolutionnaire s'est imposé sur la scène africaine et internationale surtout et avant tout grâce à son génie intellectuel et aux vertus morales et humaines des dirigeants et des masses organisées[3]. Nous avons vaincu des adversités et des animosités sordides, solides et armées jusqu'aux dents. Nous avons su être fermes dans la défense des principes sans jamais céder à la rage. Nous nous sommes défendus sans haine, dans le respect de la dignité des autres, parce que la dignité est une valeur sacrée au Burkina.

L'essentiel pour nous aujourd'hui est de retenir ces diverses formes d'adversités et d'en tirer les leçons pour nous fortifier, car les combats à venir seront certainement plus durs et plus complexes.

Durant les quatre ans de révolution, nous n'avons en effet cessé d'affronter la réaction et l'impérialisme. Les complots les plus sordides ont été ourdis pour nuire à notre action ou, pire, pour renverser notre révolution. L'impérialisme et la réaction sont, restent farouchement opposés aux transformations qui s'opèrent chaque jour dans notre pays et remettent en cause leurs intérêts.

OR NOTRE PEUPLE ne cesse depuis quatre ans de faire la preuve qu'avec la révolution il est possible de mettre fin à l'exploitation, de sortir de la misère et de créer le bonheur pour tous à la force de nos poignets et de nos coeurs. Ceux qui vivent grassement de l'exploitation des autres ont été contre notre combat et le seront davantage demain.

Que n'a-t-on fait, que ne fait-on aujourd'hui même pour arrêter notre marche en avant ! Les sabotages économiques, les campagnes de dénigrement, la corruption, les provocations de toutes sortes, les chantages comme les menaces sont autant de manoeuvres de l'ennemi qu'il nous a été donné de connaître et d'affronter durant ces quatre années de luttes révolutionnaires.

L'adversité, nous l'avons aussi connue de l'intérieur de notre Burkina Faso bien-aimé, dans nos propres rangs, dans le camp de la révolution. Des idées et des pratiques erronées se sont en effet développées au sein des masses et des révolutionnaires et ont causé du tort à la révolution. Il nous a fallu les combattre malgré la relative fragilité de nos rangs. Il y a eu de révoltantes volte-face. Des affrontements ont suivi les provocations. Il y a eu des déchirements, mais rien n'est jamais définitif.

L'opportunisme, nous l'avons connu et nous l'avons vu à l'oeuvre. Il travaille sous diverses formes à la renonciation de la lutte révolutionnaire, à l'abandon de la défense intransigeante des intérêts du peuple au profit d'une recherche frénétique d'avantages personnels et égoïstes. La défense conséquente de notre orientation révolutionnaire nous a imposé de combattre toute idée ou tout comportement contraires à l'approfondissement de la révolution.

Pour avoir choisi cette voie plutôt que celle plus facile de la démagogie, nous avons dû subir diverses attaques plus calomnieuses les unes que les autres provenant aussi bien d'ennemis classiques que d'éléments issus des rangs mêmes de la révolution, d'impatients développant un zèle douteux de néophytes quand ce n'est pas une frénésie de calculateurs aux ambitions personnelles non cachées.

L'opportunisme comme la contre-révolution sont des ronces habituelles sur la route de la révolution. Et jusqu'à ce que la révolution atteigne ses objectifs finaux de création d'une société nouvelle où n'existe pas l'exploitation de l'homme par l'homme, l'opportunisme se manifestera toujours en chemin à un moment ou un autre, à la faveur de circonstances diverses ou sous des formes extrêmement variées allant de la manifestation la plus droitière à l'expression la plus gauchiste et radicalisée.

Les difficultés du combat, les exigences de l'engagement, l'âpreté de la lutte des classes ont amené des camarades à déserter purement et simplement les rangs ou à opérer des fuites en avant quand ce n'est pas pour se tromper purement et simplement de cible.

D'autres caressent le rêve de raccrocher [leurs gants], mais se font des scrupules sur la manière de le faire. Aussi, cherchent-ils à théoriser d'avance sur leur abandon du combat révolutionnaire. Et c'est ainsi qu'ont circulé et circulent encore de nombreuses théories et idées toutes imbues d'opportunisme.

Tout cela a contribué à constituer des éléments d'adversité contre lesquels il a fallu se battre pour avancer. Nous continuons de penser ou de croire que les échecs, les défaites, la récupération par la bourgeoisie, les impasses mortelles, les trahisons ne guettent et n'ont guetté que les autres révolutions.

NOTRE RÉVOLUTION, tout comme les autres, est constamment menacée de tous les dangers contre-révolutionnaires. Il nous faut en être conscients, parfaitement conscients et nous engager résolument dans la défense permanente de la ligne juste qui mène vers l'objectif final. Il nous faut surtout être conscients que ces problèmes naissent de façon dialectique de l'exacerbation de la lutte des classes et qu'*a contrario* leur inexistence traduira en réalité l'étouffement sournois de la lutte révolutionnaire au profit de la conciliation de classe.

Camarades, il nous faut aujourd'hui prendre le temps de tirer les leçons et enseignements de notre action passée pour enrichir notre théorie et notre pratique de la révolution et nous engager davantage dans la lutte de façon organisée, plus scientifique et plus résolue.

Les tâches qui nous attendent sont nombreuses et complexes. Les ennemis de notre peuple et de sa révolution redoublent d'ardeur et d'ingéniosité pour nous barrer la route. Et il nous faudra plus de courage, plus de conviction et plus de détermination pour poursuivre la marche en avant. Mais cette conviction, cette détermination découleront en partie de ce que nous aurons tiré comme enseignement de quatre années de luttes. Et c'est pourquoi il nous faut, il nous faudra faire, à l'An V de notre révolution, une année de bilan, une année d'action idéologique et politique scientifiquement organisée. Oui, il nous faut ce bilan.

En quatre ans de la révolution, nous avons opéré d'importantes transformations révolutionnaires. Nous avons jeté les bases de la résolution de nombreux problèmes qui se posent à notre peuple. Nous avons beaucoup agi et partout dans les différents secteurs de la société. Nous avons donné l'impression de tout vouloir changer et tout de suite. Et des critiques nous ont été faites çà et là. Et nous comprenons fort bien. Du reste nous constatons pour notre part que d'autres tâches importantes ont été négligées ou minimisées. Il nous faudra consacrer plus particulièrement l'An V à l'exécution de ces tâches-là qui sont d'ordre politique, idéologique et organisationnel.

L'approfondissement de notre révolution et les succès futurs de notre action politique dépendront de la justesse avec laquelle nous aurons résolu dans notre pays les questions organisationnelles et d'orientation idéologique. La révolution ne saurait se poursuivre et atteindre ses objectifs sans une organisation d'avant-garde à même de guider notre peuple dans tous les combats, sur tous les fronts.

La construction d'une telle organisation doit requérir désormais beaucoup d'engagement de notre part.

Sur la base des actions déjà entreprises pour trouver des solutions à la question organisationnelle, il s'agira pour les révolutionnaires de notre pays de conjuguer leurs efforts pour vaincre les tares et les insuffisances que nous portons tous. L'unité des révolutionnaires est assurément une étape par laquelle il nous faut passer pour aller plus en avant dans l'exécution de la tâche d'organisation de l'avant-garde. Je me réjouis de constater qu'en ce quatrième anniversaire de notre révolution les bases sont jetées quant à la réalisation d'une unité réelle, d'une unité militante de l'ensemble des forces révolutionnaires de notre pays[4].

Mais gardons-nous de faire de l'unité une univocité asséchante, paralysante et stérilisante. Au contraire, préférons-lui l'expression plurielle, diversifiée et enrichissante de pensées nombreuses, d'actions diverses ; pensées et actions riches de mille nuances, toutes tendues courageusement et sincèrement dans l'acceptation de la différence, le respect de la critique et de l'autocritique, vers le même, le seul objectif radieux qui ne saurait être rien d'autre que le bonheur de notre peuple.

Camarades, les tâches idéologiques, politiques et organisationnelles dont nous devons nous acquitter sont de grande importance pour le renforcement de notre révolution, pour soutenir l'adhésion massive et consciente des masses à la politique révolutionnaire que nous continuerons de mener. Il faudra un travail politique et idéologique persévérant et rigoureusement poursuivi pour convaincre les masses et les arracher ainsi à toutes les sortes de conceptions moyenâgeuses qui freinent leur engagement total dans l'oeuvre d'édification de la société nouvelle.

Si la révolution est répression des exploiteurs, des ennemis, elle ne peut être pour les masses que persuasion pour un engagement conscient et déterminé.

Ces tâches idéologiques et politiques de notre révolution sont le devoir de tous les révolutionnaires, de la direction politique d'abord. La direction politique de notre révolution devra se renforcer et gagner davantage en efficacité et en rigueur dans l'exécution de la mission qui est la sienne. L'An V nous invite à jeter toutes les énergies dans le combat organisationnel, la consolidation politique et idéologique, la prééminence de la direction politique.

Cependant, à propos d'organisation politique structurelle, ce qui est ainsi dit exclut que, par la précipitation, nous nous lancions dans des élaborations théoriques, des architectures séduisantes pour l'esprit mais sans intérêt pour la vie quotidienne des masses.

PROFITONS DE L'EXPÉRIENCE des autres révolutions que l'histoire des peuples nous offre en enseignement. En particulier, tenons compte de l'expérience de ceux qui, comme nous (et ils sont nombreux), ont dû se doter d'organisations diverses unies ou d'uniques organisations diverses, tout en organisant et en défendant le pouvoir d'État âprement et dignement conquis.

Évitons donc les élaborations éthérées qui donnent naissance à des organigrammes théoriques sans fonctionnalité, sans intérêt pour les masses, simplement destinées à la contemplation de quelques rêveurs, zélateurs qui voudraient se faire plaisir.

Au contraire, notre révolution est d'abord une révolution qualitative, une transformation qualitative des esprits, qui se traduit par la construction concrète de la société nouvelle burkinabè. C'est la qualité de la vie qui est en train de changer au Burkina et cela est la conséquence de l'évolution qualitative des esprits.

Le mythe de l'enrichissement sans foi ni loi, selon les expériences de la jungle capitaliste des années d'après-guerre, s'est définitivement évanoui au Burkina. Notre patrie est un chantier où le critère de la moralité, le souci de justice sociale, le respect des droits fondamentaux à une vie, à une existence toujours meilleures, ne sont pas de vains mots mais se matérialisent dans la pratique sociale de chacun de nous.

La spécificité de notre révolution, son exemplarité et son rayonnement tiennent à ces valeurs cardinales que nous avons su défendre farouchement jusque-là. Il faut continuer à rester des révolutionnaires, c'est-à-dire surtout des hommes de chair, de sang, des hommes de sentiments et des hommes d'émotions pures.

C'est vrai. Dans le proche passé, nous avons parfois commis des erreurs. Cela ne devra plus se produire sur la terre sacrée du Faso. Il doit y avoir de la place dans le coeur de chacun de nous pour ceux qui ne sont pas encore parfaitement en harmonie avec le *Discours d'orientation politique* et les objectifs de notre plan quinquennal[5]. Ce serait à nous d'aller à eux et de les gagner à la cause révolutionnaire du peuple.

LA RÉVOLUTION ne cherche pas de raccourcis et elle impose à tous de marcher ensemble dans la même volonté de pensée et d'action.

C'est pourquoi le révolutionnaire doit être un perpétuel pédagogue et un perpétuel point d'interrogation. Si les masses ne comprennent pas encore, c'est de notre faute. Il faut prendre le temps d'expliquer et le temps de convaincre les masses pour agir avec elles et dans leurs intérêts.

Si les masses comprennent mal, c'est encore de notre faute. Et il faut rectifier, nuancer. Il faut s'adapter aux masses et non vouloir adapter les masses à ses propres désirs, à ses propres rêves. Les révolutionnaires n'ont pas peur de leurs fautes. Ils ont le courage politique de les reconnaître publiquement, car c'est un engagement à se corriger, à mieux faire. Nous devons préférer un pas ensemble avec le peuple plutôt que de faire dix pas sans le peuple.

Il faut encore beaucoup de travail politique pour élargir plus les rangs des militantes et des militants. Il reste encore des milliers de camarades à mobiliser, à réorganiser et à conscientiser pour l'action révolutionnaire. Cette action sera de plus un travail de consolidation et d'approfondissement des acquis incontestables de notre révolution.

Après quatre années, l'effort de réflexion critique sur ce qui a été fait doit être décuplé et nous devons refuser les bilans sommaires, triomphalistes et dangereux à terme. Persévérance, tolérance, critique des autres, critique de nous-mêmes, voilà le difficile combat, le combat révolutionnaire.

En tant que révolutionnaires, nous avons choisi la voie difficile qui implique que nous nous dépassions, que nous nous surpassions nous-mêmes individuellement et collectivement. D'autres voies plus faciles, plus expéditives existent mais elles ne produisent que des illusions et laissent des lendemains amers. Tout cela, nous le réaliserons grâce à nos structures révolutionnaires dans les services, les villes, les villages, à savoir grâce à nos Comités de défense de la révolution, grâce à l'Union nationale des pionniers, grâce à l'Union nationale des anciens du Burkina, grâce à l'Union nationale des paysans du Burkina.

Les structures devront être perfectionnées, parachevées. Celles dont la construction requiert plus, davantage de nos efforts quotidiens, recevront notre attention tout au long de l'An V de notre révolution.

CAMARADES, chers amis des pays d'Afrique, d'Europe, d'Amérique et d'Asie, je voudrais, au nom de notre peuple et du Conseil national de la révolution, vous réitérer tous nos remerciements pour le soutien que vous apportez à cette lutte et vous redire aussi notre désir sincère et notre volonté d'entretenir les relations les plus cordiales avec les peuples de vos pays respectifs. Le Burkina Faso, terre de paix et de dignité, sera toujours du côté où se défendent la fraternité et la solidarité militantes et agissantes.

Camarades militantes et militants de la province du Houet, vous avez, par votre mobilisation et votre ardeur au travail, fait de ce quatrième anniversaire de notre révolution une étape repère sur ce long chemin du combat de notre peuple pour un avenir radieux. Je vous en félicite et vous encourage à redoubler de vigilance et d'ardeur combattante pour remporter des succès encore plus éclatants.

Camarades militantes, camarades militants de la révolution démocratique et populaire, la révolution n'est ni tristesse, ni amertume. Elle est au contraire enthousiasme et fierté de tout un peuple qui se prend en charge et découvre ainsi sa dignité. Et c'est pourquoi je vous invite à la fête, la fête qui est la conclusion logique du travail bien fait et le départ pour de nouveaux combats exigeants et pleins de promesses.

Camarades, je vous invite à vous engager pour l'An V. Je vous invite à vous mettre debout tous ensemble pour que cette marche que nous avons entreprise soit encore plus accélérée mais connaisse en même temps la pause, la pause sur un certain nombre de réalisations, pause dont nous avons besoin pour consacrer nos efforts aux tâches d'organisation politiques et idéologiques.

Je vous invite à poser le pas, le pas dans cette année nouvelle qui commence, cette année qui sera une année de luttes, mais une année qui permettra à notre révolution de s'ancrer davantage, de s'offrir aux peuples du monde entier comme une contribution à la quête de l'humanité pour un bonheur que les ennemis des peuples leurs refusent et que nous, peuples, avons le devoir de construire ici aujourd'hui, maintenant et pour tous.

Camarades,
L'impérialisme
*(À bas !)*
Le colonialisme
*(À bas !)*
Le néo-colonialisme
*(À bas !)*
L'apartheid
*(À bas !)*
Le sionisme
*(À bas !)*

Camarades,
Pour l'unité avec le Ghana[6]
*(En avant !)*
Pour une paysannerie consciente, organisée et mobilisée
*(En avant !)*
Pour le renforcement de l'Union nationale des paysans du Burkina
*(En avant !)*
Pour la réduction de l'écart entre la ville et la campagne
*(En avant !)*

Camarades,
Produisons burkinabè.
Consommons burkinabè.
Vivre avec les masses.
Vaincre avec les masses.
La Patrie ou la mort. Nous vaincrons !
Je vous remercie.

## NOTES

1. Ce plan quinquennal avait défini les objectifs pour le développement économique et social du pays à partir de 1986. Il visait principalement à améliorer le niveau de vie des paysans et à accroître la production agricole.

Un premier plan de développement populaire s'était déjà traduit par des investissements de 303 millions de dollars. Ce plan avait eu pour objectif de moderniser et d'accroître la production agricole, ainsi que de développer certaines industries liées à l'agriculture comme celles de la transformation alimentaire et du textile.

2. Le drapeau du Burkina Faso est formé de deux bandes horizontales, l'une rouge et l'autre verte, avec une étoile jaune au centre. La bande verte représente la paysannerie, la bande rouge, le prolétariat et l'étoile, la lutte. Le drapeau représente ainsi l'alliance combative de la paysannerie et du prolétariat, qui est à construire au Burkina Faso.

3. Sous la direction de Thomas Sankara, le Burkina Faso a appuyé activement les luttes de libération nationale à travers le monde et la lutte contre l'apartheid et le racisme. Thomas Sankara a joué un rôle actif dans des organisations comme l'Organisation de l'unité africaine et le Mouvement des pays non alignés.

Lors d'un séjour aux États-Unis en 1984, il a pris la parole devant l'Assemblée générale des Nations unies et a prononcé plusieurs discours dans le quartier de Harlem, à New York. Plus d'une centaine de pays ont appuyé la nomination du Burkina Faso au Conseil de sécurité des Nations unies. Thomas Sankara a aussi visité Cuba, où il a été décoré de l'Ordre de José Martí.

Le 8 novembre 1986 au Nicaragua, il a pris la parole au nom des 180 délégations internationales qui participaient à un ralliement de masse pour marquer le vingt-cinquième anniversaire de la fondation du Front sandiniste de libération nationale. Ces délégations représentaient des partis politiques et des mouvements de libération nationale venant de 80 pays.

4. À l'époque où ce discours a été prononcé, des négociations portant sur un projet d'unité avaient lieu entre Sankara et les dirigeants des principaux groupes politiques organisés au Burkina.

Ces groupes étaient : l'Union de lutte communiste (ULC) ; l'Union de lutte communiste reconstruite (ULC-R), un groupe qui avait scissionné de l'ULC ; l'Union des communistes burkinabè (UCB), un groupe qui avait l'appui de Blaise Compaoré et de Pierre Ouédraogo, le secrétaire national des CDR ; le Groupe communiste burkinabè (GCB) ; et l'Organisation militaire révolutionnaire (OMR).

La Ligue patriotique pour le développement (LIPAD), qui était avant août 1983 la principale organisation de gauche, avait subi plusieurs scissions. Ses diverses fractions étaient entrées en conflit avec le gouvernement burkinabè. Plusieurs membres de la LIPAD qui siégeaient au gouvernement ont perdu leurs postes en août 1984, à l'issue de plusieurs polémiques publiques avec d'autres dirigeants de la révolution.

Forger l'unité entre ces différents groupes politiques autour des tâches concrètes pour la révolution au Burkina constituait un grand défi. La grande majorité des membres de ces groupes vivaient différemment des masses paysannes et se livraient à des polémiques constantes entre eux.

5. Le « Discours d'orientation politique » a été présenté par Thomas Sankara le 2 octobre 1983. Il explique les objectifs

généraux de la révolution démocratique et populaire alors en plein essor au Burkina Faso et a servi de point de ralliement aux forces qui appuyaient la révolution. Ce texte a été reproduit dans Thomas Sankara, *Thomas Sankara parle : La révolution au Burkina Faso 1983-1987*, New York, Pathfinder, 2007.

6. Le Burkina Faso et le Ghana ont une frontière commune. Le 31 décembre 1981, un vaste mouvement de protestation de la part des travailleurs et des paysans du Ghana a porté au pouvoir un groupe de jeunes officiers de l'armée et de civils dirigés par le capitaine Jerry Rawlings.

Les deux pays ont établi des liens étroits après la révolution du 4 août 1983 en Haute-Volta (ainsi que s'appelait le Burkina Faso à l'époque), face aux pressions croissantes de l'impérialisme contre eux.

Le 30 septembre 1983, le capitaine Rawlings a rencontré Thomas Sankara dans la ville burkinabè de Pô. Du 10 au 12 février 1984, il a effectué une visite officielle dans la capitale Ouagadougou, où il a été chaleureusement accueilli. Des soldats ghanéens ont participé aux célébrations du premier anniversaire de la révolution burkinabè, en août de la même année. Des manoeuvres militaires conjointes ont eu lieu à deux reprises entre les deux pays. Et les Comités de défense de la révolution de chaque pays ont aussi établi des liens étroits.

Le capitaine Rawlings a condamné le meurtre de Thomas Sankara, décrété une semaine de deuil national et décerné au président assassiné l'Étoile du Ghana, la plus haute distinction du pays.

PAT HUNT / THE MILITANT

Burkina Faso, 4 août 1985. Deuxième anniversaire de la révolution.

# AUSSI DE PATHFINDER

## Le dernier combat de Lénine

Écrits et discours, 1922-1923

V. I. LÉNINE

En 1922 et 1923, V. I. Lénine, le dirigeant central de la première révolution socialiste dans le monde, a livré ce qui allait être son dernier combat politique — un combat qui a été perdu après sa mort. L'enjeu, c'était de savoir si le gouvernement révolutionnaire et le mouvement communiste mondial qu'il dirigeait maintiendraient le cours prolétarien qui avait porté les travailleurs et les paysans au pouvoir en Russie en octobre 1917. 17 $ US. En anglais, espagnol, farsi, grec.

## L'impérialisme U.S. a perdu la guerre froide

JACK BARNES

L'effondrement des régimes prétendant être communistes en Europe de l'Est et en URSS n'a pas signifié que les travailleurs et les agriculteurs y avaient été écrasés. Dans les conflits de classe et les guerres qui s'intensifient aujourd'hui, ces travailleurs se joignent à ceux du monde entier dans la lutte de classe contre l'exploitation capitaliste. Dans *Nouvelle Internationale* nº 6. 14 $ US. Aussi en anglais, espagnol, farsi, grec.

## Leur Trotsky et le nôtre

JACK BARNES

Pour diriger les travailleurs à la victoire dans une révolution, il faut un parti révolutionnaire de masse dont les cadres, longtemps à l'avance, ont intériorisé un programme communiste international, ont une vie et un travail prolétariens, prennent plaisir à faire de la politique et ont forgé une direction dotée d'un sens aigu de ce qu'il faut faire. Ce livre discute comment construire un tel parti. 12 $ US. Aussi en anglais, espagnol, farsi.

PATHFINDERPRESS.COM

## LA CRISE CAPITALISTE ET LA LUTTE POUR LE POUVOIR OUVRIER

### Sont-ils riches parce qu'ils sont intelligents ?

Classe, privilège et apprentissage sous le capitalisme

JACK BARNES

Dans les luttes que nous, les travailleurs, mènerons contre les capitalistes, nous changerons peu à peu d'attitude envers la vie, le travail et chacun de nous. Nous découvrirons notre valeur, que nient les dirigeants et les classes moyennes supérieures, qui prétendent qu'ils sont riches parce qu'ils sont intelligents. Nous saisirons dans la lutte ce que nous pouvons devenir. 10 $ US. Aussi en anglais, espagnol, farsi, arabe, grec.

### Le bilan anti-ouvrier des Clinton

Pourquoi Washington craint les travailleurs

JACK BARNES

Ce que les travailleurs doivent savoir sur le cours, axé sur le profit, des démocrates et des républicains au cours des 30 dernières années. L'éveil politique des travailleurs qui cherchent à comprendre et à résister aux attaques des dirigeants capitalistes. 10 $ US. Aussi en anglais, espagnol, farsi, grec.

### Une révolution socialiste est-elle possible aux États-Unis ?

Un débat nécessaire entre travailleurs

MARY-ALICE WATERS

En luttant pour une société que seuls les travailleurs peuvent créer, ce sont nos propres capacités que nous découvrirons. Et nous répondrons à la question posée ici par un « Oui » retentissant. Cela dépend de nous. 7 $ US. Aussi en anglais, espagnol, farsi.

## En défense de la classe ouvrière américaine

MARY-ALICE WATERS

En 2018, les grèves victorieuses de dizaines de milliers d'enseignants et d'autres travailleurs de la Virginie-Occidentale et de l'Oklahoma ont été, pour tous les travailleurs, un exemple de lutte pour la dignité et le respect. 7 $ US. Aussi en anglais, espagnol, farsi, grec.

## Le programme de transition pour la révolution socialiste

LÉON TROTSKY

Le programme du Parti socialiste des travailleurs, élaboré par Léon Trotsky en 1938, guide toujours le SWP et les communistes partout dans le monde. Le parti « combat sans compromis tous les groupements politiques accrochés aux basques de la bourgeoisie. Sa tâche : l'abolition de la domination du capitalisme. Son objectif : le socialisme. Sa méthode : la révolution prolétarienne. » 17 $ US. En anglais et farsi.

## Cuba et la révolution américaine à venir

JACK BARNES

Ce livre porte sur l'exemple donné par le peuple cubain que la révolution socialiste n'est pas seulement nécessaire, mais qu'elle est possible. Il porte sur les luttes des travailleurs et autres producteurs exploités au coeur de l'impérialisme et sur les jeunes qu'elles attirent. Il porte sur la lutte des classes aux États-Unis, où les dirigeants au pouvoir sous-estiment les capacités révolutionnaires des travailleurs et des agriculteurs comme ils ont totalement sous-estimé celles des travailleurs et paysans cubains. Et tout autant à tort. 10 $ US. Aussi en anglais, espagnol, farsi.

PATHFINDERPRESS.COM

# ÉLARGISSEZ VOTRE ARSENAL RÉVOLUTIONNAIRE

## Thomas Sankara parle

La révolution au Burkina Faso, 1983-1987

Le gouvernement que dirigeait Thomas Sankara au Burkina Faso a conduit les paysans, les travailleurs, les femmes et les jeunes à apprendre à lire et à écrire, à creuser des puits, à planter des arbres, à bâtir des logements, à combattre l'oppression des femmes, à réaliser une réforme agraire et à se joindre à d'autres dans le monde pour se libérer du joug impérialiste. 20 $ US. Aussi en anglais.

## Histoire de la révolution russe

LÉON TROTSKY

Comment, sous la direction de Lénine, le Parti bolchevique a conduit des millions d'ouvriers et d'agriculteurs à renverser le pouvoir d'État des propriétaires terriens et des capitalistes en 1917 et à mettre au pouvoir un gouvernement qui avançait leurs intérêts de classe chez eux et à travers le monde. Le texte intégral en deux volumes. Écrit par l'un des principaux dirigeants de cette révolution socialiste. Deux volumes. 28 $ US chaque volume. Aussi en anglais et russe.

## Le socialisme et l'homme à Cuba

ERNESTO CHE GUEVARA, FIDEL CASTRO

« L'homme atteint réellement sa pleine condition humaine lorsqu'il produit sans être contraint par la nécessité physique de se vendre comme marchandise », a écrit Che Guevara en 1965. 5 $ US. Aussi en anglais, espagnol, farsi, grec.

## Rébellion Teamster

FARRELL DOBBS

Les grèves de 1934, qui ont obtenu la reconnaissance du syndicat des camionneurs et des magasiniers à Minneapolis, ont contribué à ouvrir la voie au mouvement social de la classe ouvrière qui a construit les syndicats industriels. Le premier de quatre livres d'un dirigeant central de ces batailles. 16 $ US. Aussi en anglais, espagnol, farsi, grec.

## Porto Rico : l'indépendance est une nécessité

RAFAEL CANCEL MIRANDA

Cinq nationalistes portoricains emprisonnés par Washington pendant plus de 25 ans ont été libérés à la suite d'une campagne internationale. L'un d'eux décrit la réalité de la domination coloniale américaine, l'exemple de la révolution socialiste à Cuba et la lutte pour l'indépendance. 5 $ US. En anglais, espagnol, farsi.

**Livres numériques Pathfinder** pour les personnes aveugles, ayant une déficience visuelle ou des difficultés à lire des livres imprimés.

Pour une liste des titres disponibles, allez à : pathfinderpress.com/collections/books-for-the-blind.

Visitez le site bookshare.org pour vous inscrire.